LEI DE ABUSO DE AUTORIDADE

COLEÇÃO
CARREIRAS POLICIAIS

COORDENADORES
EDUARDO FONTES
HENRIQUE HOFFMANN

Autores

Adriano Sousa Costa | Eduardo Fontes | Henrique Hoffmann

LEI DE ABUSO DE AUTORIDADE

2ª edição | revista, ampliada e atualizada

2021

EDITORA JusPODIVM
www.editorajuspodivm.com.br

EDITORA *Jus*PODIVM
www.editorajuspodivm.com.br

Rua Território Rio Branco, 87 – Pituba – CEP: 41830-530 – Salvador – Bahia
Tel: (71) 3045.9051
• Contato: https://www.editorajuspodivm.com.br/sac

Diagramação: Futura *(rogerio@futuraeditoracao.com)*

Capa: Marcelo S. Brandão *(santibrando@gmail.com)*
Imagem de Capa: fotolia.com.br | #85319691 | conejota e #94777006 | Jiri Hera

C314 Carreiras Policiais - Lei de Abuso de Autoridade / Adriano Sousa Costa, Eduardo Fontes, Henrique Hoffmann – 2 ed. – Salvador: Editora JusPodivm, 2021.
400 p. (Carreiras Policiais / coordenadores Eduardo Fontes, Henrique Hoffmann)

Inclui bibliografia.
ISBN 978-65-5680-234-3.

1. Abuso de autoridade. 2. Concursos públicos. I. Costa, Adriano Sousa. II. Fontes, Eduardo. III. Hoffmann, Henrique. IV. Título.

CDD 341.55173

Sobre os Autores

ADRIANO SOUSA COSTA

- Professor da Escola Superior da Polícia Civil de Goiás, Verbo Jurídico, MeuCurso e CERS.
- Membro da Academia Goiana de Direito.
- Doutorando em Ciência Política pela UnB.
- Mestre em Ciência Política pela UFG.
- Autor de livros pela Juspodivm e Impetus.
- Colunista do Conjur.
- Delegado de Polícia Civil de Goiás.
- Diretor Jurídico da Federação Nacional de Delegados de Polícia (FENDEPOL)
- Premiado como melhor Delegado de Polícia do Brasil na categoria jurídica.

EDUARDO FONTES

- Delegado de Polícia Federal.
- Professor e coordenador de pós-graduação do CERS.
- Coordenador dos cursos carreiras policiais do CERS e da Adverum.
- Coordenador da coleção carreiras policiais da editora juspodivm.
- Autor de obras jurídicas pela editora juspodivm.
- Coach da Ad Verum.
- Professor da Academia Nacional de Polícia (ANP).
- Mestrando em Ciências Jurídico-Políticas pela Universidade Portucalense Infante D. Henrique.
- Especialista em Segurança Pública e Direitos Humanos pelo Ministério da Justiça.
- Aprovado nos concursos de Procurador do Estado de São Paulo e Delegado de Polícia Civil no Paraná.
- Premiado como melhor Delegado de Polícia do Brasil na categoria jurídica.

HENRIQUE HOFFMANN

- Professor coordenador de cursos preparatórios e de pós-graduação.
- Colunista do Conjur e da Rádio Justiça do STF.
- Professor da Verbo Jurídico, Trino, Escola da Magistratura do Paraná, Escola Superior de Polícia Civil do Paraná, Secretaria Nacional de Justiça, CPIuris e IMP.
- Foi professor do CERS, TV Justiça do STF, Secretaria Nacional de Segurança Pública, Escola da Magistratura Mato Grosso, Escola do Ministério Público do Paraná, Escola de Governo de Santa Catarina, Curso Ênfase e Supremo.
- Mestre em Direito pela UENP.
- Bacharel em Direito pela UFMG.
- Delegado de Polícia Civil do Paraná.
- Premiado como melhor Delegado de Polícia do Brasil na categoria jurídica.
- www.henriquehoffmann.com

Apresentação da Coleção Carreiras Policiais

A Coleção Carreiras Policiais tem a missão de preparar o concurseiro para provas de concursos públicos para delegado de polícia e demais carreiras policiais.

Os conteúdos são apresentados com clareza e aprofundamento necessários por autores experientes, delegados de polícia que tiveram êxito no certame policial e aprimoraram ainda mais seu conhecimento como professores. A metodologia e a didática empregadas facilitam a tarefa de adquirir conhecimento e revisar a matéria.

Este Projeto Editorial preenche lacuna com o desiderato de se tornar referência segura para os postulantes a carreiras policiais e também para aqueles que já integram as fileiras policiais.

Eduardo Fontes e Henrique Hoffmann

Coordenadores da Coleção Carreiras Policiais

Ricardo Didier

Editora JusPODIVM

Prefácio

"Conhecimento é poder"

Thomas Hobbes (1588-1679)

Sentindo-me bastante envaidecida e honrada pela agradável tarefa de prefaciar este recente trabalho da Coleção Carreiras Policiais da editora Juspodivm, de autoria dos eminentes professores Henrique Hoffmann, Eduardo Fontes e Adriano Costa, desde logo afirmo que esta obra Lei de Abuso de Autoridade se constitui de um instrumento indispensável para aqueles interessados no árduo – mas gratificante – ofício de preparar-se para os concursos públicos e para a vida profissional, ao trazer mais que simples resumos, uma exposição sistematizada e esclarecedora das inúmeras alterações no regramento penal e processual penal advindas com a entrada em vigor da Lei 13.869/2019.

E não se pode olvidar que vem este trabalho em momento crítico, no qual o combate à criminalidade organizada se torna imprescindível, a requerer assim agentes públicos e membros das carreiras jurídicas cada vez mais preparados e imbuídos de firmes propósitos. Daí o inestimável auxílio que prestam os autores, delegados de polícia que muito honram a categoria com sua expertise e seu valor.

A abranger desde as questões acerca de direito intertemporal até uma análise pormenorizada de cada um dos tipos penais criados e/ou modificados pelo novo diploma legal, esclarecendo o regramento processual aplicável e, inclusive, colacionando modelos possíveis de peças processuais, passando por importantes esclarecimentos acerca das atividades dos delegados de polícia e questões acerca das provas lícitas e ilícitas, por exemplo, este livro provoca curiosidade e traz, depois da proveitosa leitura, algum otimismo nestes tempos difíceis e estranhos geradores de perplexidade e preocupação com os rumos do Direito.

E sendo dever de todos os operadores jurídicos a permanente conduta de melhor conhecer para melhor agir, esta obra se mostra oportuna e indispensável.

Ivana David

Desembargadora do Tribunal de Justiça de São Paulo.
Professora de cursos preparatórios e de pós-graduação do Meu Curso,
CERS, Insper e Verbo Jurídico. Autora de livros e palestrante.

Apresentação da obra

A legislação deve conferir não apenas poderes, mas também deveres àqueles que agem em nome do Estado, criando instrumentos de punição para as hipóteses em que o agente público não pautar sua atuação em nome do interesse público.

Ninguém duvida que é importante a existência, no ordenamento jurídico, de uma lei para punir o abuso de autoridade. Afinal, todo aquele que tem poder tende a abusar dele, daí a necessidade de mecanismos de controle.

Nesse contexto surgiu a Lei de Abuso de Autoridade, tipificando crimes funcionais cometidos pelo agente público ao extrapolar os limites de atuação. A Lei 13.869/19 substituiu a anterior Lei 4.898/65 e promoveu avanços, mas também trouxe polêmicas, ao ponto de se questionar a constitucionalidade de diversos crimes.

Esse panorama nos motivou a aliar nossa experiência acadêmica e jurídico-policial para produzir esta obra, a fim de abordar minuciosamente e com profundidade todos os dispositivos da Lei de Abuso de Autoridade, com a objetividade e didática que marcam a Coleção Carreiras Policiais.

Não nos furtamos ao enfrentamento dos temas polêmicos, e procuramos sempre expor as distintas correntes de pensamento sobre os assuntos controvertidos.

Visando à otimização e ao aperfeiçoamento dos estudos, foram dados destaques às palavras-chave, elaboradas tabelas comparativas e esquemas explicativos em relação aos pontos de maior complexidade.

Além disso, foram disponibilizadas dezenas de peças policiais para nortear o policial ou futuro policial na tarefa de desempenhar a função sem incorrer em abuso de autoridade.

Pela importância da temática, é indicada aos concurseiros, aos alunos de graduação e pós-graduação, policiais e demais operadores do direito, servindo como fonte de consulta rápida e segura.

Adriano Sousa Costa, Eduardo Fontes e Henrique Hoffmann

Sumário

PARTE GERAL

Capítulo 1
Introdução 23

Capítulo 2
Vigência e Direito Intertemporal 25

Capítulo 3
Histórico 37

Capítulo 4
Constitucionalidade 39

Capítulo 5
Bem Jurídico Tutelado 43

Capítulo 6
Elemento Subjetivo (Tipo Subjetivo) 45
- 6.1. Elemento subjetivo geral e especial 45
- 6.2. *Animus abutendi* 47
- 6.3. Presunção de boa-fé 48
- 6.4. Divergência na análise e vedação de crime de hermenêutica 48
- 6.5. Incompatibilidade com o dolo eventual 49
- 6.6. Erros dos policiais 50
- 6.7. Dificuldades estruturais da Polícia 50
- 6.8. Importância da fundamentação escrita das decisões 51
- 6.9. Interpretação equivocada e possíveis consequências deletérias 52

Capítulo 7
Representação leviana 55

Capítulo 8
Conduta (Tipo Objetivo) 57

Capítulo 9
Sujeito Ativo 59

9.1. Autor do abuso de autoridade ... 59
9.2. Destinatários preferenciais ... 62

Capítulo 10
Sujeito Passivo ... 69

Capítulo 11
Consunção ... 71

Capítulo 12
Ação Penal ... 73

Capítulo 13
Efeitos da Condenação ... 75

Capítulo 14
Penas Restritivas de Direitos ... 79

Capítulo 15
Sanções Civil e Administrativa ... 81

Capítulo 16
Sanções Penais ... 83

Capítulo 17
Classificação ... 85

Capítulo 18
Procedimento e Competência ... 87

PARTE ESPECIAL

CRIMES DE ABUSO DE AUTORIDADE

Capítulo 1
Decretação ilegal de privação da liberdade ... 95
1.1. Dispositivo legal ... 95
1.2. Classificação ... 95
1.3. Constitucionalidade e veto derrubado ... 96
1.4. Bem Jurídico Tutelado ... 96
1.5. Sujeito Ativo ... 97
1.6. Sujeito Passivo ... 100
1.7. Conflito Aparente de Leis Penais ... 100
1.8. Conduta (Tipo Objetivo) ... 100
1.8.1. Figura simples ... 100
1.8.2. Figuras equiparadas ... 103
1.9. Elemento Subjetivo (Tipo Subjetivo) ... 106
1.10. Consumação e Tentativa ... 107
1.11. Ação Penal, procedimento e competência ... 107
1.12. Modelos de Peças Policiais ... 108

Capítulo 2

Decretação descabida de condução coercitiva **113**
2.1. Dispositivo legal 113
2.2. Classificação 113
2.3. Constitucionalidade 113
2.4. Bem Jurídico Tutelado 114
2.5. Sujeito Ativo 114
2.6. Sujeito Passivo 116
2.7. Conduta (Tipo Objetivo) 116
2.8. Elemento Subjetivo (Tipo Subjetivo) 118
2.9. Consumação e Tentativa 118
2.10. Ação Penal, procedimento e competência 119
2.11. Modelos de Peças Policiais 120

Capítulo 3

Omissão de comunicação de prisão **123**
3.1. Dispositivo legal 123
3.2. Classificação 123
3.3. Constitucionalidade 124
3.4. Bem Jurídico Tutelado 124
3.5. Sujeito Ativo 124
3.6. Sujeito Passivo 126
3.7. Conflito aparente de leis penais 127
3.8. Conduta (Tipo Objetivo) 127
3.8.1. Figura simples 128
3.8.2. Figuras equiparadas 130
3.9. Elemento Subjetivo (Tipo Subjetivo) 134
3.10. Consumação e Tentativa 135
3.11. Ação Penal, procedimento e competência 136
3.12. Modelos de Peças Policiais 136

Capítulo 4

Constrangimento de preso a exibição do corpo, vexame ou produção de prova **143**
4.1. Dispositivo legal 143
4.2. Classificação 143
4.3. Constitucionalidade e veto derrubado 144
4.4. Bem Jurídico Tutelado 144
4.5. Sujeito Ativo 144
4.6. Sujeito Passivo 145
4.7. Conflito Aparente de Leis Penais 145
4.8. Conduta (Tipo Objetivo) 146
4.9. Elemento Subjetivo (Tipo Subjetivo) 153
4.10. Consumação e Tentativa 153
4.11. Ação Penal, procedimento e competência 154
4.12. Modelos de Peças Policiais 154

Capítulo 5

Constrangimento a depoimento ou prosseguimento indevido de interrogatório **157**
5.1. Dispositivo legal 157

5.2. Classificação ... 157
5.3. Constitucionalidade e veto derrubado ... 158
5.4. Bem Jurídico Tutelado ... 159
5.5. Sujeito Ativo ... 159
5.6. Sujeito Passivo ... 159
5.7. Conduta (Tipo Objetivo) ... 160
5.7.1. Figura simples ... 160
5.7.2. Figuras equiparadas ... 162
5.8. Conflito Aparente de Leis Penais ... 166
5.9. Elemento Subjetivo (Tipo Subjetivo) ... 167
5.10. Consumação e Tentativa ... 167
5.11. Ação Penal, procedimento e competência ... 168
5.12. Modelos de Peças Policiais ... 169

Capítulo 6

Omissão de identificação a preso ... 171

6.1. Dispositivo legal ... 171
6.2. Classificação ... 171
6.3. Constitucionalidade e veto derrubado ... 171
6.4. Bem Jurídico Tutelado ... 172
6.5. Sujeito Ativo ... 173
6.6. Sujeito Passivo ... 173
6.7. Conduta (Tipo Objetivo) ... 174
6.7.1. Figura simples ... 174
6.7.2. Figura equiparada ... 178
6.8. Conflito Aparente de Leis Penais ... 178
6.9. Elemento Subjetivo (Tipo Subjetivo) ... 179
6.10. Consumação e Tentativa ... 179
6.11. Ação Penal, procedimento e competência ... 180
6.12. Modelo de Peça Policial ... 180

Capítulo 7

Interrogatório noturno ... 181

7.1. Dispositivo legal ... 181
7.2. Classificação ... 181
7.3. Constitucionalidade ... 181
7.4. Bem Jurídico Tutelado ... 182
7.5. Sujeito Ativo ... 182
7.6. Sujeito Passivo ... 183
7.7. Conduta (Tipo Objetivo) ... 183
7.8. Conflito Aparente de Leis Penais ... 185
7.9. Elemento Subjetivo (Tipo Subjetivo) ... 186
7.10. Consumação e Tentativa ... 186
7.11. Ação Penal, procedimento e competência ... 187
7.12. Modelo de Peça Policial ... 187

Capítulo 8

Impedimento ou retardamento de pleito de preso ... 189

8.1. Dispositivo legal ... 189
8.2. Classificação ... 189

8.3. Constitucionalidade 190
8.4. Bem Jurídico Tutelado 190
8.5. Sujeito Ativo 190
8.6. Sujeito Passivo 191
8.7. Conduta (Tipo Objetivo) 191
8.7.1. Figura simples 191
8.7.2. Figura equiparada 192
8.8. Elemento Subjetivo (Tipo Subjetivo) 192
8.9. Consumação e Tentativa 193
8.10. Ação Penal, procedimento e competência 193

Capítulo 9

Impedimento de entrevista pessoal e reservada de preso 195

9.1. Dispositivo legal 195
9.2. Classificação 195
9.3. Constitucionalidade e veto derrubado 195
9.4. Bem Jurídico Tutelado 196
9.5. Sujeito Ativo 197
9.6. Sujeito Passivo 197
9.7. Conduta (Tipo Objetivo) 197
9.7.1. Figura simples 197
9.7.2. Figura equiparada 200
9.8. Conflito Aparente de Leis Penais 201
9.9. Elemento Subjetivo (Tipo Subjetivo) 201
9.10. Consumação e Tentativa 201
9.11. Ação Penal, procedimento e competência 202
9.12. Modelo de Peça Policial 202

Capítulo 10

Manutenção indevida de presos na mesma cela ou ambiente inadequado 203

10.1. Dispositivo legal 203
10.2. Classificação 203
10.3. Constitucionalidade 204
10.4. Bem Jurídico Tutelado 204
10.5. Sujeito Ativo 204
10.6. Sujeito Passivo 205
10.7. Conduta (Tipo Objetivo) 205
10.7.1. Figura simples 206
10.7.2. Figura equiparada 209
10.8. Conflito Aparente de Leis Penais 210
10.9. Elemento Subjetivo (Tipo Subjetivo) 210
10.10. Consumação e Tentativa 210
10.11. Ação Penal, procedimento e competência 211

Capítulo 11

Violação de domicílio com abuso de autoridade 213

11.1. Dispositivo legal 213
11.2. Classificação 214
11.3. Constitucionalidade e veto 214
11.4. Bem Jurídico Tutelado 214
11.5. Sujeito Ativo 215

11.6. Sujeito Passivo ... 215
11.7. Conduta (Tipo Objetivo) ... 216
11.8. Elemento Subjetivo (Tipo Subjetivo) ... 227
11.9. Consumação e Tentativa ... 228
11.10. Ação Penal, procedimento e competência ... 228
11.11. Modelos de Peças Policiais ... 229

Capítulo 12

Fraude processual com abuso de autoridade ... 233

12.1. Dispositivo legal ... 233
12.2. Classificação ... 233
12.3. Constitucionalidade ... 234
12.4. Bem Jurídico Tutelado ... 234
12.5. Sujeito Ativo ... 234
12.6. Sujeito Passivo ... 235
12.7. Conduta (Tipo Objetivo) ... 235
12.7.1. Figura simples ... 235
12.7.2. Figuras equiparadas ... 236
12.8. Conflito Aparente de Leis Penais ... 237
12.9. Elemento Subjetivo (Tipo Subjetivo) ... 237
12.10. Consumação e Tentativa ... 238
12.11. Ação Penal, procedimento e competência ... 238

Capítulo 13

Constrangimento a funcionário de hospital ... 241

13.1. Dispositivo legal ... 241
13.2. Classificação ... 241
13.3. Bem Jurídico Tutelado ... 241
13.4. Sujeito Ativo ... 242
13.5. Sujeito Passivo ... 242
13.6. Conduta (Tipo Objetivo) ... 242
13.7. Elemento Subjetivo (Tipo Subjetivo) ... 244
13.8. Consumação e Tentativa ... 244
13.9. Ação Penal, procedimento e competência ... 244

Capítulo 14

Obtenção ou utilização de prova ilícita ... 247

14.1. Dispositivo legal ... 247
14.2. Classificação ... 247
14.3. Constitucionalidade ... 247
14.4. Bem Jurídico Tutelado ... 248
14.5. Sujeito Ativo ... 248
14.6. Sujeito Passivo ... 249
14.7. Conduta (Tipo Objetivo) ... 249
14.8. Conflito Aparente de Leis Penais ... 254
14.9. Elemento Subjetivo (Tipo Subjetivo) ... 254
14.10. Consumação e Tentativa ... 255
14.11. Ação Penal, procedimento e competência ... 255
14.12. Modelos de Peças Policiais ... 256

Capítulo 15

Instauração ou requisição de investigação sem indícios ... 259

15.1. Dispositivo legal ... 259
15.2. Classificação ... 259
15.3. Bem Jurídico Tutelado ... 259
15.4. Sujeito Ativo ... 260
15.5. Sujeito Passivo ... 260
15.6. Conduta (Tipo Objetivo) ... 261
15.7. Conflito Aparente de Leis Penais ... 267
15.8. Elemento Subjetivo (Tipo Subjetivo) ... 268
15.9. Consumação e Tentativa ... 268
15.10. Ação Penal, procedimento e competência ... 269
15.11. Modelos de Peças Policiais ... 270

Capítulo 16

Divulgação ilegal de gravação ... 281

16.1. Dispositivo legal ... 281
16.2. Classificação ... 281
16.3. Bem Jurídico Tutelado ... 281
16.4. Sujeito Ativo ... 282
16.5. Sujeito Passivo ... 282
16.6. Conduta (Tipo Objetivo) ... 282
16.7. Conflito Aparente de Leis Penais ... 285
16.8. Elemento Subjetivo (Tipo Subjetivo) ... 285
16.9. Consumação e Tentativa ... 286
16.10. Ação Penal, procedimento e competência ... 286

Capítulo 17

Falsa informação sobre procedimento ... 289

17.1. Dispositivo legal ... 289
17.2. Classificação ... 289
17.3. Veto ... 289
17.4. Bem Jurídico Tutelado ... 290
17.5. Sujeito Ativo ... 290
17.6. Sujeito Passivo ... 290
17.7. Conduta (Tipo Objetivo) ... 291
17.8. Elemento Subjetivo (Tipo Subjetivo) ... 291
17.9. Consumação e Tentativa ... 292
17.10. Ação Penal, procedimento e competência ... 292

Capítulo 18

Deflagração de persecução sem justa causa ... 295

18.1. Dispositivo legal ... 295
18.2. Classificação ... 295
18.3. Constitucionalidade e veto derrubado ... 295
18.4. Bem Jurídico Tutelado ... 296
18.5. Sujeito Ativo ... 296
18.6. Sujeito Passivo ... 297
18.7. Conduta (Tipo Objetivo) ... 297
18.8. Conflito Aparente de Leis Penais ... 299
18.9. Elemento Subjetivo (Tipo Subjetivo) ... 300

18.10. Consumação e Tentativa 300
18.11. Ação Penal, procedimento e competência 301
18.12. Modelo de Peça Policial 301

Capítulo 19

Procrastinação injustificada de investigação 303

19.1. Dispositivo legal 303
19.2. Classificação 303
19.3. Bem Jurídico Tutelado 303
19.4. Sujeito Ativo 304
19.5. Sujeito Passivo 304
19.6. Conduta (Tipo Objetivo) 304
19.7. Elemento Subjetivo (Tipo Subjetivo) 310
19.8. Consumação e Tentativa 310
19.9. Ação Penal, procedimento e competência 310
19.10. Modelos de Peças Policiais 311

Capítulo 20

Negativa de acesso a investigação 315

20.1. Dispositivo legal 315
20.2. Classificação 315
20.3. Constitucionalidade 315
20.4. Constitucionalidade e veto derrubado 316
20.5. Bem Jurídico Tutelado 316
20.6. Sujeito Ativo 316
20.7. Sujeito Passivo 317
20.8. Conduta (Tipo Objetivo) 317
20.9. Elemento Subjetivo (Tipo Subjetivo) 321
20.10. Consumação e Tentativa 321
20.11. Ação Penal, procedimento e competência 322
20.12. Modelo de Peça Policial 322

Capítulo 21

Exigência ilegal de informação ou cumprimento de obrigação 325

21.1. Dispositivo legal 325
21.2. Classificação 325
21.3. Constitucionalidade 325
21.4. Bem Jurídico Tutelado 326
21.5. Sujeito Ativo 326
21.6. Sujeito Passivo 327
21.7. Conduta (Tipo Objetivo) 327
21.7.1. Figura simples 328
21.7.2. Figura equiparada 329
21.8. Conflito Aparente de Leis Penais 330
21.9. Elemento Subjetivo (Tipo Subjetivo) 330
21.10. Consumação e Tentativa 331
21.11. Ação Penal, procedimento e competência 331

Capítulo 22

Decretação excessiva de indisponibilidade de ativos 333
22.1. Dispositivo legal 333
22.2. Classificação 333
22.3. Constitucionalidade 333
22.4. Bem Jurídico Tutelado 334
22.5. Sujeito Ativo 334
22.6. Sujeito Passivo 335
22.7. Conduta (Tipo Objetivo) 335
22.8. Elemento Subjetivo (Tipo Subjetivo) 338
22.9. Consumação e Tentativa 338
22.10. Ação Penal, procedimento e competência 338

Capítulo 23

Morosidade injustificada no exame de processo 341
23.1. Dispositivo legal 341
23.2. Classificação 341
23.3. Bem Jurídico Tutelado 341
23.4. Sujeito Ativo 342
23.5. Sujeito Passivo 342
23.6. Conduta (Tipo Objetivo) 342
23.7. Elemento Subjetivo (Tipo Subjetivo) 343
23.8. Consumação e Tentativa 344
23.9. Ação Penal, procedimento e competência 344

Capítulo 24

Antecipação de culpa por meio de comunicação 345
24.1. Dispositivo legal 345
24.2. Classificação 345
24.3. Constitucionalidade e veto 345
24.4. Bem Jurídico Tutelado 346
24.5. Sujeito Ativo 346
24.6. Sujeito Passivo 348
24.7. Conduta (Tipo Objetivo) 348
24.8. Conflito Aparente de Leis Penais 350
24.9. Elemento Subjetivo (Tipo Subjetivo) 351
24.10. Consumação e Tentativa 351
24.11. Ação Penal, procedimento e competência 351
24.12. Modelo de Peça Policial 352

Capítulo 25

Crimes Vetados 355
25.1. Prisão ou busca e apreensão ilegal 355
25.2. Registro indevido de preso 355
25.3. Uso ilegal de algemas 356
25.4. Busca e apreensão ostensiva ou desproporcional 356
25.5. Flagrante preparado 356
25.6. Omissão de informação 357
25.7. Omissão de correção de erro 357
25.8. Frustração de reunião 357

PARTE ESPECIAL

CRIMES DA LEI DE INTERCEPTAÇÃO TELEFÔNICA E ESTATUTO DA OAB

Capítulo 1

Interceptação telefônica ilegal **361**

1.1. Dispositivo legal 361
1.2. Classificação 361
1.3. Bem Jurídico Tutelado 361
1.4. Sujeito Ativo 362
1.5. Sujeito Passivo 362
1.6. Conduta (Tipo Objetivo) 362
1.7. Interceptação ambiental ilegal 364
1.8. Conflito Aparente de Leis Penais 367
1.9. Elemento Subjetivo (Tipo Subjetivo) 367
1.10. Consumação e Tentativa 367
1.11. Ação Penal, procedimento e competência 368

Capítulo 2

Violação de prerrogativa de advogado **369**

2.1. Dispositivo legal 369
2.2. Classificação 370
2.3. Constitucionalidade e veto derrubado 370
2.4. Bem Jurídico Tutelado 370
2.5. Sujeito Ativo 370
2.6. Sujeito Passivo 370
2.7. Conduta (Tipo Objetivo) 371
2.8. Conflito Aparente de Leis Penais 377
2.9. Elemento Subjetivo (Tipo Subjetivo) 378
2.10. Consumação e Tentativa 378
2.11. Ação Penal, procedimento e competência 378
2.12. Modelos de Peças Policiais 379

PARTE FINAL

OUTRAS DISPOSIÇÕES

Capítulo 1

Prisão Temporária **387**

Capítulo 2

Efeitos da condenação por crime do Estatuto da Criança e do Adolescente **391**

BIBLIOGRAFIA **393**

PARTE GERAL

público levar tal fato ao conhecimento das autoridades públicas. Todavia, essa Lei anterior, editada durante o regime militar, foi muito criticada por conter tipos penais abertos e por cominar penas irrisórias. Todas as 19 infrações penais eram de menor potencial ofensivo, que não acarretavam prisão em flagrante nem instauração de inquérito policial (apenas termo circunstanciado de ocorrência), e ensejavam prescrição em apenas 3 anos (art. 109, VI do CP).

A nova Lei, a seu turno, apesar de eliminar o problema das penas insuficientes, exagerou em algumas sanções penais, persistiu com crimes vagos demais, criminalizou infrações disciplinares e foi editada sem discussão suficiente do tema.

Vale destacar que a Lei 13.869/19 promoveu mudanças no Estatuto da Criança e do Adolescente, na Lei de Prisão Temporária, na Lei de Interceptação Telefônica e no próprio Código Penal:

Lei 13.869/19	
instituiu a nova Lei de Abuso de Autoridade	definiu crimes (continuidade normativo-típica e *novatio legis* incriminadora), extinguiu delitos (*abolitio criminis*)
alterou a Lei de Prisão Temporária (Lei 7.960/89)	no mandado de prisão temporária deverá constar o prazo e o dia em que o preso será libertado, após o qual será colocado em liberdade independente de nova ordem judicial (incluindo-se o dia do cumprimento na contagem)
alterou o Estatuto da Criança e do Adolescente (acrescentou o art. 227-A)	os efeitos da condenação de perda de cargo para os crimes previstos no ECA praticados por servidores públicos com abuso de autoridade são condicionados à ocorrência de reincidência, porém não importa a pena aplicada (não se impondo o piso de 1 ano)
alterou a Lei de Interceptação Telefônica (Lei 9.296/96)	alterado o tipo penal do art. 10 para abranger também quem realiza escuta ambiental sem autorização judicial ou com objetivos não autorizados em lei, e incluído o crime equiparado no parágrafo único para a autoridade judicial que determina interceptação ou escuta com objetivo não autorizado em lei
alterou o Código Penal (revogou o art. 150, § 2º e o art. 350)	foi revogada majorante do crime de violação de domicílio, e revogado o delito de exercício arbitrário ou abuso de poder

Capítulo 2

Vigência e Direito Intertemporal

A Lei 13.869/19 revogou a Lei 4.898/65 e estabeleceu a nova Lei de Abuso de Autoridade.

Foi publicada em 05 de setembro de 2019, com *vacatio legis* de 120 dias, entrando em vigor em **03 de janeiro de 2020**, pois se computa o dia da publicação, e a entrada em vigor ocorre no dia subsequente ao término do prazo (art. 8º, § 1º da Lei Complementar 95/98).

Vale destacar que, quanto aos crimes que tiveram os vetos derrubados pelo Congresso, a publicação dos arts. 3º, 9º, 13, III, 15, parágrafo único, I e II, 16, 20, 30, 32, 38 e 43 se deu em 27 de setembro de 2019, acarretando vigência no dia 25 de janeiro de 2020.

De outro lado, importante é a comparação entre as leis (direito intertemporal). Com a revogação da Lei 4.898/65 pela Lei 13.869/19, houve basicamente 3 situações que precisam ser analisadas sob a perspectiva da aplicação da lei penal no tempo, pois temos:

a) condutas que continuaram criminosas (**continuidade normativo-típica**), com ou sem modificação da redação (prejudicando ou beneficiando o agente);

b) condutas que não eram criminosas e passaram e ser (*novatio legis* **incriminadora**);

c) condutas criminosas que passaram a ser atípicas (*abolitio criminis*).

Confira a comparação:

Lei 4.898/65	Lei 13.869/19	Consequência
atentado à liberdade de locomoção (art. 3º, *a*)	decretar medida de privação da liberdade em manifesta desconformidade com as hipóteses legais (art. 9º) decretar a condução coercitiva de testemunha ou investigado manifestamente descabida ou sem prévia intimação de comparecimento ao juízo (art. 10)	continuidade normativo-típica que prejudica o agente (não retroage)
atentado à inviolabilidade do domicílio (art. 3º, *b*)	invadir ou adentrar, clandestina ou astuciosamente, ou à revelia da vontade do ocupante, imóvel alheio ou suas dependências, ou nele permanecer nas mesmas condições, sem determinação judicial ou fora das condições estabelecidas em lei (art. 22) coagir alguém, mediante violência ou grave ameaça, a franquear-lhe o acesso a imóvel ou suas dependências (art. 22, §1º, I) cumprir mandado de busca e apreensão domiciliar após as 21h ou antes das 5h (art. 22, §1º, III)	continuidade normativo-típica que prejudica o agente (não retroage)
atentado ao sigilo da correspondência (art. 3º, *c*)	----	continuidade normativo-típica que prejudica o agente (não retroage) não há abolitio criminis pois a conduta era norma especial em relação ao crime do art. 40 da Lei 6.538/78
atentado à liberdade de consciência e de crença (art. 3º, *d*)	----	continuidade normativo-típica que prejudica o agente (não retroage) não há abolitio criminis pois a conduta era norma especial em relação ao crime do art. 208 do Código Penal
atentado ao livre exercício do culto religioso (art. 3º, *e*)	----	continuidade normativo-típica que prejudica o agente (não retroage) não há abolitio criminis pois a conduta era norma especial em relação ao crime do art. 208 do Código Penal

Lei 4.898/65	Lei 13.869/19	Consequência
atentado à liberdade de associação (art. 3º, *f*)	----	continuidade normativo-típica que prejudica o agente (não retroage) não há abolitio criminis pois a conduta era norma especial em relação ao crime do art. 199 do Código Penal
atentado aos direitos e garantias legais assegurados ao exercício do voto (art. 3º, *g*)	----	continuidade normativo-típica que prejudica o agente (não retroage) não há abolitio criminis pois a conduta era norma especial em relação ao crime do art. 297 do Código Eleitoral
atentado ao direito de reunião (art. 3º, *h*)	----	*abolitio criminis* OBS: havendo violência ou grave ameaça, ocorre constrangimento ilegal (art. 146 do Código Penal)
atentado à incolumidade física do indivíduo (art. 3º, *i*)	----	continuidade normativo-típica que prejudica o agente (não retroage) não há abolitio criminis pois a conduta era norma especial em relação ao crime do art. 129 do Código Penal
atentado aos direitos e garantias legais assegurados ao exercício profissional (art. 3º, *j*)	negar ao interessado, seu defensor ou advogado acesso aos autos de investigação preliminar, ao termo circunstanciado, ao inquérito ou a qualquer outro procedimento investigatório de infração penal, civil ou administrativa, assim como impedir a obtenção de cópias, ressalvado o acesso a peças relativas a diligências em curso, ou que indiquem a realização de diligências futuras, cujo sigilo seja imprescindível (art. 32)	continuidade normativo-típica que prejudica o agente (não retroage)

Lei 4.898/65	Lei 13.869/19	Consequência
	impedir, sem justa causa, a entrevista pessoal e reservada do preso com seu advogado (art. 20)	
	impedir o preso, o réu solto ou o investigado de entrevistar-se pessoal e reservadamente com seu advogado ou defensor, por prazo razoável, antes de audiência judicial, e de sentar-se ao seu lado e com ele comunicar-se durante a audiência, salvo no curso de interrogatório ou no caso de audiência realizada por videoconferência (art. 20, parágrafo único)	
	violar a inviolabilidade de seu escritório ou local de trabalho, bem como de seus instrumentos de trabalho, de sua correspondência escrita, eletrônica, telefônica e telemática, desde que relativas ao exercício da advocacia (art. 7º-B c/c art. 7º, II do EOAB)	
	violar o direito a comunicar-se com seus clientes, pessoal e reservadamente, mesmo sem procuração, quando estes se acharem presos, detidos ou recolhidos em estabelecimentos civis ou militares, ainda que considerados incomunicáveis (art. 7º-B c/c art. 7º, III do EOAB)	
	violar o direito a ter a presença de representante da OAB, quando preso em flagrante, por motivo ligado ao exercício da advocacia, para lavratura do auto respectivo, sob pena de nulidade e, nos demais casos, a comunicação expressa à seccional da OAB (art. 7º-B c/c art. 7º, IV do EOAB)	
	violar o direito a não ser recolhido preso, antes de sentença transitada em julgado, senão em sala de Estado Maior, com instalações e comodidades condignas (art. 7º-B c/c art. 7º, V do EOAB)	

Lei 4.898/65	Lei 13.869/19	Consequência
ordenar ou executar medida privativa da liberdade individual, sem as formalidades legais ou com abuso de poder (art. 4º, *a*)	deixar de substituir a prisão preventiva por medida cautelar diversa ou de conceder liberdade provisória, quando manifestamente cabível (art. 9º, II) deixar de deferir liminar ou ordem de habeas corpus, quando manifestamente cabível (art. 9º, III) prolongar a execução de pena privativa de liberdade, de prisão temporária, de prisão preventiva, de medida de segurança ou de internação, deixando, sem motivo justo e excepcionalíssimo, de executar o alvará de soltura imediatamente após recebido ou de promover a soltura do preso quando esgotado o prazo judicial ou legal (art. 12 parágrafo único, IV)	continuidade normativo-típica que prejudica o agente (não retroage)
submeter pessoa sob sua guarda ou custódia a vexame ou a constrangimento não autorizado em lei (art. 4º, *b*)	constranger o preso ou o detento, mediante violência, grave ameaça ou redução de sua capacidade de resistência, a exibir-se ou ter seu corpo ou parte dele exibido à curiosidade pública; ou submeter-se a situação vexatória ou a constrangimento não autorizado em lei (art. 13, I e II)	continuidade normativo-típica que prejudica o agente (não retroage)
deixar de comunicar, imediatamente, ao juiz competente a prisão ou detenção de qualquer pessoa (art. 4º, *c*)	deixar injustificadamente de comunicar prisão em flagrante à autoridade judiciária no prazo legal (art. 12) deixar de comunicar, imediatamente, a execução de prisão temporária ou preventiva à autoridade judiciária que a decretou (art. 12, parágrafo único, I)	continuidade normativo-típica que prejudica o agente (não retroage)
deixar o Juiz de ordenar o relaxamento de prisão ou detenção ilegal que lhe seja comunicada (art. 4º, *d*)	deixar de relaxar a prisão manifestamente ilegal (art. 9º, parágrafo único, I)	continuidade normativo-típica que prejudica o agente (não retroage)

Lei 4.898/65	Lei 13.869/19	Consequência
levar à prisão e nela deter quem quer que se proponha a prestar fiança, permitida em lei (art. 4º, *e*)	substituir a prisão preventiva por medida cautelar diversa ou de conceder liberdade provisória, quando manifestamente cabível (art. 9º, parágrafo único, II)	continuidade normativo-típica que prejudica o agente (não retroage)
cobrar o carcereiro ou agente de autoridade policial carceragem, custas, emolumentos ou qualquer outra despesa, desde que a cobrança não tenha apoio em lei, quer quanto à espécie quer quanto ao seu valor (art. 4º, *f*)	----	*abolitio criminis* (retroage) OBS: o crime já não era aplicável, dada a inexistência de tais receitas (mas o recebimento indevido de valores pode configurar os crimes dos arts. 158, 316 ou 317 do Còdigo Penal)
recusar o carcereiro ou agente de autoridade policial recibo de importância recebida a título de carceragem, custas, emolumentos ou de qualquer outra despesa (art. 4º, *g*)	----	*abolitio criminis* (retroage) OBS: o crime já não era aplicável, dada a inexistência de tais receitas
o ato lesivo da honra ou do patrimônio de pessoa natural ou jurídica, quando praticado com abuso ou desvio de poder ou sem competência legal (art. 4º, *h*)	----	continuidade normativo-típica que prejudica o agente (não retroage) não há abolitio criminis pois a conduta era norma especial em relação ao crimes dos arts. 138, 139 e 140 do Código Penal

Lei 4.898/65	Lei 13.869/19	Consequência
prolongar a execução de prisão temporária, de pena ou de medida de segurança, deixando de expedir em tempo oportuno ou de cumprir imediatamente ordem de liberdade (art. 4º, *i*)	prolongar a execução de pena privativa de liberdade, de prisão temporária, de prisão preventiva, de medida de segurança ou de internação, deixando, sem motivo justo e excepcionalíssimo, de executar o alvará de soltura imediatamente após recebido ou de promover a soltura do preso quando esgotado o prazo judicial ou legal (art. 12 parágrafo único, IV)	continuidade normativo-típica que prejudica o agente (não retroage)
----	deixar de comunicar, imediatamente, a prisão de qualquer pessoa e o local onde se encontra à sua família ou à pessoa por ela indicada (art. 12, parágrafo único, II)	*novatio legis* incriminadora (não retroage)
----	deixar de entregar ao preso, no prazo de 24 (vinte e quatro) horas, a nota de culpa, assinada pela autoridade, com o motivo da prisão e os nomes do condutor e das testemunhas (art. 12, parágrafo único, III)	*novatio legis* incriminadora (não retroage)
----	constranger o preso ou o detento, mediante violência, grave ameaça ou redução de sua capacidade de resistência, a produzir prova contra si mesmo ou contra terceiro (art. 13, III)	continuidade normativo-típica que prejudica o agente (não retroage) fato anterior continua tipificado como crime do art. 146 do Código Penal
----	constranger a depor, sob ameaça de prisão, pessoa que, em razão de função, ministério, ofício ou profissão, deva guardar segredo ou resguardar sigilo (art. 15)	*novatio legis* incriminadora (não retroage) fato anterior continua tipificado como crime do art. 146 do Código Penal

Lei 4.898/65	Lei 13.869/19	Consequência
----	prosseguir com o interrogatório de pessoa que tenha decidido exercer o direito ao silêncio, ou de pessoa que tenha optado por ser assistida por advogado ou defensor público, sem a presença de seu patrono (art. 15, parágrafo único)	*novatio legis* incriminadora (não retroage) fato anterior continua tipificado como crime do art. 146 do Código Penal
----	deixar de identificar-se ou identificar-se falsamente ao preso por ocasião de sua captura ou quando deva fazê-lo durante sua detenção ou prisão (art. 16) deixar de identificar-se ao preso ou atribui a si mesmo falsa identidade, cargo ou função, como responsável por interrogatório em sede de procedimento investigatório de infração penal (art. 16, parágrafo único)	*novatio legis* incriminadora (não retroage) fato anterior continua tipificado como crime do art. 307 do Código Penal
----	submeter o preso a interrogatório policial durante o período de repouso noturno, salvo se capturado em flagrante delito ou se ele, devidamente assistido, consentir em prestar declarações (art. 18)	*novatio legis* incriminadora (não retroage)
----	impedir ou retardar, injustificadamente, o envio de pleito de preso à autoridade judiciária competente para a apreciação da legalidade de sua prisão ou das circunstâncias de sua custódia (art. 19)	*novatio legis* incriminadora (não retroage) fato anterior continua tipificado como crime do art. 319 do Código Penal, se presente a finalidade especial
----	deixar o magistrado, ciente do impedimento ou da demora, de tomar as providências tendentes a saná-lo ou, não sendo competente para decidir sobre a prisão, deixa de enviar o pedido à autoridade judiciária que o seja (art. 19, parágrafo único)	*novatio legis* incriminadora (não retroage) fato anterior continua tipificado como crime do art. 319 do Código Penal, se presente a finalidade especial

Lei 4.898/65	Lei 13.869/19	Consequência
----	manter presos de ambos os sexos na mesma cela ou espaço de confinamento (art. 21)	*novatio legis* incriminadora (não retroage) fato anterior continua tipificado como crime do art. 319 do Código Penal, se presente a finalidade especial
----	manter, na mesma cela, criança ou adolescente na companhia de maior de idade ou em ambiente inadequado, observado o disposto na no ECA (art. 21, parágrafo único)	*novatio legis* incriminadora (não retroage) fato anterior continua tipificado como crime do art. 319 do Código Penal, se presente a finalidade especial
----	inovar artificiosamente, no curso de diligência, de investigação ou de processo, o estado de lugar, de coisa ou de pessoa, com o fim de eximir-se de responsabilidade ou de responsabilizar criminalmente alguém ou agravar-lhe a responsabilidade; ou para eximir-se de responsabilidade civil ou administrativa por excesso praticado no curso de diligência; ou para omitir dados ou informações ou divulgar dados ou informações incompletos para desviar o curso da investigação, da diligência ou do processo. (art. 23)	*novatio legis* incriminadora (não retroage) fato anterior continua tipificado como crime do art. 347 do Código Penal ou art. 2º, §1º da Lei 12.850/13
----	constranger, sob violência ou grave ameaça, funcionário ou empregado de instituição hospitalar pública ou privada a admitir para tratamento pessoa cujo óbito já tenha ocorrido, com o fim de alterar local ou momento de crime, prejudicando sua apuração (art. 24)	*novatio legis* incriminadora (não retroage) fato anterior continua tipificado como crime do art. 146 do Código Penal

Lei 4.898/65	Lei 13.869/19	Consequência
----	proceder à obtenção de prova, em procedimento de investigação ou fiscalização, por meio manifestamente ilícito; ou usar prova, em desfavor do investigado ou fiscalizado, com prévio conhecimento de sua ilicitude (art. 25)	*novatio legis* incriminadora (não retroage)
----	requisitar instauração ou instaurar procedimento investigatório de infração penal ou administrativa, em desfavor de alguém, à falta de qualquer indício da prática de crime, de ilícito funcional ou de infração administrativa (art. 27)	*novatio legis* incriminadora (não retroage) fato anterior continua tipificado como crime do art. 319 do Código Penal, se presente a finalidade especial
----	divulgar gravação ou trecho de gravação sem relação com a prova que se pretenda produzir, expondo a intimidade ou a vida privada ou ferindo a honra ou a imagem do investigado ou acusado (art. 28)	*novatio legis* incriminadora (não retroage) fato anterior continua tipificado como crime do art. 325 do Código Penal
----	prestar informação falsa sobre procedimento judicial, policial, fiscal ou administrativo com o fim de prejudicar interesse de investigado (art. 29)	*novatio legis* incriminadora (não retroage) fato anterior continua tipificado como crime do art. 342 do Código Penal se praticado por testemunha ou perito
----	dar início ou proceder à persecução penal, civil ou administrativa sem justa causa fundamentada ou contra quem sabe inocente (art. 30)	*novatio legis* incriminadora (não retroage) fato anterior continua tipificado como crime do art. 319 do Código Penal, se presente a finalidade especial

Lei 4.898/65	Lei 13.869/19	Consequência
----	estender injustificadamente a investigação, procrastinando-a em prejuízo do investigado ou fiscalizado (art. 31)	*novatio legis* incriminadora (não retroage) fato anterior continua tipificado como crime do art. 319 do Código Penal, se presente a finalidade especial
----	exigir informação ou cumprimento de obrigação, inclusive o dever de fazer ou de não fazer, sem expresso amparo legal (art. 33)	*novatio legis* incriminadora (não retroage) fato anterior continua tipificado como crime do art. 146 do Código Penal
----	utilizar-se de cargo ou função pública ou invocar a condição de agente público para se eximir de obrigação legal ou para obter vantagem ou privilégio indevido (art. 33, parágrafo único)	*novatio legis* incriminadora (não retroage) fato anterior continua tipificado como crime do art. 146 do Código Penal
----	decretar, em processo judicial, a indisponibilidade de ativos financeiros em quantia que extrapole exacerbadamente o valor estimado para a satisfação da dívida da parte e, ante a demonstração, pela parte, da excessividade da medida, deixar de corrigi-la (art. 36)	*novatio legis* incriminadora (não retroage) fato anterior continua tipificado como crime do art. 319 do Código Penal, se presente a finalidade especial
----	demorar demasiada e injustificadamente no exame de processo de que tenha requerido vista em órgão colegiado, com o intuito de procrastinar seu andamento ou retardar o julgamento (art. 37)	*novatio legis* incriminadora (não retroage) fato anterior continua tipificado como crime do art. 319 do Código Penal, se presente a finalidade especial

Ora, o fato de expressões vagas terem sinônimos não elimina sua **imprecisão**. Exemplificando, o termo *ato obsceno* (que consta no crime do art. 233 do CP) tem como palavras equivalentes *indecoroso* e *vulgar*, o que não retira a inexatidão da expressão. Esses vocábulos são eminentemente valorativos, com alta carga de subjetivismo, o que não se compatibiliza com a precisão exigida pelo princípio da legalidade. Tais elementos normativos não podem permanecer totalmente livres ao sabor de cada intérprete, como se a incidência do delito dependesse unicamente da abstrata percepção do operador do Direito acerca da correção da atitude do agente público.

Nessa esteira, a única forma de aplicar esses delitos de constitucionalidade duvidosa é observando a limitação interpretativa de tais termos vagos, o que é exigido pela própria norma quando impede a incidência de crime por mera divergência na interpretação de lei ou na avaliação de fatos e provas (art. 1º, §2º).

O fato de se demandar finalidade especial do agente para a configuração do crime não afasta a insegurança. Fosse a finalidade somente prejudicar outrem ou beneficiar a si mesmo ou a terceiro, como ocorre em outras legislações, a exemplo de Portugal (art. 382 do Código Penal) e Itália (art. 323 do Código Penal), a lei penal seria dotada de alguma precisão. Todavia, também previu o legislador como elemento subjetivo específico, alternativamente, o mero capricho ou satisfação pessoal. O elemento subjetivo do tipo, portanto, é indicado igualmente por expressão vaga, de alto grau de subjetividade, sendo fácil dizer que o agente público agiu por *capricho ou satisfação pessoal* e o submeter a uma apuração por abuso de autoridade.

Além disso, a circunstância de a lei anterior conceber tipos mais abertos do que a lei atual (quando criminalizava no art. 3º, *a*, qualquer atentado à liberdade locomoção, por exemplo)[3] não muda o fato de persistir a violação à taxatividade, ainda que de forma menos escancarada. Os tipos penais "não devem deixar margens a duvidas nem abusar do emprego de normas muito gerais ou tipos incriminadores genéricos, vazios".[4]

A lei penal é uma espécie de lei restritiva de direitos fundamentais, e por isso deve observar os chamados *limites dos limites* dos direitos fundamentais, dentre os quais ganha destaque a reserva de lei proporcional.[5] O legislador

---

3. NUCCI, Guilherme de Souza. *A nova lei de abuso de autoridade*. Migalhas, out 2019. Disponível em: <https://www.migalhas.com.br/depeso/312282/a-nova-lei-de-abuso-de-autoridade>. Acesso em: 03 out. 2019.
4. ASSIS TOLEDO, Francisco de. *Princípios básicos de direito penal*. São Paulo, Saraiva, 2000, p. 29.
5. PIEROT, Bodo; SCHLINK, Bernhard. *Direitos fundamentais*. Lisboa: Universidade Lusíada, 2008, p. 79-80.

que age em excesso, por exemplo **cominando penas severas demais**, fere o princípio da proporcionalidade (art. 5º, LIV da CF), impondo medida legislativa inadequada para atingir os objetivos perseguidos. Quando isso ocorre, verifica-se violação da proibição de excesso do legislador. No entender dos Tribunais Superiores:

> É viável a fiscalização judicial da constitucionalidade dessa atividade legislativa (...) Em atenção ao princípio constitucional da proporcionalidade e razoabilidade das leis restritivas de direitos (CF, art. 5º, LIV), é imprescindível a atuação do Judiciário para corrigir o exagero.[6]
>
> O Estado não pode legislar abusivamente. A atividade legislativa está necessariamente sujeita à rígida observância de diretriz fundamental, que, encontrando suporte teórico no princípio da proporcionalidade, veda os excessos normativos e as prescrições irrazoáveis do Poder Público. O princípio da proporcionalidade – que extrai a sua justificação dogmática de diversas cláusulas constitucionais, notadamente daquela que veicula a garantia do substantive due process of law – acha-se vocacionado a inibir e a neutralizar os abusos do Poder Público no exercício de suas funções, qualificando-se como parâmetro de aferição da própria constitucionalidade material dos atos estatais.[7]

Em adição, o princípio da intervenção mínima ficou sob risco, na medida em que a lei **transformou certas infrações disciplinares dos agentes públicos em crimes**. O Direito Penal somente deve ser utilizado como forma de controle quando os demais instrumentos e meios coativos menos gravosos, de natureza não penal, tenham sido esgotados, o que não é o caso. Vale ressaltar que apenas o militarismo, por suas circunstâncias bem específicas (atuação na guerra) admite prisão por infração disciplinar, sanção esta abolida mesmo para os militares estaduais (art. 18, VII do Decreto-Lei 667/69).

Como se não bastasse, o legislador escolheu **alvos preferenciais** para sofrer incidência dos tipos penais abertos, a saber, policiais, delegados, juízes e membros do MP, quando criminalizou condutas como "decretar medida de privação da liberdade em manifesta desconformidade com as hipóteses legais", "decretar a condução coercitiva manifestamente descabida" e "requisitar instauração de procedimento investigatório à falta de qualquer indício da prática de crime". Curiosamente não configura abuso de autoridade "aprovar lei em manifesta violação a preceitos da Constituição Federal", o

6. STJ, AI no HC 239.363, Rel. Min. Sebastião Reis Júnior, DJ 26/05/2015.
7. STF, ADI 1.407 MC, Rel. Min. Celso de Mello, DJ 24/11/2000.

que faz surgir a suspeita do propósito de retaliação na edição da Lei. É de se questionar o real motivo da edição de uma lei destinada a somente parcela dos agentes públicos. Essa franca violação ao princípio da impessoalidade (art. 37 da CF) configura abuso do poder de legislar.[8] Ao blindar a si mesmo e encurralar os demais agentes públicos, o legislador demonstrou que o processo legislativo foi desvirtuado.

Inconstitucionalidades		
	Defeito	**Princípio violado**
Modo de produção	parco debate	devido processo legislativo
Forma de criminalização	tipos penais abertos	taxatividade (legalidade)
	criminalização de infrações disciplinares	intervenção mínima
	sanções penais severas	proporcionalidade
Destinação dos delitos	policiais, delegados, juízes e membros do MP ~~parlamentares e altos cargos do Executivo~~	impessoalidade (abuso do poder de legislar)

8. REALE, Miguel. *Abuso do poder de legislar*. Revista de Direito Público, São Paulo, Revista dos Tribunais, 1975, n. 39-40, p. 73.

Capítulo 5

Bem Jurídico Tutelado

Os crimes de abuso de autoridade possuem múltipla objetividade jurídica, ou seja, há pelo menos 2 bens jurídicos tutelados (crime pluriofensivo).

De forma **imediata** ou principal temos a proteção dos **direitos e garantias fundamentais das pessoas físicas e jurídicas**, quais sejam, liberdade de locomoção (arts. 9º, 10, 12), liberdade individual (arts. 13, 15 e 18), direito à informação (art. 16), direito de petição (art. 19), direito à assistência de advogado (arts. 20 e 32), direito à integridade física (art. 21), direito à inviolabilidade do domicílio (art. 22), administração do Estado e da Justiça (art. 23, 24, 25, 27, 29, 30, 31, 33, 36 e 37), intimidade e vida privada (arts. 13, 22, 28 e 38).

O bem jurídico tutelado de maneira mediata ou secundária é a **normalidade e a regularidade dos serviços públicos**, isto é, o bom funcionamento do Estado.

Bem jurídico tutelado imediato	direitos e garantias fundamentais das pessoas físicas e jurídicas	liberdade de locomoção	arts. 9º, 10, 12
		liberdade individual	arts. 13, 15 e 18
		direito à informação	art. 16
		direito de petição	art. 19
		direito à assistência de advogado	arts. 20 e 32

<table>
<tr><td rowspan="4">Bem jurídico tutelado imediato</td><td rowspan="4">direitos e garantias fundamentais das pessoas físicas e jurídicas</td><td>direito à integridade física</td><td>art. 21</td></tr>
<tr><td>direito à inviolabilidade do domicílio</td><td>art. 22</td></tr>
<tr><td>administração do Estado e da Justiça</td><td>art. 23, 24, 25, 27, 29, 30, 31, 33, 36 e 37</td></tr>
<tr><td>intimidade e vida privada</td><td>arts. 13, 22, 28 e 38</td></tr>
<tr><td>Bem jurídico tutelado mediato</td><td colspan="2">regularidade dos serviços públicos</td><td>todos os arts.</td></tr>
</table>

Capítulo 6

Elemento Subjetivo (Tipo Subjetivo)

6.1. Elemento subjetivo geral e especial

O elemento subjetivo geral no abuso de autoridade é o **dolo**. Não há previsão legal de abuso de autoridade culposo. Entretanto, logo no seu artigo inaugural a lei evidencia que o dolo, por si só, não é suficiente para que o crime se perfaça. Além da consciência (elemento cognitivo) e da vontade (elemento volitivo) que compõem o dolo, é preciso algo a mais, uma finalidade específica que deve animar a conduta do agente. Vejamos o dispositivo:

> Art. 1º. (...)
>
> § 1º As condutas descritas nesta Lei constituem crime de abuso de autoridade quando praticadas pelo agente com a finalidade específica de prejudicar outrem ou beneficiar a si mesmo ou a terceiro, ou, ainda, por mero capricho ou satisfação pessoal.
>
> § 2º A divergência na interpretação de lei ou na avaliação de fatos e provas não configura abuso de autoridade.

Além da consciência e da vontade de realizar as condutas descritas na lei, o agente público deve agir com a **finalidade específica** (elemento subjetivo especial) de, **alternativamente** (art. 1º, §1º):

a) **prejudicar outrem**;

b) **beneficiar a si mesmo ou a terceiro**;

c) **por mero capricho**;

d) **por satisfação pessoal**.

Elemento subjetivo geral		Elemento subjetivo especial
a) consciência b) vontade	+	a) prejudicar outrem b) beneficiar a si mesmo ou a terceiro c) por mero capricho d) por satisfação pessoal

Como já alertamos, fosse a finalidade somente prejudicar outrem ou beneficiar a si mesmo ou a terceiro, como ocorre em outras legislações, a exemplo de Portugal (art. 382 do Código Penal) e Itália (art. 323 do Código Penal), a lei penal seria dotada de alguma precisão. Feita essa crítica, importa compreender o significado dessas expressões que constituem o elemento subjetivo especial que deve estar presente em todo delito de abuso de autoridade.

Prejuízo é o dano, a perda. **Benefício** é a vantagem, o ganho. Podem ser de qualquer natureza. Evidente que o prejuízo ou benefício devem extrapolar o exercício regular das funções do agente público. Todavia, também previu o legislador como elemento subjetivo específico, alternativamente, o mero capricho ou satisfação pessoal, que constituem expressões vagas, de alto grau de subjetividade.

Capricho é a cisma, a vontade birrenta ou arbitrária, o desejo injustificado. **Satisfação pessoal** é o sentimento de prazer, regozijo. Claro que o agente público vocacionado experimenta certa satisfação ao cumprir seu dever; o que a lei pune não é o advento dessa satisfação após cumprir sua missão buscando o interesse público, mas agir objetivando *ab initio* o deleite individual, transformando a consequência em causa.[1] Assim agindo, coloca seu interesse particular acima do interesse público, como por exemplo quando atua com desiderato de autopromoção ou endeusamento de sua imagem.[2]

Esse elemento subjetivo específico do tipo **não precisa efetivamente se concretizar**, bastando que exista na mente do autor, ou seja, é suficiente que a conduta do agente seja orientada por essa particular motivação, que deve ser demonstrada com base em elementos objetivos do caso concreto. Aliás, caso a acusação não demonstre expressamente na peça inaugural essa finalidade especial que anima o agente, a denúncia ou queixa será inepta e deverá ser rejeitada (art. 395, I, do CPP), por impossibilitar ao réu o exercício de seu direito de defesa.

1. LIMA, Renato Brasileiro de. *Legislação criminal especial comentada*. Salvador: Juspodivm, 2020, p. 57
2. AGI, Samer. *Comentários à nova Lei de Abuso de Autoridade*. Brasília: CPIuris, 2019, p. 18.

6.2. *Animus abutendi*

Os tipos penais da Lei de Abuso de Autoridade são incongruentes, porquanto requerem a demonstração não somente do dolo (vontade e consciência de realizar os elementos do tipo penal), mas também de um especial fim de agir do agente. Outras leis já utilizam essa técnica de pluralidade de elementos subjetivos do tipo. O que há de novo aqui é a presença de multidolos específicos e cumulativos.

Esse elemento subjetivo especial que anima a vontade do agente e que deve permear todas as condutas criminosas é rotulado como animus abutendi. A exigência de um dolo e de mais um requisito subjetivo que o transcende dificulta a incidência dos tipos penais da Lei de Abuso de Autoridade.

Dolo		**Elemento subjetivo do tipo (*animus abutendi*)**
a) consciência (elemento cognitivo); e b) vontade (elemento volitivo)	+	a) prejudicar outrem; b) beneficiar a si mesmo ou a terceiro; c) por mero capricho; ou d) por satisfação pessoal.
elementos cumulativos		elementos alternativos

Um ponto que precisa ficar acentuado é que em havendo conflito entre o elemento subjetivo especial reclamado pelo tipo penal e aqueles previstos no art. 1º, §1º, deve preponderar o primeiro. Em sendo possível a compatibilização entre os dois, ambos deverão ser comprovados no caso concreto.

A título de exemplo, a procrastinação de uma investigação *em favor do investigado* não configura o crime do art. 31 da Lei 13.869/19, porque o dispositivo requer que a procrastinação seja *em prejuízo do investigado* e não em seu favor. Assim, a conduta do delegado de retardar a conclusão de uma investigação para que um elemento defensivo seja produzido ou até mesmo para que ocorra a prescrição, não se subsume à figura típica descrita no citado dispositivo legal. Por mais que uma das finalidades especiais elencadas no art. 1º, §1º seja a de *beneficiar a terceiro*, não há como desconsiderar o elemento subjetivo especial que lhe contrapõe e é exigido pelo próprio tipo penal. Confira a tabela abaixo:

Crime de procrastinação injustificada de investigação			
Dolo		**Elemento subjetivo especial geral** **(todos os crimes de abuso de autoridade)**	**Elemento subjetivo especial específico** **(crime específico do art. 31)**
a) consciência (elemento cognitivo); e b) vontade (elemento volitivo)	+	b) beneficiar a si mesmo ou a terceiro;	em prejuízo do investigado ou fiscalizado
			elemento subjetivo que prepondera
			se ausente, o fato é atípico

6.3. Presunção de boa-fé

Claro que paira sobre a conduta do agente a **presunção (relativa) de boa-fé**, cabendo àquele que pretende desconstituí-la o ônus de demonstrar a má-fé por meio de elementos concretos e não meras suposições (v.g., de que estaria o agente atuando de forma arbitrária ou por puro prazer):

> Obviamente, esse especial fim do agente não se presume, nem se deduz, e deverá ser demonstrado por prova inequívoca. As hipóteses, principalmente as de "por mero capricho ou satisfação pessoal" somente poderão ser comprovadas pela admissão da própria autoridade ou por testemunha que dela tenha ouvido tal relato, sendo impossível de ser demonstradas por raciocínio dedutivo.[3]

Portanto, não comete abuso de autoridade o agente que errar ou atuar com desídia, sendo incorreto concluir que a preguiça ou o equívoco equivalem à má-fé.

6.4. Divergência na análise e vedação de crime de hermenêutica

A norma evidencia que a divergência na interpretação de lei ou na avaliação de fatos e provas não configura abuso de autoridade (art. 1º, §2º). Veda-se o **crime de hermenêutica**. A natureza jurídica desse dispositivo é de causa excludente do elemento subjetivo (dolo), pois se no caso há apenas discordância na análise da norma, do fato ou da prova, é sinal de que

3. CAPEZ, Fernando; ROBERT, Hans. *Lei de abuso: limite da liberdade jurisdicional para assegurar a individual*. Revista Consultor Jurídico, out 2019. Disponível em: https://www.conjur.com.br/2019-out-07/lei-abuso-limite-liberdade-jurisdicional-liberdade-individual. Acesso em: 08 out. 2019.

o agente não atuou para causar benefício ou prejuízo, ou por capricho ou satisfação pessoal. Fosse uma excludente de ilicitude, teríamos que admitir que o sujeito, pelo tão só fato de pensar juridicamente de modo diverso, praticaria fato típico com fim específico exigido pelo tipo (beneficiar, prejudicar, capricho ou satisfação pessoal). A própria localização topográfica da norma (abaixo do elemento subjetivo) confirma que se trata de excludente da finalidade específica.

Excepcionalmente existem **limitações à interpretação**. É o que ocorre diante de súmula vinculante, não podendo o agente público simplesmente ignorar seu comando sob a justificativa de estar realizando atividade hermenêutica.[4] Nessa linha, a causa de atipicidade não alberga interpretações absurdas e teratológicas, que pretendam subverter o sentido óbvio das palavras.

Outros sistemas jurídicos adotam entendimento semelhante, como o da Alemanha (BGHSt 43, 183, 190), em que a criminalização do abuso de autoridade não alcança qualquer aplicação equivocada do direito, mas apenas aquela em que o agente se distancia conscientemente de forma gravíssima do Direito.

Se a autoridade, na justa intenção de cumprir seu dever, acaba cometendo excesso, haverá ilegalidade, mas não crime de abuso de autoridade por ausência da intenção específica de abusar. As autoridades precisam de um mínimo de segurança jurídica para atuarem sem receio de represálias, não sendo razoável que fiquem sujeitas a punições por mera divergência de entendimento e subjetivismos.

6.5. Incompatibilidade com o dolo eventual

Não se vislumbra compatibilidade com o dolo eventual, pois a finalidade específica exigida do agente só pode ser atingida com vontade, e não com mera assunção do risco de atingir o resultado.[5]

Mencione-se ainda que o abuso de autoridade pode ser doutrinariamente classificado como crime de intenção (pois requer uma finalidade adicional do agente) e, em sua maioria, como delito de resultado cortado (porque o legislador corta a ação em determinado momento da execução, consumando-se o crime independentemente de o agente atingir o propósito pretendido).

---

4. AGI, Samer. *Comentários à nova Lei de Abuso de Autoridade*. Brasília: CPluris, 2019, p. 18.
5. GRECO, Rogério; CUNHA, Rogério Sanches. *Abuso de autoridade*. Salvador: Juspodivm, 2019, p. 13.

6.6. Erros dos policiais

Todo particular ou agente público comete erros involuntários, decorrência da própria natureza humana.

Quanto aos agentes públicos, no caso dos operadores do Direito, além de poderem tomar decisões com calma em seus gabinetes, em geral o erro cometido em manifestação jurídica pode ser corrigido por meio de recurso, sem maiores problemas.

Já com relação aos policiais e ao delegado (cuja carreira é policial e também jurídica), as deliberações em regra são tomadas com **urgência** (em segundos ou minutos) no calor dos acontecimentos, muitas vezes sob o cansaço do fim de um plantão ou expediente, ocasião em que o policial, na maioria das vezes está sedento, faminto e sonolento. Para piorar, alguns atos podem ser incorrigíveis, como o disparo de arma de fogo mal executado.

Por isso, no caso dos policiais, a análise de eventual abuso de autoridade deve considerar as **peculiaridades de suas funções**. Assim na legítima defesa (que também afasta a ilicitude da conduta), o exame da situação não pode ser feito de forma rígida e matemática, mas de modo flexível, e não em doses milimétricas, como se pudesse ser aferida numa balança de precisão.[6]

Não custa lembrar dos importantes dispositivos introduzidos na Lei de Introdução ao Direito Brasileiro (Decreto 4.657/41):

> Art. 22. Na interpretação de normas sobre gestão pública, serão considerados os obstáculos e as dificuldades reais do gestor e as exigências das políticas públicas a seu cargo, sem prejuízo dos direitos dos administrados.
>
> § 1º Em decisão sobre regularidade de conduta ou validade de ato, contrato, ajuste, processo ou norma administrativa, serão consideradas as circunstâncias práticas que houverem imposto, limitado ou condicionado a ação do agente.

Se na esfera administrativa é reconhecida a necessidade desse juízo de ponderação sobre as circunstâncias que então se faziam presentes, com maior razão na esfera penal.

6.7. Dificuldades estruturais da Polícia

É preciso reconhecer e respeitar as dificuldades estruturais da Polícia, que infelizmente sofre com **insuficiência de recursos humanos e materiais**.

---

6. LINHARES, Marcello Jardim. *Legítima defesa*. São Paulo: Saraiva, 1994, p. 344

A omissão do Estado reforça a presunção de boa-fé do policial que não consegue executar a contento e com urgência todas as atribuições policiais, acarretando por exemplo o descumprimento de prazo. Por isso mesmo o Manual de atuação funcional do Ministério Público do Paraná orienta seus membros da seguinte forma:

> 253. Respeito às dificuldades e carências das polícias
>
> Cumpre ao membro do Ministério Público, em que pesem as prerrogativas de fiscalizar externamente as Polícias, respeitar as dificuldades e as carências que peculiarizem cada unidade policial, e, numa visão macroscópica, a própria Polícia como um todo.
>
> 254. Bom senso e ética do membro do Ministério Público
>
> O membro do Ministério Público, na condição de agente político e detentor de prerrogativas constitucionais, não deverá se afastar dos limites do bom senso e das normas éticas, bem como da política do bom relacionamento interinstitucional.

6.8. Importância da fundamentação escrita das decisões

Como visto, não há abuso de autoridade se o agente não agir movido por prejudicar outrem, beneficiar a si mesmo ou a terceiro, mero capricho ou satisfação pessoal. E a divergência de interpretação de lei, ou percepção diversa sobre os fatos não pode configurar tal delito. Ou seja, não há crime de hermenêutica em nosso ordenamento jurídico.

Contudo, não é possível *entrar* na cabeça do agente para aferir o fim do seu comportamento, o que impõe que tal verificação seja feita com base nas circunstâncias objetivas do caso concreto.[7] Trata-se da teoria dos indicadores externos.[8] Essa constatação reforça a necessidade de o agente público **justificar (se possível por escrito) os motivos** que o levaram a decidir dessa ou daquela maneira, impedindo eventual interpretação equivocada acerca da real finalidade que animou sua conduta.

Em outras palavras, é preciso que elementos externos ao indivíduo sejam analisados para que se descubra o que o autor do fato desejou quando da conduta. Para realizar tal difícil mister, faz-se essencial a coleta e o

---

7. STF, HC 101.698, Rel. Min. Luiz Fux, DJ 18/10/2011.
8. HASSEMER, Winfried. *Los elementos característicos del dolo*, Madrid: Centro de Publicaciones del Ministerio de Justicia, 1990.

exame das migalhas fáticas (a exemplo da decisão escrita) que permitem a descoberta do seu elemento subjetivo verdadeiro.

6.9. Interpretação equivocada e possíveis consequências deletérias

Caso prevaleça interpretação equivocada que presuma a má-fé do agente público, em vez de trazer mais higidez ao serviço público, a lei tem o potencial de prejudicar a regular execução das missões institucionais de cada órgão e inibir a atuação da autoridade no exercício de sua função.

Ao posicionar sob a cabeça do agente público uma espada de Dâmocles, especialmente o policial (destinatário da maioria dos crimes), cria-se enorme **insegurança** na ação das autoridades, incentivando a omissão. E quem perde com a inação dos agentes públicos é a sociedade.

O serviço público não deve se transformar em atividade de risco insuportável, na qual o agente público, pelo tão só fato de ter cumprido seu dever, pode, da noite para o dia, ser taxado de criminoso. Afinal, não raras vezes desagrada o cidadão que sofre a ação estatal amparada na lei (por exemplo, quando é preso, interrogado, indiciado ou acusado), que agora tem nas mãos um poderoso instrumento de vingança.

Não se pode admitir que poderosos malfeitores usem a lei como escudo protetivo para suas práticas ilícitas, invertendo o foco de persecução (do criminoso para a autoridade) e colocando o agente público como suspeito de ilícitos penais. O servidor público não deve se sentir intimidado por retaliações pelo tão só fato de estar a desempenhar suas atribuições. O receio de injusta penalização pode prejudicar a atuação das instituições, cujos membros se tornariam omissos, em prejuízo à irrenunciável atuação estatal. A cultura do medo teria força para causar insuperável lentidão da máquina pública.

Rui Barbosa ensinava, ao falar sobre o julgador, que se aquele:

> cuja opinião não condiga com a dos seus julgadores na análise do direito escrito, incorrer, por essa dissidência, em sanção criminal, a hierarquia judiciária, em vez de ser a garantia da justiça contra os erros individuais dos juízes, pelo sistema de recursos, ter-se-á convertido, a benefício dos interesses poderosos, em mecanismo de pressão, para substituir a consciência pessoal.[9]

9. BARBOSA, Rui. *Novum Crimen: O Crime de Hermenêutica*. In: Obras Completa de Rui Barbosa, V. XXIII. 1896. Tomo III. Rio de Janeiro: Fundação Casa de Rui Barbosa, 1976, p. 227-306.

Se prevalecer a criminalização a hermenêutica, conferindo vantagens ao criminoso em relação aos componentes do aparato estatal, a Lei de Abuso de Autoridade passará a ser verdadeiro *Estatuto da Criminalidade.* Daí a doutrina falar que este diploma legal está contaminado:

> (...) por diversos tipos penais abertos e indeterminados, de duvidosa constitucionalidade, praticamente transformando o exercício de qualquer função pública, ainda que de maneira legítima, em uma verdadeira atividade de risco.[10]

Elemento subjetivo do abuso de autoridade	
Elemento subjetivo geral e especial	exige-se dolo e finalidade específica
Presunção de boa-fé	há presunção (relativa) de boa-fé sobre a conduta do agente, cabendo àquele que pretende desconstituí-la o ônus de demonstrar a má-fé por meio de elementos concretos
Divergência na interpretação de lei ou na avaliação de fatos e provas	não acarreta abuso de autoridade, vedando-se o crime de hermenêutica (excepcionalmente existem limitações à interpretação, como no caso de súmula vinculante do STF)
Incompatibilidade com o dolo eventual	a finalidade específica exigida do agente só pode ser atingida com vontade, e não com mera assunção do risco de atingir o resultado

10. LIMA, Renato Brasileiro de. *Legislação criminal especial comentada.* Salvador: Juspodivm, 2020, p. 53.

Capítulo 7

Representação leviana

A suposta vítima de abuso de autoridade deve se abster de ofertar *noticia criminis* do alegado abuso quando for incapaz de apontar que não se trata de mera divergência na interpretação da lei ou na avaliação de fatos e provas. Assim, não importa que a decisão do juiz da qual discorda tenha sido revista pelo Tribunal à unanimidade, ou que o inquérito policial instaurado pelo delegado tenha sido trancado pelo Judiciário, ou a denúncia ofertada pelo MP tenha sido rejeitada. É leviana a imputação de crime a esses agentes públicos sem demonstração da finalidade específica de prejudicar outrem, beneficiar a si mesmo ou terceiro, ou capricho ou satisfação pessoal.

O inconformismo de advogados e das partes com as decisões das autoridades deve ser combatido com recursos administrativos, e ações e recursos judiciais que ataquem os atos das autoridades e não as próprias autoridades. A boa-fé do agente público é presumida, sendo incumbência de quem alega má-fé comprová-la.

Da mesma forma que se exige justa causa para se iniciar qualquer investigação, sob pena de crime do art. 27 da Lei 13.869/19, exige-se justa causa também para que juízes, promotores e delegados sejam representados por abuso de autoridade. A **representação leviana** por abuso de autoridade pode ensejar responsabilização criminal por **comunicação falsa de crime** (comunicar crime que não se verificou – art. 340 do CP) ou **denunciação caluniosa** (dar causa à instauração de investigação contra inocente – art. 339 do CP).

Diga-se ainda que assim como a injúria ao juiz não acarreta sua suspeição (art. 256 do CPP), a representação indevida por abuso de autoridade não tem o condão de acarretar a suspeição do agente público. Isso para evitar que alguém consiga por ato unilateral afastar a autoridade que não seja mais conveniente a seus interesses, impedindo que o autor da artimanha se beneficie da própria torpeza.

Capítulo 8

Conduta (Tipo Objetivo)

O abuso de autoridade pode ser praticado tanto por ação como por omissão; em outras palavras, pode ser crime comissivo ou omissivo. O mais comum é ser praticado por ação.

	Abuso de autoridade comissivo	Abuso de autoridade omissivo
Tipo de conduta	ação	omissão

A infração penal é unissubjetiva (de concurso eventual), bastando um agente para praticá-la. Em regra, o delito é de dano (a consumação demanda efetiva lesão ao bem jurídico protegido), de forma livre (admite qualquer meio de execução).

Debate-se se foram trazidos na Lei crimes de mera conduta. Essa hipótese foi afastada pela existência obrigatória de elementos subjetivos específicos elencados no art. 1º, §1º: a) prejudicar outrem; b) beneficiar a si mesmo ou a terceiro; c) por mero capricho; d) por satisfação pessoal. Esse dispositivo constitui norma de extensão, a qual obriga que tais elementos passem a integrar a estrutura de todos os tipos penais previstos nesta lei. Tais especiais fins de agir não se compatibilizam com a estrutura típica de um crime de mera conduta, na medida em que contém a descrição de um possível resultado naturalístico para a configuração do delito. A dúvida remanescerá somente se o crime é formal ou material.

Capítulo 9

Sujeito Ativo

9.1. Autor do abuso de autoridade

A própria lei aponta, em norma penal explicativa, as autoridades e agentes públicos que podem ser considerados sujeito ativo dos crimes. Como se verá, exige-se uma qualidade especial do criminoso, indicando tratar-se de crime próprio[1]:

> Art. 1º Esta Lei define os crimes de abuso de autoridade, cometidos por agente público, servidor ou não, que, no exercício de suas funções ou a pretexto de exercê-las, abuse do poder que lhe tenha sido atribuído.
>
> Art. 2º É sujeito ativo do crime de abuso de autoridade qualquer agente público, servidor ou não, da administração direta, indireta ou fundacional de qualquer dos Poderes da União, dos Estados, do Distrito Federal, dos Municípios e de Território, compreendendo, mas não se limitando a:
>
> I - servidores públicos e militares ou pessoas a eles equiparadas;
>
> II - membros do Poder Legislativo;
>
> III - membros do Poder Executivo;
>
> IV - membros do Poder Judiciário;
>
> V - membros do Ministério Público;
>
> VI - membros dos tribunais ou conselhos de contas.

1. Há quem fale em delito próprio com estrutura inversa, pois do fato criminoso deriva a qualificação de funcionário público, necessária à configuração do delito, sendo portanto necessário indagar sobre o fato antes de concluir que a qualificação de funcionário público realmente subsista: PAGLIARO, Antonio; COSTA JÚNIOR, Paulo José da. *Dos crimes contra a administração pública*. São Paulo: Atlas, 2009, p. 24.

> Parágrafo único. Reputa-se agente público, para os efeitos desta Lei, todo aquele que exerce, ainda que transitoriamente ou sem remuneração, por eleição, nomeação, designação, contratação ou qualquer outra forma de investidura ou vínculo, mandato, cargo, emprego ou função em órgão ou entidade abrangidos pelo caput deste artigo.

Engloba todo aquele que exerce, ainda que transitoriamente ou sem remuneração, por eleição, nomeação, designação, contratação ou qualquer outra forma de investidura ou vínculo, mandato, cargo, emprego ou função (art. 2º, parágrafo único).

O conceito de autoridade é semelhante ao de funcionário público para fins penais, trazido no art. 327 do CP.

Exemplos:

a) servidores públicos e militares ou pessoas a eles equiparadas;

b) membros do Poder Legislativo;

c) membros do Poder Executivo;

d) membros do Poder Judiciário;

e) membros do Ministério Público;

f) membros dos tribunais ou conselhos de contas.

É considerado sujeito ativo o agente público de férias ou de licença, se a autoridade pública se valer desta condição.

Não é autor de abuso de autoridade o agente público aposentado ou demitido (inexiste vínculo ativo com o Estado), ou tampouco aquele que exerce funções de natureza privada com interesse público – *munus* público (ex: tutor, curador, inventariante e administrador, depositário, leiloeiro). Exceção se dá quanto ao defensor dativo.[2]

Em que pese o conceito legal de agente público trazido pela Lei de Abuso de Autoridade ser parecido com o conceito de funcionário público hospedado no Código Penal, a Lei 13.869/19 não repetiu a cláusula de equiparação do CP:

2. STJ, REsp 902.037, Rel. Min. Feliz Fischer, DJ 17/04/2017.

> Art. 327. (...)
>
> § 1º - Equipara-se a funcionário público quem exerce cargo, emprego ou função em entidade paraestatal, e quem trabalha para empresa prestadora de serviço contratada ou conveniada para a execução de atividade típica da Administração Pública.

Em se tratando de lei especial que se silenciou, e sendo vedada a analogia *in malam partem*, **não se aplica o conceito de agente público por equiparação.**[3] Há quem entenda, contudo, que aqueles que exercem função em paraestatais podem responder por abuso de autoridade, pois, apesar do vínculo não ser público, exercem poder de mando e por isso podem atuar com excesso de poder ou desvio de finalidade.[4]

Como visto, responde por abuso de autoridade o agente público, servidor ou não, da administração direta ou indireta de qualquer Poder (Executivo, Legislativo ou Judiciário) de qualquer ente federado (União, Estados, DF ou Municípios), no exercício de suas funções ou a pretexto de exercê-las (arts. 1º e 2º). São esses necessários vínculos funcionais do agente com o Estado que dão a todos os tipos penais tidos como abuso de autoridade a classificação de crimes próprios.

Fato é que os crimes próprios podem também ser crimes de mão própria. Podemos dizer que todo crime de mão própria é um crime próprio, mas nem todo crime próprio é de mão própria. O que diferencia tais delitos é que os crimes próprios são compatíveis com a participação e coautoria em face de pessoas que não detenham as características exigidas pela norma; já os crimes de mão própria só se compatibilizam com a participação de pessoas (daqueles) que não ostentem tais peculiaridades.

Quando se fala que o crime de abuso de autoridade é próprio, admite-se que particular possa praticar o delito em concurso de pessoas com uma autoridade. A condição pessoal de autoridade é elementar do crime e, como tal, ainda que subjetiva, **comunica-se ao particular** (art. 30 do CP). Evidentemente o *extraneus* deve ter consciência da qualidade de agente público de seu comparsa, sob pena de erro de tipo.

Por fim, com a alteração do art. 9º do CPM pela Lei 13.491/17, o delito tipificado em legislação penal especial (como é o caso da Lei de Abuso de

---

3. LIMA, Renato Brasileiro de. *Manual de processo penal*. Salvador: Juspodivm, 2019, p. 44.
4. SOUZA, Renee do Ó. Abuso de Autoridade. In: CUNHA, Rogério Sanches; PINHO, Ronaldo Batist; SOUZA, Renee do Ó. *Leis penais especiais comentadas*. Salvador: Juspodivm, 2020, p. 2212.

Autoridade) praticado pelo militar é considerado crime militar, que portanto deve ser investigado e processado naquela seara (superada, portanto, a súmula 172 do STJ)[5].

Sujeito Ativo do Abuso de Autoridade	
qualquer agente público	- servidor ou não - exercício de mandato, cargo, emprego ou função na administração direta, indireta ou fundacional de qualquer dos Poderes de qualquer dos entes federados - vínculo estável ou transitório - com ou sem remuneração - por eleição, nomeação, designação, contratação ou qualquer outra forma de investidura ou vínculo
que pratique abuso do poder	no exercício de suas funções ou a pretexto de exercê-las

9.2. Destinatários preferenciais

Em que pese a Lei ter inserido como sujeito ativo qualquer agente público de todos os Poderes, e ter sido criada com o mote de punir todo e qualquer abuso de autoridade, uma simples análise dos tipos penais evidencia que o maior alvo é o **servidor do Executivo**, mais especificamente **o policial e o delegado.**

Juízes, membros do MP e agentes penitenciários vêm em segundo lugar. Parlamentares poderiam ser atingidos apenas pelo crime de condução coercitiva ilegal, se decretada no bojo de CPI. Já o chefe do Executivo, ministros e secretários não possuem um crime sequer que possam atingi-los, não aparecendo como possíveis sujeitos ativos.

Tipo penal	Destinatários (Sujeitos Ativos)
decretar medida de privação da liberdade em manifesta desconformidade com as hipóteses legais (art. 9º)	magistrado
deixar de relaxar a prisão manifestamente ilegal (art. 9º, parágrafo único, I)	magistrado

5. Súmula 172 do STJ: Compete à Justiça Comum processar e julgar militar por crime de abuso de autoridade, ainda que praticado em serviço.

Tipo penal	Destinatários (Sujeitos Ativos)
deixar de substituir a prisão preventiva por medida cautelar diversa ou de conceder liberdade provisória, quando manifestamente cabível (art. 9º, II)	magistrado
deixar de deferir liminar ou ordem de habeas corpus, quando manifestamente cabível (art. 9º, III)	magistrado
decretar a condução coercitiva de testemunha ou investigado manifestamente descabida ou sem prévia intimação de comparecimento ao juízo (art. 10)	delegado de polícia magistrado membro do MP parlamentar em CPI
deixar injustificadamente de comunicar prisão em flagrante à autoridade judiciária no prazo legal (art. 12)	delegado de polícia policial
deixar de comunicar, imediatamente, a execução de prisão temporária ou preventiva à autoridade judiciária que a decretou (art. 12, parágrafo único, I)	delegado de polícia policial
deixar de comunicar, imediatamente, a prisão de qualquer pessoa e o local onde se encontra à sua família ou à pessoa por ela indicada (art. 12, parágrafo único, II)	delegado de polícia policial
deixar de entregar ao preso, no prazo de 24 (vinte e quatro) horas, a nota de culpa, assinada pela autoridade, com o motivo da prisão e os nomes do condutor e das testemunhas (art. 12, parágrafo único, III)	delegado de polícia policial
prolongar a execução de pena privativa de liberdade, de prisão temporária, de prisão preventiva, de medida de segurança ou de internação, deixando, sem motivo justo e excepcionalíssimo, de executar o alvará de soltura imediatamente após recebido ou de promover a soltura do preso quando esgotado o prazo judicial ou legal (art. 12 parágrafo único, IV)	delegado de polícia policial policial penal ou socioeducativo
constranger o preso ou o detento, mediante violência, grave ameaça ou redução de sua capacidade de resistência, a exibir-se ou ter seu corpo ou parte dele exibido à curiosidade pública (art. 13, I)	delegado de polícia policial membro do MP policial penal

Tipo penal	Destinatários (Sujeitos Ativos)
constranger o preso ou o detento, mediante violência, grave ameaça ou redução de sua capacidade de resistência, a submeter-se a situação vexatória ou a constrangimento não autorizado em lei (art. 13, II)	delegado de polícia policial membro do MP policial penal
constranger o preso ou o detento, mediante violência, grave ameaça ou redução de sua capacidade de resistência, a produzir prova contra si mesmo ou contra terceiro (art. 13, III)	delegado de polícia policial membro do MP policial penal
constranger a depor, sob ameaça de prisão, pessoa que, em razão de função, ministério, ofício ou profissão, deva guardar segredo ou resguardar sigilo (art. 15)	delegado de polícia magistrado membro do MP parlamentar em CPI
prosseguir com o interrogatório de pessoa que tenha decidido exercer o direito ao silêncio, ou de pessoa que tenha optado por ser assistida por advogado ou defensor público, sem a presença de seu patrono (art. 15, parágrafo único)	delegado de polícia magistrado membro do MP parlamentar em CPI
deixar de identificar-se ou identificar-se falsamente ao preso por ocasião de sua captura ou quando deva fazê-lo durante sua detenção ou prisão (art. 16)	delegado de polícia policial
deixar de identificar-se ao preso ou atribui a si mesmo falsa identidade, cargo ou função, como responsável por interrogatório em sede de procedimento investigatório de infração penal (art. 16, parágrafo único)	delegado de polícia membro do MP
submeter o preso a interrogatório policial durante o período de repouso noturno, salvo se capturado em flagrante delito ou se ele, devidamente assistido, consentir em prestar declarações (art. 18)	delegado de polícia membro do MP policial
impedir ou retardar, injustificadamente, o envio de pleito de preso à autoridade judiciária competente para a apreciação da legalidade de sua prisão ou das circunstâncias de sua custódia (art. 19)	delegado de polícia policial policial penal servidor do Judiciário

Tipo penal	Destinatários (Sujeitos Ativos)
deixar o magistrado, ciente do impedimento ou da demora, de tomar as providências tendentes a saná-lo ou, não sendo competente para decidir sobre a prisão, deixa de enviar o pedido à autoridade judiciária que o seja (art. 19, parágrafo único)	magistrado
impedir, sem justa causa, a entrevista pessoal e reservada do preso com seu advogado (art. 20)	delegado de polícia policial membro do MP servidor do MP policial penal
impedir o preso, o réu solto ou o investigado de entrevistar-se pessoal e reservadamente com seu advogado ou defensor, por prazo razoável, antes de audiência judicial, e de sentar-se ao seu lado e com ele comunicar-se durante a audiência, salvo no curso de interrogatório ou no caso de audiência realizada por videoconferência (art. 20, parágrafo único)	delegado de polícia policial magistrado servidor do Judiciário
manter presos de ambos os sexos na mesma cela ou espaço de confinamento (art. 21)	delegado de polícia policial magistrado membro do MP policial penal
manter, na mesma cela, criança ou adolescente na companhia de maior de idade ou em ambiente inadequado, observado o disposto na no ECA (art. 21, parágrafo único)	delegado de polícia policial magistrado membro do MP policial penal
invadir ou adentrar, clandestina ou astuciosamente, ou à revelia da vontade do ocupante, imóvel alheio ou suas dependências, ou nele permanecer nas mesmas condições, sem determinação judicial ou fora das condições estabelecidas em lei (art. 22)	delegado de polícia policial oficial de justiça agente público em geral

Tipo penal	Destinatários (Sujeitos Ativos)
coagir alguém, mediante violência ou grave ameaça, a franquear-lhe o acesso a imóvel ou suas dependências (art. 22, §1º, I)	delegado de polícia policial oficial de justiça agente público em geral
cumprir mandado de busca e apreensão domiciliar após as 21h ou antes das 5h (art. 22, §1º, III)	policial
inovar artificiosamente, no curso de diligência, de investigação ou de processo, o estado de lugar, de coisa ou de pessoa, com o fim de eximir-se de responsabilidade ou de responsabilizar criminalmente alguém ou agravar-lhe a responsabilidade; ou para eximir-se de responsabilidade civil ou administrativa por excesso praticado no curso de diligência; ou para omitir dados ou informações ou divulgar dados ou informações incompletos para desviar o curso da investigação, da diligência ou do processo (art. 23)	delegado de polícia policial membro do MP
constranger, sob violência ou grave ameaça, funcionário ou empregado de instituição hospitalar pública ou privada a admitir para tratamento pessoa cujo óbito já tenha ocorrido, com o fim de alterar local ou momento de crime, prejudicando sua apuração (art. 24)	policial
proceder à obtenção de prova, em procedimento de investigação ou fiscalização, por meio manifestamente ilícito; ou usar prova, em desfavor do investigado ou fiscalizado, com prévio conhecimento de sua ilicitude (art. 25)	delegado de polícia policial membro do MP parlamentar em CPI
requisitar instauração ou instaurar procedimento investigatório de infração penal ou administrativa, em desfavor de alguém, à falta de qualquer indício da prática de crime, de ilícito funcional ou de infração administrativa (art. 27)	delegado de polícia magistrado membro do MP
divulgar gravação ou trecho de gravação sem relação com a prova que se pretenda produzir, expondo a intimidade ou a vida privada ou ferindo a honra ou a imagem do investigado ou acusado (art. 28)	delegado de polícia policial magistrado servidor do Judiciário membro do MP servidor do MP parlamentar em CPI

Tipo penal	Destinatários (Sujeitos Ativos)
prestar informação falsa sobre procedimento judicial, policial, fiscal ou administrativo com o fim de prejudicar interesse de investigado (art. 29)	delegado de polícia policial magistrado membro do MP agente público em geral
dar início ou proceder à persecução penal, civil ou administrativa sem justa causa fundamentada ou contra quem sabe inocente (art. 30)	delegado de polícia membro do MP agente público em geral
estender injustificadamente a investigação, procrastinando-a em prejuízo do investigado ou fiscalizado (art. 31)	delegado de polícia membro do MP
negar ao interessado, seu defensor ou advogado acesso aos autos de investigação preliminar, ao termo circunstanciado, ao inquérito ou a qualquer outro procedimento investigatório de infração penal, civil ou administrativa, assim como impedir a obtenção de cópias, ressalvado o acesso a peças relativas a diligências em curso, ou que indiquem a realização de diligências futuras, cujo sigilo seja imprescindível (art. 32)	delegado de polícia policial membro do MP servidor do MP
exigir informação ou cumprimento de obrigação, inclusive o dever de fazer ou de não fazer, sem expresso amparo legal (art. 33)	agente público em geral
utilizar-se de cargo ou função pública ou invocar a condição de agente público para se eximir de obrigação legal ou para obter vantagem ou privilégio indevido (art. 33, parágrafo único)	agente público em geral
decretar, em processo judicial, a indisponibilidade de ativos financeiros em quantia que extrapole exacerbadamente o valor estimado para a satisfação da dívida da parte e, ante a demonstração, pela parte, da excessividade da medida, deixar de corrigi-la (art. 36)	magistrado
demorar demasiada e injustificadamente no exame de processo de que tenha requerido vista em órgão colegiado, com o intuito de procrastinar seu andamento ou retardar o julgamento (art. 37)	magistrado

Tipo penal	Destinatários (Sujeitos Ativos)
antecipar o responsável pelas investigações, por meio de comunicação, inclusive rede social, atribuição de culpa, antes de concluídas as apurações e formalizada a acusação (art. 38)	delegado de polícia policial membro do MP servidor do MP
violar a inviolabilidade de seu escritório ou local de trabalho, bem como de seus instrumentos de trabalho, de sua correspondência escrita, eletrônica, telefônica e telemática, desde que relativas ao exercício da advocacia (art. 7º-B c/c art. 7º, II do EOAB) violar o direito a comunicar-se com seus clientes, pessoal e reservadamente, mesmo sem procuração, quando estes se acharem presos, detidos ou recolhidos em estabelecimentos civis ou militares, ainda que considerados incomunicáveis (art. 7º-B c/c art. 7º, III do EOAB) violar o direito a ter a presença de representante da OAB, quando preso em flagrante, por motivo ligado ao exercício da advocacia, para lavratura do auto respectivo, sob pena de nulidade e, nos demais casos, a comunicação expressa à seccional da OAB (art. 7º-B c/c art. 7º, IV do EOAB) violar o direito a não ser recolhido preso, antes de sentença transitada em julgado, senão em sala de Estado Maior, com instalações e comodidades condignas (art. 7º-B c/c art. 7º, V do EOAB)	delegado de polícia policial membro do MP servidor do MP

Destinatários (sujeitos ativos) do abuso de autoridade	Crimes
delegado de polícia	31
policial	26
membro do MP	21
magistrado	16
policial penal	8
agente público em geral	6
servidor do Judiciário	5
servidor do MP	5
parlamentar em CPI	5

Capítulo 10

Sujeito Passivo

O crime de abuso de autoridade tem dupla subjetividade passiva.

O sujeito passivo imediato ou principal é a **pessoa física ou jurídica que sofre a conduta abusiva**.

O sujeito passivo mediato ou secundário é o **Estado** (que também pode ser chamado de Administração Pública).

Sujeito passivo imediato	Sujeito passivo mediato
pessoa física ou jurídica que sofre a conduta abusiva e/ou a suas repercussões diretas.	Estado (Administração Pública)

Há doutrina posicionando o particular em segundo plano, como sujeito passivo secundário.[1]

1. AGI, Samer. *Comentários à nova Lei de Abuso de Autoridade*. Brasília: CPIuris, 2019, p. 47.

Capítulo 11

Consunção

Com relação à revogada Lei 4.898/65, entendiam os Tribunais Superiores[1] que o abuso de autoridade não absorvia os crimes a ele conexos (ex: lesões corporais, violação de domicílio, crimes contra a honra, tortura), tendo em vista o atingimento a bens jurídicos distintos.

Como o abuso de autoridade tinha pena máxima de 6 meses de detenção, era comum que, mesmo com o concurso de outros delitos, não se ultrapasse o patamar de 2 anos, que caracteriza as infrações de menor potencial ofensivo (art. 61 da Lei 9.099/95), permitindo-se a incidência da Lei do Juizado Especial Criminal.

Todavia, a Lei 13.869/19 comina penas muito maiores, existindo crimes com pena máxima de 2 anos e delitos com pena máxima de 4 anos de detenção. O incremento considerável no *quantum* de pena cominada só pode ser justificado pela presumida ofensa a uma maior quantidade de bens jurídicos tutelados. Nesse caso, parece cair por terra a regra de cúmulo formal ou material de infrações penais: uma em face do bem jurídico personalíssimo violado; outra em virtude do rompimento do padrão regular de conduta do agente público. Portanto, a nosso ver, o teor da súmula 90 do STJ[2] ficou prejudicado.

Parece claro que a nova Lei protege tanto os direitos fundamentais dos cidadãos como o padrão de regularidade esperada do serviço público, não

1. STF, HC 79.920, Rel. Min. Mauricio Correa, DJ 11/04/2000; STJ, REsp 684.532, Rel. Min. José Arnaldo da Fonseca, DJ 08/03/005.
2. Súmula 90 do STJ: Compete à Justiça Estadual Militar processar e julgar o policial militar pela prática do crime militar, e à Comum pela prática do crime comum simultâneo àquele.

sendo necessário, portanto, a dupla incidência de normas incriminadoras que tutelem os mesmos interesses.

Punir o abuso de autoridade é importante sim. Porém, isso deve ser feito com respeito à razoabilidade, de modo a inibir os maus comportamentos, e não desincentivar os bons.

Capítulo 12

Ação Penal

Todos os delitos previstos na Lei de Abuso de Autoridade são de ação penal **pública incondicionada**.

E o legislador, de forma pleonástica e inócua, estabeleceu que em caso de omissão do Ministério Público, cabe ação penal privada subsidiária da pública (o que já contava com previsão no art. 5º, LIX da CF, art. 100, § 3º do CP e art. 29 do CPP):

> Art. 3º (...)
>
> §1º Será admitida ação privada se a ação penal pública não for intentada no prazo legal, cabendo ao Ministério Público aditar a queixa, repudiá-la e oferecer denúncia substitutiva, intervir em todos os termos do processo, fornecer elementos de prova, interpor recurso e, a todo tempo, no caso de negligência do querelante, retomar a ação como parte principal.

Há prazo decadencial para o manejo da ação privada:

> Art. 3º (...)
>
> § 2º A ação privada subsidiária será exercida no prazo de 6 (seis) meses, contado da data em que se esgotar o prazo para oferecimento da denúncia.

Importante grifar que, se o Ministério Público analisar a representação e optar pelo arquivamento, não se considera que tenha havido inércia e não se autoriza a ação privada para se sobrepor à *opinio delicti* do MP. Afinal, houve atuação ministerial, que consistiu no reconhecimento da falta de indícios mínimos para a persecução criminal.

Também merece registro que se considera inerte o *Parquet* que requisitar diligências não imprescindíveis à ação penal com o intuito de mascarar sua omissão.[1]

Se o particular manejar a ação penal privada subsidiária da pública, o MP age como parte adjunta, podendo (a) rejeitar a queixa-crime subsidiária, (b) aditar a queixa-crime, (c) repudiar a queixa-crime e ofertar denúncia substitutiva, (d) intervir em todos os atos do processo e (e) retomar a ação como parte principal.

1. STJ, HC 74.276, Rel. Min. Celso de Mello, DJ 23/02/2011.

Capítulo 13

Efeitos da Condenação

São efeitos da condenação (art. 4º):

a) tornar certa a obrigação de **indenizar o dano** causado pelo crime, devendo o juiz, a requerimento do ofendido, fixar na sentença o valor mínimo para reparação dos danos causados pela infração, considerando os prejuízos por ele sofridos;

b) a **inabilitação** para o exercício de cargo, mandato ou função pública, pelo período de 1 a 5 anos;

c) a **perda** do cargo, do mandato ou da função pública.

Diferentemente da lei anterior, a perda do cargo não consiste mais em sanção penal principal.

A obrigação de **indenizar** é efeito automático e incide mesmo em relação ao condenado primário. Todavia, diferentemente da regra geral do art. 387, IV do CPP, o valor mínimo da indenização não será fixado obrigatoriamente pelo juiz, mas apenas se requerido pela vítima. Cuida-se de previsão específica da Lei de Abuso de Autoridade, que deve incidir por força do princípio da especialidade. Esse é um efeito específico e não automático (depende de motivação expressa do magistrado), aplicável a todo e qualquer delito de abuso de autoridade. O pedido deve ser realizado na própria inicial acusatória, para possibilitar o contraditório e a ampla defesa. Em não havendo manifestação nesse sentido, deverá o ofendido promover a liquidação da sentença penal condenatória transitada em julgado junto ao juízo cível.

De outro lado, a **perda** do cargo público e a inabilitação para seu exercício de 1 a 5 anos são condicionados à reincidência em crime de abuso de autoridade (reincidência específica), em razão de expressa previsão legal nesse sentido (art. 4°, parágrafo único da Lei de Abuso de Autoridade). Não são efeitos automáticos, devendo ser declarados motivadamente na sentença, assim como a regra geral do art. 92, parágrafo único do CP. Não se exige pena privativa de liberdade igual ou superior a 1 ano, diversamente da regra geral do art. 92, I, "a" do CP.

Curioso enxergar que a perda do cargo não é de fácil ocorrência prática. Isso porque, em regra, todos os delitos de abuso de autoridade é possível a transação penal, acordo de não persecução penal ou suspensão condicional do processo. Assim, só será condenado pelo primeiro delito de abuso se praticar pelo menos 2 condutas abusivas. E para atingir a reincidência específica precisará, após o trânsito e julgado da primeira condenação, cometer o terceiro crime de abuso.

Noutro giro, houve outra modificação substantiva frente ao que previa a Lei 4.898/65. Se antes as penas acessórias eram trazidas quase como uma regra (como as elencadas no art. 6º, § 3º), agora tais circunstâncias foram transportadas para o rótulo de *efeitos da condenação*. A Lei de Abuso de Autoridade era uma das poucas legislações que ainda estabelecia penas acessórias em seu bojo, pois desde a reforma da parte geral do Código Penal, tais modalidades de pena já haviam sido substituídas pela nomenclatura *efeitos da condenação*. Penas acessórias possuem prazos distintos de prescrição; efeitos da condenação não. Penas acessórias são autônomas; efeitos são sempre consequências lógicas de uma condenação.

Na prática, algumas circunstâncias que sofreram essa migração se alteraram na sua substância. Por exemplo, o rigor do período de inabilitação para o exercício de função pública foi aumentado. Antes até 3 anos; agora de 1 a 5. Além disso, não há mais a utilização da expressão *outra função pública*, o que afasta a discussão acerca da possibilidade de o indivíduo só ficar impedido de exercer funções de outra natureza (e não aquela que ensejou a condenação). Ademais, a aplicação de pena acessória de exercer funções no município da culpa foi revogado.

Outro ponto bem importante é que os efeitos elencados nos **incisos II e III** só se aplicam no caso de **reincidência**. Nesse caso, há que se compreender que a referida lei requer que os termos do arts. 63 e 64 do CP se façam atendidos, vez que mera prática de 2 infrações penais não são suficientes para geral tais efeitos. Por exemplo, um policial que for beneficiado por transação penal ou mesmo por *sursis* processual não pode ser considerado reincidente para fins de aplicação de tais institutos. Não só isso. Mesmo que condenado por um crime de abuso de autoridade, em transcorrendo o período de depuração, voltaria o autor do fato a ser considerado primário nos termos da lei e, portanto, não seria cabível a incidência de tal instituto. Como é sempre bom lembrar: a reincidência técnica é de difícil ocorrência prática, principalmente quando se tem na mira agentes públicos.

Vale lembrar o regramento sobre os efeitos da condenação na legislação penal brasileira:

Dispositivo	Efeito	Condições
Regra Geral (art. 92 do CP)	- perda do cargo público	- não automático - pena igual ou superior a 1 ano (crimes contra a Administração Pública) ou superior a 4 anos
Estatuto da Criança e do Adolescente (art. 227-A da Lei 8.069/90)	- perda do cargo público	- não automático - reincidência
Lei de Abuso de Autoridade (art. 4º da Lei 13.869/19)	- perda do cargo público - inabilitação para exercício de cargo público de 1 a 5 anos	- não automático - reincidência em crime de abuso de autoridade
Lei de Racismo (art. 16 da Lei 7.716/89)	- perda do cargo público - suspensão do funcionamento do estabelecimento particular por até 3 meses	- não automático
Lei de Lavagem de Capitais (art. 7º, II da Lei 9.613/98)	- interdição para exercício de cargo público ou gerência de pessoa jurídica pelo dobro do prazo da pena aplicada	- não automático
Lei de Falências (art. 181 da Lei 11.101/05)	- interdição para gerência de pessoa jurídica por 5 anos após a pena	- não automático

Dispositivo	Efeito	Condições
Lei de Tortura (art. 1º, §5º da Lei 9.455/97)	- perda do cargo público - inabilitação para exercício de cargo público pelo dobro do prazo da pena aplicada	- automático
Lei de Organização Criminosa (art. 2º, §6º da Lei 12.850/13)	- perda do cargo público - interdição para exercício de cargo público por 8 anos após a pena	- automático
Lei de Licitações (art. 83 da Lei 8.666/93)	- perda do cargo público	- não automático

Capítulo 14

Penas Restritivas de Direitos

As penas restritivas de direitos substitutivas das privativas de liberdade, que podem ser aplicadas autônoma ou cumulativamente, são (art. 5º):

a) prestação de **serviços** à comunidade ou a entidades públicas;

b) **suspensão** do exercício do cargo, da função ou do mandato, pelo prazo de 1 (um) a 6 (seis) meses, com a perda dos vencimentos e das vantagens;

O legislador ainda estabeleceu no parágrafo único do art. 5º que as penas restritivas de direitos podem ser aplicadas **autônoma ou cumulativamente**. Assim, caberá ao juiz sentenciante avaliar a necessidade de, fundamentadamente, aplicar um ou mais penas.

Em sendo descumprida de forma injustificada a pena aplicada, será ela convertida em privativa de liberdade, conforme determinam as regras de conversão previstas no art. 44, §§ 4º e 5º do Código Penal.

Foi vetada a proibição de exercer funções de natureza policial ou militar no Município em que tiver sido praticado o crime e naquele em que residir ou trabalhar a vítima, pelo prazo de 1 a 3 anos, por poder prejudicar as forças de segurança de determinada localidade (como no DF).

Capítulo 15

Sanções Civil e Administrativa

O comportamento abusivo do agente público pode ensejar, a um só tempo, ilícitos de natureza penal, civil e administrativa. Nessa esteira, dispõe o *caput* do art. 6º que as sanções penais são aplicadas independentemente das sanções de natureza civil ou administrativa cabíveis.

As notícias de crimes previstos nesta lei que descreverem falta funcional serão informadas à autoridade competente (corregedoria) com vistas à apuração (art. 6º, parágrafo único).

As responsabilidades civil e administrativa são independentes da criminal, não se podendo mais questionar sobre a existência ou a autoria do fato quando essas questões tenham sido decididas no juízo criminal (art. 7º).

Faz **coisa julgada em âmbito cível, assim como no administrativo-disciplinar**, a sentença penal que reconhecer ter sido o ato praticado em estado de necessidade, em legítima defesa, em estrito cumprimento de dever legal ou no exercício regular de direito (art. 8º). A omissão do legislador quanto às causas supralegais de exclusão da ilicitude pode ser suprida por analogia *in bonam portem.*[1] Esse dispositivo traz uma importante vinculação com o mérito da decisão do juízo criminal. A decisão judicial que torne incontrovertida a existência do fato e os indicativos de autoria passa a ter força vinculante. Não só a existência passa a vincular, mas, também a inexistência deles. Ao revés, estão os incumbidos da responsabilização civil e administrativa livres para promoverem a apuração, desde de que tais questões não tenham sido decididas *a priori* no âmbito do juízo criminal.

1. AGI, Samer. *Comentários à nova Lei de Abuso de Autoridade*. Brasília: CPIuris, 2019, p. 38.

Importante grifar que, nos termos do art. 188 do Código Civil (inspiração para o art. 8º da Lei de Abuso de Autoridade), o que afasta a ilicitude dos atos praticados é a justificante real, não se aplicando para o caso de descriminante putativa. A legítima defesa imaginada, por exemplo, não exclui a ilicitude, mas somente, se existente, a culpabilidade, de maneira que, na esfera cível, não exime o réu de indenizar o dano[2].

Controvérsia surge da opção do legislador por mencionar que tais questões precisam estar decididas no juízo criminal, o que pode suscitar dúvida sobre em qual instância tal fato ocorreria, até porque melhor teria sido o uso da terminologia *âmbito criminal*. Filiamo-nos à tese de que só com o trânsito em julgado da decisão é que tal vinculação se faz possível, por mais que o art. 8º da lei faça menção à sentença penal, o que remete ao decisório criminal de primeira instância. Não pode qualquer sentença penal de primeiro grau promover tal vinculação, até porque sujeita a um grande leque de recursos.

---

2. GRECO, Rogério; CUNHA, Rogério Sanches. *Abuso de autoridade*. Salvador: Juspodivm, 2019, p. 58.

Capítulo 16

Sanções Penais

	Detenção de 1 a 4 anos e multa	Detenção de 6 meses a 2 anos e multa
Quantidade	13 crimes	11 crimes
Tipos penais	arts. 9º, 10, 13, 15, 19, 21, 22, 23, 24, 25, 28, 30 e 36	arts. 12, 16, 18, 20, 27, 29, 31, 32, 33, 37 e 38
Classificação	crimes de médio potencial ofensivo	crimes de menor potencial ofensivo
Consequência	gera prisão em flagrante e inquérito policial	gera termo circunstanciado de ocorrência
Pena	não há crime apenado com reclusão OBS: pena de detenção deve ser cumprida em regime semiaberto ou aberto, salvo necessidade de transferência a regime fechado (art. 33 do CP)	

Capítulo 17

Classificação

O crime de abuso de autoridade possui uma classificação específica, podendo ser etiquetado em 2 espécies: em sentido estrito e em sentido amplo.

Crime de abuso de autoridade em sentido estrito é aquele previsto expressamente na Lei nº 13.869/19.

Todavia, o agente público pode abusar de seu poder de outras formas. Fala-se, nessa situação, em abuso de autoridade em sentido amplo. É o que ocorre quando praticar agressão física, conduta não criminalizada pela Lei de Abuso de Autoridade, porém prevista no Código Penal como crime de lesão corporal.

Abuso de Autoridade	
em sentido estrito	previsto expressamente na Lei de Abuso de Autoridade
em sentido amplo	conduta não criminalizada pela Lei de Abuso de Autoridade, porém prevista como crime em outra lei penal

Com relação à classificação geral dos crimes, em regra, o crime de abuso de autoridade é crime próprio (o tipo penal exige situação diferenciada do sujeito ativo), formal ou material (reclamando ou não resultado naturalístico para sua consumação), unissubjetivo (pode ser praticado por apenas um agente), de dano (a consumação demanda efetiva lesão ao bem jurídico protegido) e de forma livre (admite qualquer meio de execução).

Abuso de Autoridade	
crime próprio	crime formal ou material
crime unissubjetivo	crime de dano
crime de forma livre	

Capítulo 18

Procedimento e Competência

Incidem no processo e julgamento dos crimes de abuso de autoridade as disposições do CPP e da Lei 9.099/95: é o que determina o art. 39 da Lei 13.869/19. Em reforço a esse comando, (a) o art. 1º do CPP afirma que o processo penal é regido pelas disposições daquela Lei Processual Penal (incidindo seus procedimentos quanto aos crimes de médio e grande potencial ofensivo – arts. 394 a 555); e (b) o art. 1º da Lei 9.099/95 enuncia o âmbito de atuação dos juizados especiais criminais (em que o procedimento sumaríssimo incide em relação às infrações penais de menor potencial ofensivo – art. 60), aplicando-se o CPP subsidiariamente (art. 92). Esqueceu a Lei de Abuso de Autoridade de se referir aos crimes praticados por autoridade (no exercício da função ou em razão dela)[1] com foro por prerrogativa de função no STF ou STJ, hipótese em que existe procedimento especial (Lei 8.038/90)

Nessa linha, quanto aos crimes de abuso de autoridade, aplica-se o procedimento especial de crimes de responsabilidade dos funcionários públicos do CPP (crimes de médio potencial ofensivo) o procedimento sumaríssimo da Lei 9.099/95 (delitos de menor potencial ofensivo), ou o procedimento especial do Tribunal em ação penal originária (quaisquer crimes praticados no exercício da função por autoridade com foro especial). Na omissão dos procedimentos em geral, aplicam-se subsidiariamente as regras do procedimento comum ordinário, como determina a lei (art. 394, §5º do CPP) e a jurisprudência.[2] No caso de lacuna do procedimento sumaríssimo do juizado especial criminal existe uma contradição legal, pois o art. 394, §5º manda aplicar o procedimento ordinário, e o art. 538 ordena a aplicação do

1. STF, AP 937 QO, Rel. Min. Luis Barroso, DJ 03/05/2018.
2. STJ, APn 923, Rel. Min. Nancy Andrighi, DJ 23/09/2019.

procedimento sumário, sendo esta última opção a mais consetânea com os princípios da oralidade e celeridade estabelecidos na Lei 9.099/95 (já que o sumário e mais simples e rápido do que o ordinário) e com o patamar de pena das infrações de menor potencial ofensivo.

Com efeito, em se tratando de (a) crime funcional afiançável (de médio potencial ofensivo), incide a defesa preliminar decorrente do procedimento especial de funcionário público (art. 514 do CPP); (b) crime de menor potencial ofensivo, aplica-se a defesa preliminar relativa ao procedimento sumaríssimo do juizado especial criminal (art. 81 da Lei 9.099/95); (c) crime praticado por autoridade no exercício da função com foro especial em Tribunal, incide a defesa preliminar ínsita ao procedimento especial referente a autoridade com foro por prerrogativa de função (art. 4º da Lei 8.038/90 e art. 1º da Lei 8.658/93).

Importante alertar que, quanto ao procedimento especial de crimes de responsabilidade dos funcionários públicos, os precedentes da jurisprudência estabelecem que se aplica somente aos delitos funcionais típicos descritos nos arts. 312 a 326 do CP.[3] Contudo, além de o art. 39 da Lei 13.869/19 ordenar expressamente a aplicação do CPP no que couber, os crimes de abuso de autoridade são tão funcionais como os do CP, exigindo do sujeito ativo a condição de funcionário público (art. 2º da Lei de Abuso de Autoridade), sendo as condutas típicas decorrentes do exercício funcional.[4]

<table>
<tr><th colspan="4">Procedimentos nos crimes de abuso de autoridade</th></tr>
<tr><td>comum ordinário
arts. 394 a 405 do CPP)</td><td>especial de crimes de responsabilidade dos funcionários públicos
(arts. 513 a 518 do CPP)</td><td>especial de autoridade com foro por prerrogativa de função
(art. 1º a 37 da Lei 8.038/90 e art. 1º da Lei 8.658/93)</td><td>sumaríssimo da Lei dos Juizados Especiais
(art. 77 a 83 da Lei 9.099/95)</td></tr>
<tr><td colspan="2">crimes de médio potencial ofensivo (arts. 9º, 10, 13, 15, 19, 21, 22, 23, 24, 25, 28, 30 e 36)</td><td>crimes de médio ou menor potencial ofensivo praticados por autoridade com foro especial nos Tribunais</td><td>crimes de menor potencial ofensivo (arts. 12, 16, 18, 20, 27, 29, 31, 32, 33, 37 e 38)</td></tr>
</table>

3. STF, HC 95.969, Rel. Min. Ricardo Lewandowski, DJ 12/05/2009; STJ, RHC 22.118, Rel. Min. Jorge Mussi, DJ 01/06/2010

4. No mesmo sentido: GRECO, Rogério; CUNHA, Rogério Sanches. *Abuso de autoridade*. Salvador: Juspodivm, 2019, p. 301; LIMA, Renato Brasileiro de. *Legislação criminal especial comentada*. Salvador: Juspodivm, 2020, p. 193.

Procedimentos nos crimes de abuso de autoridade			
entendimento jurisprudencial de que crimes crimes funcionais são apenas aqueles típicos dos arts. 312 a 326 do CP	entendimento doutrinário de que crimes funcionais são todos aqueles (do CP ou legislação especial) cometidos no exercício da função ou em razão dela		
	defesa preliminar em 15 dias (art. 514 do CPP)	defesa preliminar em 15 dias (art. 4º da Lei 8.038/90)	defesa preliminar (art. 81 da Lei 9.099/95)
prazo de 60 dias para audiência	prazo de 60 dias para audiência (omissão legal)	prazo de 60 dias para audiência (omissão legal)	prazo de 30 dias para audiência (omissão legal)
8 testemunhas por parte	8 testemunhas por parte (omissão legal)	8 testemunhas por parte (omissão legal)	5 testemunhas por parte (omissão legal)
	na omissão dos procedimentos em geral, aplicam-se subsidiariamente as regras do procedimento comum ordinário (art. 394, §5º do CPP)		na omissão do procedimento, aplicam-se subsidiariamente as regras do procedimento comum sumário (art. 538 do CPP)

Em relação ao procedimento especial de crimes de responsabilidade dos funcionários públicos, cabe grifar que a ausência da resposta preliminar acarreta nulidade meramente relativa,[5] por força do princípio *pas de nullité sans grief* (art. 563 do CPP). Se a denúncia for lastreada em inquérito policial, existem 2 posicionamentos: o STJ entende que a notificação é desnecessária,[6] e o STF sustenta que continua a defesa preliminar sendo imprescindível.[7] Se o agente público deixar de exercer o cargo (por exemplo se aposentar ou for exonerado) tal notificação torna-se dispensável,[8] já que a defesa prévia tem o objetivo de evitar ações penais temerárias apenas contra servidores; na mesma linha, o particular que tenha praticado abuso de autoridade em coautoria ou participação com agente público não faz jus a esse benefício.

---

5. STJ, REsp 670.739. Rel. Min. Laurita Vaz, DJ 26/04/2005.
6. Súmula 330 do STJ: A notificação do funcionário público, nos termos do art. 514 do Código de Processo Penal, não é necessária quando a ação penal for precedida de inquérito policial.
7. STF, HC 95.969, Rel. Min. Ricardo Lewandowski, DJ 12/05/2009.
8. STF, RHC 137.455 AgR, Rel. Min. Ricardo Lewandowski, DJ 26/06/2018.

Além disso, não é preciso a defesa preliminar se o agente público praticar crime funcional em concurso com delito de outra natureza.[9]

Quanto ao particular: (a) se praticar em coautoria crime de menor potencial ofensivo, segue o procedimento sumaríssimo (não exclusivo de funcionário público); (b) se cometer em coautoria delito de médio potencial ofensivo, obedece ao procedimento ordinário, e não ao procedimento especial de funcionário público (exclusivo de funcionário público); (c) se realizar em coautoria crime com autoridade com foro especial no STF ou STJ, segue o procedimento sumaríssimo ou o procedimento ordinário (em regra há cisão do processo), e não o procedimento especial dos Tribunais (exclusivo para autoridades), exceto se o fato típico for único e indivisível e o desmembramento atrapalhar a produção probatória.[10]

Procedimento e foro competente de abuso de autoridade praticado por particular em coautoria com funcionário público		
crime de menor potencial ofensivo	**crime de médio potencial ofensivo**	**crime de médio ou menor potencial ofensivo praticado com autoridade detentora de foro especial (no exercício da função)**
- particular e funcionário público: procedimento sumaríssimo	- particular: procedimento ordinário - funcionário público: procedimento especial de funcionário público	- particular: procedimento sumaríssimo ou ordinário - funcionário público: procedimento especial dos Tribunais
- particular e funcionário público: foro competente é o juizado especial criminal	- particular e funcionário público: foro competente é a justiça estadual ou federal	- particular: foro competente é a justiça estadual ou federal - funcionário público: foro competente é o Tribunal respectivo OBS: cisão do processo é a regra, exceto se o fato típico for único e indivisível e o desmembramento atrapalhar a produção probatória

9. STJ, HC 79.220, Rel. Min. Laurita Vaz, DJ 26/06/2007.
10. STF, Inq 4506 AgR, Rel. Min. Marco Aurélio, DJ 14/11/2017.

No que tange à competência, é a Justiça Estadual que, em regra, deve processar e julgar o delito de abuso de autoridade. No caso de abuso praticado por militar, aplica-se o rito indicado pela lei castrense, devendo ser frisada a vedação legal de incidência do rito e dos institutos de política criminal previstos na Lei n. 9.099/95 (art. 90-A).

A competência será da Justiça Federal apenas se o crime for praticado em detrimento de bens, serviços ou interesse da União ou de suas entidades autárquicas ou empresas públicas (art. 109, IV da CF), o que ocorre no caso de delito cometido por funcionário público federal no exercício da função.[11] Nesta situação, convém rememorar que o tão só fato de o delito ser praticado por agente público federal não atrai a competência da Justiça Federal, sendo imprescindível que o crime tenha relação com as funções desempenhadas (nexo funcional).

Também se fala em competência federal se o crime for cometido a bordo de navio ou aeronave (art. 109, IX da CF) ou contra interesse indígena (art. 109, XI da CF).

Havendo conexão ou continência entre crime estadual e federal, prevalece a Justiça Federal.[12]

Existindo foro por prerrogativa de função, a competência originária será do Tribunal devido:

Autoridade	Tribunal Competente
Presidente e Vice-Presidente da República	**STF** (art. 102 da CF)
Ministros de Estado	
Comandantes da Marinha, Exército e Aeronáutica	
Chefes de missão diplomática de caráter permanente	
Advogado-Geral da União	
Deputados Federais e Senadores	
Ministros do STF	
Ministros do STJ, STM, TST, TSE	

11. STF, HC 79.044, Rel. Min. Nelson Jobim, DJ 30/06/2000; STJ, REsp 1.102.270, Rel. Min. Napoleão Nunes Maia Filho, DJ 23/11/2010.

12. Súmula 122 do STJ: Compete à Justiça Federal o processo e julgamento unificado dos crimes conexos de competência federal e estadual, não se aplicando a regra do art. 78, II, a, do Código de Processo Penal.

Autoridade	Tribunal Competente
Ministros do TCU	**STJ** (art. 105 da CF)
Procurador-Geral da República	**STJ** (art. 105 da CF)
Governadores	**STJ** (art. 105 da CF)
Desembargadores (TRF, TRT e TJ)	**STJ** (art. 105 da CF)
Membros dos TRE	**STJ** (art. 105 da CF)
Conselheiros dos Tribunais de Contas	**STJ** (art. 105 da CF)
Membros do MPU que atuam perante tribunais	**STJ** (art. 105 da CF)
Juízes Federais, Juízes Militares e Juízes do Trabalho	**TRF ou TRE** (arts. 108 e 121 da CF)
Membros do MPU que atuam na 1ª instância	**TRF ou TRE** (arts. 108 e 121 da CF)
Deputados Estaduais (depende da Constituição Estadual)	**TJ** (art. 96 da CF)
Juízes de Direito	**TJ** (art. 96 da CF)
Promotores e Procuradores de Justiça	**TJ** (art. 96 da CF)
Prefeito	**TJ, TRF ou TRE** (arts. 29, 108 e 121 da CF)

PARTE ESPECIAL

CRIMES DE ABUSO DE AUTORIDADE

Capítulo 1

Decretação ilegal de privação da liberdade

1.1. Dispositivo legal

Figura simples	Art. 9º Decretar medida de privação da liberdade em manifesta desconformidade com as hipóteses legais: Pena – detenção, de 1 (um) a 4 (quatro) anos, e multa.
Figura equiparada	Parágrafo único. Incorre na mesma pena a autoridade judiciária que, dentro de prazo razoável, deixar de: I – relaxar a prisão manifestamente ilegal; II – substituir a prisão preventiva por medida cautelar diversa ou conceder liberdade provisória, quando manifestamente cabível; III – deferir liminar ou ordem de habeas corpus, quando manifestamente cabível

1.2. Classificação

Crime de decretação ilegal de privação da liberdade	
crime de mão própria	crime formal
crime instantâneo de efeitos permanentes	crime de dano
crime de forma livre	crime comissivo (decretar) ou omissivo (deixar de)
crime de médio potencial ofensivo	

1.3. Constitucionalidade e veto derrubado

Em uma análise global, a Lei de Abuso de Autoridade é questionável por ter sido feita a toque de caixa, com votação simbólica (e não nominal) e em regime de urgência, com parco debate (exatamente o oposto que deve ocorrer no devido processo legislativo), e também por ter o legislador escolhido alvos preferenciais para sofrer incidência dos tipos penais (o que não se coaduna com o princípio da impessoalidade – art. 37 da CF – e pode configurar abuso do poder de legislar). Mas também merece registro análise específica quanto a este delito.

Causa estranheza a pena máxima de 4 anos para quem decreta prisão em desconformidade com a lei, sabendo que quem mata alguém culposamente merece pena máxima de 3 anos (art. 121, §4º do CP). O legislador deve obediência ao princípio da proporcionalidade (art. 5º, LIV da CF), que lhe proíbe o excesso.

Como se não bastasse, a vagueza e imprecisão do legislador não é recomendada pelo princípio da taxatividade (art. 5º, XXXIX da CF). Justamente por se tratar de tipo penal aberto e gerar insegurança jurídica, o dispositivo havia sido vetado, mas o Congresso houve por bem derrubá-lo. O termo *manifesta desconformidade com as hipóteses legais* é vago e enseja dúvidas. Nas razões do veto presidencial consta que "gera insegurança jurídica (...) o que poderia comprometer a independência do magistrado ao proferir a decisão pelo receio de criminalização da sua conduta".

De alguma maneira o próprio legislador reconheceu as considerações sobre a inconstitucionalidade deste delito, pois quanto ao tipo penal que também criminalizava a indevida privação da liberdade, a saber, decretação ou execução ilegal de prisão em flagrante (art 11), manteve o veto, em cuja justificativa constou que "gera insegurança jurídica, notadamente aos agentes da segurança pública, tendo em vista que há situações que a flagrância pode se alongar no tempo e depende de análise do caso concreto. Ademais, a propositura viola o princípio da proporcionalidade entre o tipo penal descrito e a pena cominada".

1.4. Bem Jurídico Tutelado

Como todo crime de abuso de autoridade, trata-se de crime pluriofensivo, existindo 2 bens jurídicos tutelados.

De forma imediata ou principal temos a proteção dos direitos e garantias fundamentais das pessoas físicas e jurídicas, nesse caso especificamente a liberdade de locomoção (art. 5º, XV e LXI da CF).

O bem jurídico tutelado de maneira mediata ou secundária é a normalidade e a regularidade dos serviços públicos, isto é, o bom funcionamento do Estado.

1.5. Sujeito Ativo

Como vimos, de forma geral o crime de abuso de autoridade pode ser classificado como próprio quanto ao sujeito ativo (arts. 1º e 2º).

No entanto, a conduta descrita no art. 9º assume contornos de crime de mão própria, na medida em que o legislador, ao empregar o verbo *decretar*, indica que o delito só pode ser praticado por magistrado. Se também fosse criminalizada a conduta de *executar*, poderia figurar como autor o servidor do Judiciário responsável por cumprir a ordem do juiz e expedir o mandado.

Vale lembrar que a classificação como de mão própria ao delito não inviabiliza a figura do partícipe, em qualquer de suas modalidades (induzimento, instigação ou auxílio), como ocorre, por exemplo, quando auxiliares do magistrado, previamente ajustados e com identidade de desígnios, confeccionam a ordem de decretação ilegal.

No entanto, é lição corrente na doutrina que os crimes de mão própria são incompatíveis com a coautoria, pois não se pode transferir a quem não possui a especial condição legalmente exigida a execução da conduta típica. Isso, todavia, não inviabiliza a coautoria quando o órgão colegiado decreta a medida privativa de liberdade, a exemplo do que ocorre nos crimes que envolvem organização criminosa (art. 1º, §6º da Lei 12.964/12), em que uma prisão temporária ilegal pode ser firmada pelos 3 juízes que compõem colegiado. Nesse episódio, todos serão responsabilizados pelo crime do art. 9º da Lei de Abuso de Autoridade. Isso não é novidade em nosso ordenamento jurídico, porquanto situação semelhante se dá quando dois peritos elaboram em conjunto um laudo falso, violando a norma penal do art. 342 do CP, igualmente classificada como delito de mão própria.

Destaca-se, ainda, que o sujeito ativo não se limita ao juiz criminal, porquanto é possível que juízes de outras esferas (como a cível ou da infância e juventude) imponham restrições à liberdade ambulatória de um indivíduo.

Delegado de polícia e princípio da estrita legalidade

Questiona-se se o delegado de polícia também pode ser considerado sujeito ativo do crime, já que ao determinar a lavratura do auto de prisão em flagrante acaba por decretar uma medida de privação da liberdade. Pode-se indagar, ainda, se o agente da autoridade policial incidiria nessa conduta delituosa ao realizar a captura de alguém em flagrante delito. A resposta é negativa para ambas as indagações, por força do princípio da legalidade estrita que impede analogia incriminadora (art. 5º, XXXIX da CF). Para entender melhor, basta comparar como a lei antiga e a lei nova criminalizaram a privação ilegal da liberdade.

O art. 4º, "a" da Lei 4.898/65 previa a conduta de *ordenar ou executar* medida privativa da liberdade individual com abuso de poder. Portanto, criminalizava tanto o agente público com poder de decidir sobre a privação da liberdade (ex: juiz e delegado), quanto o mero executor da ordem do superior (ex: servidor do Judiciário e policial).

Já a Lei 13.869/19 separou em 2 crimes distintos as condutas de *ordenar* (art. 9º) e *executar* (art. 11) a custódia ilegal, inserindo no segundo delito a ação do delegado de decretar ilegalmente prisão em flagrante. E aqui está o detalhe crucial: o delito do art. 11 foi vetado. Era nesse art. 11 que se enquadrava o delegado de polícia. Quando o legislador falava em *executar a prisão* de pessoa que não esteja em situação de flagrante delito, queria se referir à conduta de *ordenar a prisão.* Essa conclusão fica evidente ao se perceber que a lei previu a ação de executar a prisão em flagrante por meio de outra expressão, a saber, *executar a captura.* Assim, o vetado art. 11 criminalizava tanto as condutas de executar a prisão (nas palavras do legislador: *executar a captura)* quanto de ordenar a prisão (na redação da lei: *executar a prisão*).

E que não se alegue que captura e prisão são sinônimos, porque a doutrina é pacífica em indicar que são coisas distintas: (a) a captura é a primeira fase da custódia flagrancial, praticada pelo agente da autoridade, sendo seguida da condução coercitiva para a delegacia de polícia, (b) ficando concretizada a prisão em flagrante propriamente dita apenas com a decisão da autoridade policial.[1]

Vetado crime do art. 11		
Expressão do legislador	*executar a captura*	*executar a prisão*
Significado	executar a captura (primeira fase da prisão em flagrante)	decretar a prisão em flagrante
Sujeito ativo	agente da autoridade policial	delegado de polícia

1. LIMA, Renato Brasileiro de. *Manual de processo penal*. Salvador: Juspodivm, 2019, p. 954

Portanto, o art. 9º foi o tipo penal idealizado para incidir somente em face de magistrados. Poderia o legislador ter aglutinado no mesmo crime as 2 autoridades que decretam a privação da liberdade: a policial (prisão em flagrante) e a judicial (prisão preventiva, temporária e pena). Mas como não foi esse o caminho adotado, não pode ser alterado por meio de analogia *in malam partem*.

O parágrafo único do art. 9º reforça o intento do legislador em punir somente o juiz, pois se limita expressamente à autoridade judiciária, o que serve de norte magnético para a interpretação do *caput*. A localização topográfica da figura equiparada é forte indício de que a figura simples segue a mesma sorte (crime praticável apenas por magistrado).[2] Isso sem contar, como dito, que havia outro tipo penal criminalizando a prisão ilegal cometida por delegado ou agente da autoridade.

Como se não bastasse, o chefe do Executivo reconheceu que o juiz é o sujeito ativo nas razões do veto presidencial, ao dizer que "poderia comprometer a independência do *magistrado* ao proferir a decisão pelo receio de criminalização da sua conduta".

Crime do art. 9º	
Redação do tipo penal	decretar medida de privação da liberdade
Significado	decretar prisão preventiva, prisão temporária, prisão pena, ou prisão extrapenal
Sujeito ativo	juiz
Princípio da legalidade estrita	impossibilidade de analogia prejudicial para abarcar no tipo penal a conduta do delegado de decretar prisão em flagrante
Figura equiparada	menciona expressamente a autoridade judiciária; sua localização topográfica é forte indício de que a figura simples segue a mesma sorte (crime praticável apenas por magistrado), notadamente ao se lembrar que havia outro tipo penal criminalizando a prisão ilegal cometida por delegado ou agente da autoridade
Razões do veto derrubado	menciona especificamente o juiz como sujeito ativo

2. No mesmo sentido: AGI, Samer. *Comentários à nova Lei de Abuso de Autoridade*. Brasília: CPluris, 2019, p. 41.

1.6. Sujeito Passivo

O crime de abuso de autoridade tem dupla subjetividade passiva.

O sujeito passivo imediato ou principal é a pessoa física que sofre a conduta abusiva.

O sujeito passivo mediato ou secundário é o Estado (que também pode ser chamado de Administração Pública).

1.7. Conflito Aparente de Leis Penais

Criança e do adolescente

A privação ilegal de liberdade de locomoção de criança ou adolescente pode configurar crimes da Lei 8.069/90 (Estatuto da Criança e do Adolescente):

> Art. 230. Privar a criança ou o adolescente de sua liberdade, procedendo à sua apreensão sem estar em flagrante de ato infracional ou inexistindo ordem escrita da autoridade judiciária competente:
>
> Pena - detenção de seis meses a dois anos.
>
> Parágrafo único. Incide na mesma pena aquele que procede à apreensão sem observância das formalidades legais.
>
> Art. 234. Deixar a autoridade competente, sem justa causa, de ordenar a imediata liberação de criança ou adolescente, tão logo tenha conhecimento da ilegalidade da apreensão:
>
> Pena - detenção de seis meses a dois anos.

Condução coercitiva ilegal

A decretação de condução coercitiva de testemunha ou investigado manifestamente descabida ou sem prévia intimação de comparecimento ao juízo caracteriza o crime do art. 10 da Lei de Abuso de Autoridade, de modo que, em razão do princípio da especialidade, deve-se afastar a incidência do tipo penal de decretação ilegal de medida privativa de liberdade.

1.8. Conduta (Tipo Objetivo)

1.8.1. Figura simples

O texto legal criminaliza a conduta de *decretar medida de privação da liberdade em manifesta desconformidade com as hipóteses legais.*

O núcleo *decretar* significa determinar, ordenar.

Pune-se a conduta do magistrado que *decreta* indevidamente privação da liberdade em evidente e escancarada discordância das hipóteses previstas em lei. Evidentemente a desconformidade não será manifesta se houver divergência na interpretação de lei ou na avaliação de fatos e provas (art. 1º, §2º).

Trata-se de norma penal em branco, pois o preceito primário necessita de complemento. O intérprete precisa encontrar as hipóteses legais em que se admite a privação de liberdade e que complementam o dispositivo, seja no âmbito penal ou extrapenal.

A prisão do depositário infiel, por exemplo, conquanto prevista no art. 5º, LXVII da CF, foi afastada pelo STF, que editou a Súmula Vinculante 25, com o seguinte teor: "é ilícita a prisão civil de depositário infiel, qualquer que seja a modalidade de depósito". Assim, comete o crime do art. 9º da Lei de Abuso de Autoridade o magistrado que, por mero capricho, decreta a prisão civil do depositário infiel. Subsiste, no entanto, em nosso ordenamento jurídico, a possibilidade de prisão civil por débito alimentar. Ainda no campo extrapenal, há a possibilidade de prisão disciplinar decretada pela autoridade militar em caso de transgressão militar ou crime propriamente militar (art. 5º, LXI da CF) e as apreensões e internações dos adolescentes infratores previstas no ECA (Lei 8.069/90).

No tocante à prisão penal, as hipóteses legais encontram-se no art. 283 do Código de Processo Penal (prisão em flagrante, prisão temporária, prisão preventiva e prisão após o trânsito em julgado da sentença penal condenatória).

Comete o crime de abuso de autoridade o magistrado que, visando prejudicar terceiro e para sua satisfação pessoal, decreta **prisão temporária** de ofício de um suspeito da prática de receptação. Evidente o abuso, pois essa espécie de prisão não admite iniciativa de ofício do juiz e o crime de receptação não está arrolado entre aqueles que permitem a prisão (arts. 1° e 2° da Lei 7.960/89). Cabível apenas no inquérito policial, a prisão é decretada pelo juiz das garantias (art. 3°-B, V do CPP).[3]

3. O STF deferiu medida cautelar nas ADIs 6.298, 6.299, 6.300 e 6305 para suspender a eficácia de dispositivos do CPP alterado pela Lei 13.964/19, a respeito (a) da implantação do juiz das garantias e seus consectários (arts. 3º-A, 3º-B, 3º-C, 3º-D, 3ª-E, 3º-F), (b) da alteração do juiz sentenciante que conheceu de prova declarada inadmissível (art; 157, §5º), (c) da alteração do procedimento de arquivamento do inquérito policial (art. 28), e (d) da liberalização da prisão pela não realização da audiência de custodia no prazo de 24 horas (art. 310, §4).

Quanto à **prisão preventiva**, deve ser devidamente motivada. Precisa indicar o receio de perigo e existência concreta de fatos novos ou contemporâneos que justifiquem a aplicação da medida adotada (art. 315, §1º do CPP), e o não cabimento da substituição por outra medida cautelar deverá ser justificado com base nos elementos presentes do caso concreto, de forma individualizada (art. 282, §6º do CPP). Deve justificar a urgência ou perigo quando não for intimada a parte contrária para se manifestar (art. 282, §3º do CPP). Sendo que não se considera fundamentada a decisão que (art. 315, §2º do CPP): (a) limitar-se à indicação, à reprodução ou à paráfrase de ato normativo, (b) empregar conceitos jurídicos indeterminados, (c) invocar motivos que se prestariam a justificar qualquer outra decisão, (d) não enfrentar todos os argumentos deduzidos, (e) limitar-se a invocar precedente ou enunciado de súmula, (f) deixar de seguir enunciado de súmula, jurisprudência ou precedente invocado pela parte, sem demonstrar a existência de distinção. A ausência de fundamentação devida da prisão preventiva caracteriza a presente infração penal, desde que presentes os elementos subjetivos específicos do tipo. Cabível na investigação ou no processo, a prisão é decretada pelo juiz das garantias ou juiz da instrução e julgamento, respectivamente (arts. 3º-B, V e 3º-C, §1º do CPP).

Em relação à **prisão definitiva**, também merece a devida fundamentação, que também deve seguir as diretrizes do art. 315, §2º do CPP, pois embora se refiram á prisão preventiva, nada mais são do que a reprodução das regras que norteiam qualquer decisão judicial, conforme exposto no art. 489, §1º do CPC (aplicável por analogia no processo penal por força do art. 3º do CPP).

O parágrafo único do art. 316 do CPP determina que o juiz (ou o relator, tratando-se de recurso) que determinou a prisão deverá revisar a necessidade de sua manutenção a cada 90 dias, mediante decisão fundamentada, sob pena de tornar a prisão ilegal. Decretar é diferente de revisar, razão pela qual a manutenção da prisão preventiva por omissão de sua revisão não acarreta este crime. Pensamento diverso configuraria *analogia in malam partem*, vedado pelo princípio constitucional da legalidade.

Nada impede, todavia, que o magistrado responda pelo delito de prevaricação (art. 319 do CP) por ter deixado de praticar ato de ofício, desde que presente a finalidade especial. De outro lado, caso o juiz ou relator que se omite no dever de revisão da prisão preventiva (o que a torna ilegal), posteriormente, ao ser avisado da ilegalidade da prisão não revisada (art. 316, parágrafo único do CPP), insiste na omissão, pode praticar o crime do art. 9º, parágrafo único, I da Lei de Abuso de Autoridade (deixar de relaxar prisão manifestamente ilegal).

Interessante sublinhar que é possível a chamada fundamentação *per relationem*,[4] hipótese em que o ato decisório se reporta a outra decisão ou manifestação existente nos autos e a adota como razão de decidir, desde que nelas a matéria tenha sido suficientemente enfrentada. O que não se admite é que por força da motivação por encampação se confeccione decisão abstrata que sirva para diversos casos concretos e não enfrente as peculiaridades levantadas pelas partes.

Fundamental destacar também que, embora a decisão judicial reclame fundamentação, não são exigidas citações doutrinárias e jurisprudenciais a ponto de se tornar uma verdadeira obra jurídica. A decisão pode ser sucinta, bastando que se observe com atenção os dispositivos constitucionais e legais autorizadores da decretação da medida restritiva de direitos individuais.

Por fim, registre-se que há doutrina sustentando a aplicação deste crime não apenas para a decretação ilegal de prisão, mas também de medida cautelar diversa que implique em privação da liberdade (como o recolhimento domiciliar noturno).[5]

1.8.2. Figuras equiparadas

A lei traz como figuras equiparadas *deixar de (dentro de prazo razoável):*

I – relaxar a prisão manifestamente ilegal;

II – substituir a prisão preventiva por medida cautelar diversa ou conceder liberdade provisória, quando manifestamente cabível;

III – deferir liminar ou ordem de habeas corpus, quando manifestamente cabível.

As condutas equiparadas são omissivas, ocorrendo quando o juiz deixa de tomar certas providências em favor da liberdade do agente. A conduta do *caput* é nitidamente comissiva.

Omissão (dentro de prazo razoável) de relaxamento da prisão manifestamente ilegal

A primeira conduta equiparada decorre do dever de, na audiência de custódia, o magistrado relaxar imediatamente a prisão ilegal (inexistência

4. STJ, HC 216.659, Rel. Min. Sebastião Reis Júnior, DJ 08/06/2016.
5. LIMA, Renato Brasileiro de. *Legislação criminal especial comentada*. Salvador: Juspodivm, 2020, p. 80.

de situação flagrancial, fato atípico, manifesta causa de extinção de ilicitude, culpabilidade ou punibilidade, inobservância das formalidades do mandado de prisão, ausência dos requisitos para a imposição da prisão, inexistência de requerimento ou representação da vítima, ausência de fundamentação, excesso de prazo), nos termos do art. 5º, LXV da CF e art. 310, I, do CPP. A ilegalidade deve ser gritante, escancarada. Claro que a ilegalidade não será manifesta e houver divergência na interpretação de lei ou na avaliação de fatos e provas (art. 1º, §2º).

O prazo razoável para o juiz relaxar prisão em flagrante manifestamente ilegal é o da audiência de custódia – 24h após receber o auto de prisão em flagrante (art. 310 do CPP). Excepcionalmente o magistrado pode reagendar a audiência por motivação idônea (art. 310, §3º do CPP). Vale lembrar que, conquanto a ilegalidade da prisão incida principalmente na custódia flagrancial, pode ocorrer em qualquer espécie de prisão se as formalidades legais não forem observadas. Neste caso, o prazo razoável será de 90 dias no caso da prisão preventiva (art. 316, parágrafo único do CPP), de 5 ou 30 dias no caso da prisão temporária (art. 2º da Lei 7.960/89 e art. 2º, §4º da Lei 8.072/90), e o prazo do recurso na hipótese de prisão pena. Ou de 48 horas se houver requerimento (art. 322, parágrafo único do CPP).

Claro que o magistrado que decreta a medida prisional (em desconformidade com as hipóteses legais – art. 9º, *caput*) e também deixar de relaxá-la (em eventual audiência de custódia – art. 9º, parágrafo único, I) não responde 2 vezes pela infração penal. Trata-se de hipótese de crime único, pois o tipo penal é composto de condutas mistas alternativas, e não cumulativas.

Interessante cenário se dá quando o juiz das garantias não realiza a audiência de custódia sem motivação idônea. Existe comando legal indicando que nesse caso o juiz *responderá administrativa, civil e penalmente pela omissão* (art. 310, §3º do CPP). Em que pese não se tratar de norma penal incriminadora, a responsabilidade penal é possível, aplicando-se justamente o art. 1º, parágrafo único, I da Lei de Abuso de Autoridade. Isso porque a não realização da audiência de custódia torna ilegal a prisão em flagrante, que não será relaxada em prazo razoável. A configuração do delito, evidentemente, exige o elemento subjetivo especial, não bastando a omissão do magistrado por desídia ou de acúmulo de comarcas).[6] Interessa registrar, por derradeiro, que a audiência de custódia deve ser feita pelo juízo da localidade em que ocorreu a prisão, e não pode ser realizada por videoconferência.[7]

---

6. LIMA, Renato Brasileiro de. *Legislação criminal especial comentada*. Salvador: Juspodivm, 2020, p. 89.
7. STJ, CC 168.522, Rel. Min. Laurita Vaz, DJ 11/12/2019.

Omissão (dentro de prazo razoável) de substituição da prisão preventiva por medida cautelar diversa ou conceder liberdade provisória, quando manifestamente cabível

A segunda conduta equiparada abarca a hipótese de prisão preventiva previamente imposta em que verifique a falta de motivo para que ela subsista. Nesse cenário, deve o juiz substituí-la se couber medida cautelar diversa, ou revogá-la sem impor outra em substituição (arts. 282, §5º e 316 do CPP). O cabimento deve saltar aos olhos e ser inquestionável. Obviamente o cabimento não será manifesto se houver divergência na interpretação de lei ou na avaliação de fatos e provas (art. 1º, §2º). O prazo razoável é de 90 dias (art. 316, parágrafo único do CPP), ou de 48 horas se houver requerimento (art. 322, parágrafo único do CPP). Perceba que o legislador só incluiu no tipo penal a conduta de deixar de *substituir* a prisão preventiva por cautelar diversa, não fazendo constar a conduta de deixar de *revogar* a prisão preventiva, sendo vedada a analogia *in malam partem.*

Com efeito, na audiência de custódia após uma prisão em flagrante, se o juiz detectar que a prisão é legal, deve (a) converter a prisão em flagrante em preventiva, quando presentes os requisitos (arts. 312 e 313 do CPP) e se revelarem inadequadas ou insuficientes as medidas cautelares diversas da prisão (art. 282, §6º do CPP); ou (b) conceder liberdade provisória com fiança ou outra medida cautelar diversa da prisão (arts. 321, 319 e 320 do CPP).

A omissão de revogar a prisão temporária não foi abrangida pelo tipo penal equiparado, talvez pelo fato de ser custódia cautelar com prazo certo e de curta duração (5 ou 30 dias, admitindo-se uma prorrogação).

Omissão (dentro de prazo razoável) de deferimento de liminar ou ordem de habeas corpus, quando manifestamente cabível

A terceira conduta decorre da existência do *habeas corpus* como remédio constitucional (art. 5º, LXVIII da CF, e arts. 647 a 667 do CPP), ação autônoma de impugnação que deve ser concedida sempre que alguém sofrer (HC repressivo) ou se achar ameaçado de sofrer (HC preventivo) violência ou coação em sua liberdade de locomoção, por ilegalidade ou abuso de poder. Sendo caso de concessão do *writ,* é dever do juiz concedê-lo mediante provocação ou de ofício, expedindo alvará de soltura, contramandado de prisão ou salvo conduto.

A coação é considerada ilegal (art. 648 do CPP) quando: (a) não houver justa causa, (b) alguém estiver preso por mais tempo do que determina a lei,

(c) quem ordenar a coação não tiver competência para fazê-lo, (d) houver cessado o motivo que autorizou a coação, (e) não for alguém admitido a prestar fiança, nos casos em que a lei a autoriza, (f) o processo for manifestamente nulo, (g) extinta a punibilidade.

Alguns casos demandam liminar, quando presentes os requisitos das medidas cautelares em geral: (a) verossimilhança da alegação (*fumus boni iuris)* e (b) perigo da demora (*periculum in mora*).

Oportuno assinalar que a abrangência do remédio heroico tem sido alargada pela jurisprudência para albergar hipóteses que não envolvem prisão ou risco imediato de prisão, a exemplo da análise de ilicitude de provas, instauração de inquérito policial, recebimento de denúncia, ordem de alegações finais, dentre outras.[8]

Para se falar em crime, é preciso que a liminar ou ordem de *habeas corpus* seja cabível de forma escancarada, para além de dúvida séria. Por óbvio, o cabimento não será manifesto se houver divergência na interpretação de lei ou na avaliação de fatos e provas (art. 1º, §2º).

1.9. Elemento Subjetivo (Tipo Subjetivo)

O elemento subjetivo geral no abuso de autoridade é o dolo. Não há abuso de autoridade culposo. Mas não basta o dolo de praticar a conduta típica de abuso, sendo preciso o *animus abutendi*. O agente público deve agir com a finalidade específica (elemento subjetivo especial) de, alternativamente (art. 1º, §1º): (a) prejudicar outrem, (b) beneficiar a si mesmo ou a terceiro, (c) por mero capricho, ou (d) por satisfação pessoal.

Não se vislumbra compatibilidade com o dolo eventual, pois a finalidade específica exigida do agente só pode ser atingida com vontade, e não com mera assunção do risco de atingir o resultado.

Claro que a presunção é de que o agente atua com boa-fé, cabendo a quem alega má-fé comprová-la com elementos concretos e não meras suposições. Portanto, não comete abuso de autoridade o agente que errar ou atuar com desídia.

Grife-se ainda que a divergência na interpretação de lei ou na avaliação de fatos e provas não configura abuso de autoridade (art. 1º, §2º), vedando-se o crime de hermenêutica.

---

8. STF, HC 157.627, Rel. Min. Ricardo Lewandowski, DJ 27/08/2019.

1.10. Consumação e Tentativa

No *caput*, consuma-se o delito com a decretação da medida, sendo dispensável a efetiva privação da liberdade, o que configura mero exaurimento a ser considerado na dosimetria da pena pela autoridade judiciária sentenciante (art. 59 do CP). A tentativa é possível, embora de difícil configuração.

Nas figuras equiparadas, o delito se aperfeiçoa quando o magistrado, dentro de prazo razoável, deixa de praticar os comportamentos exigidos nos incisos I a III. Tratando-se de crimes omissivos próprios ou puros, são incompatíveis com a modalidade tentada, vez que unissubsistentes.

1.11. Ação Penal, procedimento e competência

A ação penal é pública incondicionada, cabendo ação penal privada subsidiária da pública em caso de omissão do *parquet* (art. 3º), que deve ser manejada no prazo decadencial de 6 meses.

Trata-se de infração de médio potencial ofensivo (pena máxima de 4 anos), o que faz incidir o procedimento comum ordinário (arts. 394 a 405 do CPP). Isso quer dizer que cabe a prisão em flagrante (não bastando a indicação da conduta típica, sendo imprescindível a demonstração inequívoca do elemento subjetivo), com consequente instauração de inquérito policial.

Por se tratar de crime funcional afiançável, incide a defesa preliminar decorrente do procedimento especial de funcionário público (arts. 513 a 518 do CPP), exceto se o agente ostentar foro por prerrogativa de função ou se se tratar de infração de menor potencial ofensivo.

Considerando que a pena mínima é de 1 ano, admite-se o acordo de não persecução penal (art. 28-A do CPP), ou caso não proposto a suspensão condicional do processo (art. 89 da Lei 9.099/95).

A competência para o processo e julgamento é da Justiça Estadual, a menos que presente alguma das hipóteses do art. 109 da CF, quando a competência será da Justiça Federal. Havendo conexão ou continência entre crime estadual e federal, prevalece a Justiça Federal.[9]

9. Súmula 122 do STJ: Compete à Justiça Federal o processo e julgamento unificado dos crimes conexos de competência federal e estadual, não se aplicando a regra do art. 78, II, a, do Código de Processo Penal.

1.12. Modelos de Peças Policiais

Nada obstante o delegado de polícia não ser sujeito ativo do crime do art. 9º, já que o delito que incriminava a decretação ilegal de prisão em flagrante era o vetado art. 11, disponibilizaremos, para todos os fins, modelo de decisão de prisão em flagrante e de apreensão em flagrante.

DECISÃO DE PRISÃO EM FLAGRANTE

A Polícia Judiciária, por intermédio do delegado de polícia que ao final subscreve, no uso das atribuições conferidas pelo art. 144 da Constituição Federal, art. 7.5 da Convenção Americana de Direitos Humanos, e dos dispositivos do Código de Processo Penal, Lei 12.830/13 e demais diplomas legais correlatos, profere a seguinte decisão.

O presente boletim de ocorrência trouxe *notitia criminis* ao conhecimento desta autoridade policial informando que, na data, hora e local que constam do documento, o suspeito nome conduta praticada contra a vítima nome.

A captura ocorreu situação flagrancial própria / imprópria / presumida, tendo sido surpreendido circunstâncias.

Houve captura e condução para audiência de apresentação sob a presidência da autoridade de Polícia Judiciária. Foram realizadas as oitivas dos envolvidos, e colhidos os demais elementos de convicção, da seguinte forma.

O condutor nome confirmou as informações que constam no boletim de ocorrência acrescentando que relato.

A testemunha nome corroborou o relato do condutor, sem contradições, acrescentando que relato.

A vítima nome asseverou que relato.

O conduzido nome permaneceu em silêncio / não foi inquirido em razão da ausência de seu advogado constituído / negou o crime / confessou o crime.

Com o boletim de ocorrência / oitiva dos envolvidos / laudo pericial ocorreu a confirmação da materialidade do crime.

Destarte, a Polícia Judiciária, por meio do delegado de polícia signatário, mediante análise técnico-jurídica do fato, no exercício das funções de natureza jurídica, essenciais e exclusivas de Estado (art. 2º, *caput* da Lei 12.830/13), ante os elementos de convicção amealhados que demonstram (art. 304, §1º do CPP) materialidade e autoria do delito de crime, converte a captura em prisão em flagrante e resolve instaurar inquérito policial para documentar todas as informações acerca do fato e suas circunstâncias. Determinando as providências elencadas no auto de prisão em flagrante, dentre elas a entrega de nota de culpa em 24h e a comunicação imediata da decretação da prisão à família ou à pessoa indicada.

Sabe-se que o indiciamento retrata a transição do juízo de possibilidade para probabilidade, quando são angariados indícios suficientes. Nesse sentido, os requisitos da prisão em flagrante são semelhantes aos do indiciamento (demonstração de materialidade e autoria delitivas). Com efeito, na regular presidência do inquérito policial, mediante análise técnico-jurídica do fato (art. 2º, §6º da Lei de Investigação Criminal), com base nos elementos de instrução já narrados, **indicio** nome pelo delito de crime**.** Comunique-se o Instituto de Identificação e junte-se pesquisa de vida pregressa.

Cuida-se de crime cuja pena máxima não é superior a 4 anos (art. 322 do CPP). Não se trata de hipótese em que a fiança é vedada (arts. 323 e 324 do CPP). Assim, segundo os parâmetros do art. 326 e 336 do CPP, levando-se em conta a natureza da infração (descrita no boletim de ocorrência), as circunstâncias indicativas de periculosidade do preso e sua vida pregressa (expressas em pesquisa feita no sistema de investigação policial), suas condições pessoais de fortuna, bem como a importância provável das custas, da indenização do dano, da prestação pecuniária e da multa, sabendo que a capacidade econômica do agente é a principal delas (STF, HC 114.731; STF, HC 129.474), concedo fiança ao autuado para que responda em liberdade à investigação, fixando-a na quantidade valor. Cientifique-se o afiançado. Caso seja apresentada a quantia, lavre-se termo em que devem constar as advertências dos arts. 327 e 328 do CPP, e expeça-se ordem de soltura, colocando-se em liberdade o afiançado, se por outro motivo não tiver que permanecer preso e dispensando-se o seu encaminhamento ao setor de carceragem temporária.

Local, data

Nome

Delegado de Polícia

DECISÃO DE APREENSÃO EM FLAGRANTE

A Polícia Judiciária, por intermédio do delegado de polícia que ao final subscreve, no uso das atribuições conferidas pelo art. 144 da Constituição Federal, art. 7.5 da Convenção Americana de Direitos Humanos, e dos dispositivos do Código de Processo Penal, Lei 12.830/13 e demais diplomas legais correlatos, profere a seguinte decisão.

O presente boletim de ocorrência trouxe *notitia criminis* ao conhecimento desta autoridade policial informando que, na data, hora e local que constam do documento, o adolescente nome conduta praticada contra a vítima nome.

A captura ocorreu situação flagrancial própria / imprópria / presumida, por ter o adolescente sido surpreendido circunstâncias.

Houve captura e condução para audiência de apresentação sob a presidência da autoridade de Polícia Judiciária. Foram realizadas as oitivas dos envolvidos, e colhidos os demais elementos de convicção, da seguinte forma.

O condutor nome confirmou as informações que constam no boletim de ocorrência acrescentando que relato.

A testemunha nome corroborou o relato do condutor, sem contradições, acrescentando que relato.

A vítima nome asseverou que relato.

O conduzido nome permaneceu em silêncio / não foi inquirido em razão da ausência de seu advogado constituído / negou o ato infracional / confessou o ato infracional.

Com o boletim de ocorrência / oitiva dos envolvidos / laudo pericial ocorreu a confirmação da materialidade do ato infracional.

Destarte, a Polícia Judiciária, por meio do delegado de polícia signatário, mediante análise técnico-jurídica do fato, no exercício das funções de natureza jurídica, essenciais e exclusivas de Estado (art. 2º, *caput* da Lei 12.830/13), ante os elementos de convicção amealhados que demonstram (art. 304, §1º do CPP) materialidade e autoria do ato infracional de ato infracional, praticado com violência ou grave ameaça (art. 173 do ECA), converte a captura em apreensão em flagrante e resolve instaurar procedimento de investigação de ato infracional para documentar todas as informações acerca do fato e suas circunstâncias. Determinando as providências elencadas no auto de apreensão em flagrante, dentre elas a entrega de nota de pleno e formal conhecimento em 24h e a comunicação imediata da decretação da apreensão à família ou à pessoa indicada.

Tendo em vista que não se trata de ato infracional com repercussão social, não devendo o adolescente permanecer sob internação para garantia de sua segurança pessoal ou manutenção da ordem pública, fica determinada sua liberação ante o comparecimento de qualquer dos pais ou responsável (art. 174 do ECA).

Local, data

Nome

Delegado de Polícia

Capítulo 2

Decretação descabida de condução coercitiva

2.1. Dispositivo legal

Figura simples	Art. 10. Decretar a condução coercitiva de testemunha ou investigado manifestamente descabida ou sem prévia intimação de comparecimento ao juízo: Pena - detenção, de 1 (um) a 4 (quatro) anos, e multa.

2.2. Classificação

Crime de decretação descabida de condução coercitiva	
crime de mão própria	crime formal
crime unissubjetivo	crime de dano
crime de forma livre	crime comissivo
crime de médio potencial ofensivo	

2.3. Constitucionalidade

Em uma análise global, a Lei de Abuso de Autoridade é questionável por ter sido feita a toque de caixa, com votação simbólica (e não nominal) e em regime de urgência, com parco debate (exatamente o oposto que deve ocorrer no devido processo legislativo), e também por ter o legislador escolhido alvos preferenciais para sofrer incidência dos tipos penais (o que não se coaduna com o princípio da impessoalidade – art. 37 da CF – e pode configurar abuso do poder de legislar). Mas também merece registro análise específica quanto a este delito.

Causa estranheza a pena máxima de 4 anos para quem decreta condução coercitiva desconformidade com a lei, sabendo que quem mata alguém culposamente merece pena máxima de 3 anos (art. 121, §4º do CP). O legislador deve obediência ao princípio da proporcionalidade (art. 5º, LIV da CF), que lhe proíbe o excesso.

Como se não bastasse, a vagueza e imprecisão do legislador não é recomendada pelo princípio da taxatividade (art. 5º, XXXIX da CF). O termo *manifestamente descabida* é vago e enseja dúvidas.

De alguma maneira o próprio legislador reconheceu as considerações sobre a inconstitucionalidade deste delito, pois quanto ao tipo penal que também criminalizava a indevida privação da liberdade, a saber, decretação ou execução ilegal de prisão em flagrante (art 11), manteve o veto, em cuja justificativa constou que "gera insegurança jurídica, notadamente aos agentes da segurança pública, tendo em vista que há situações que a flagrância pode se alongar no tempo e depende de análise do caso concreto. Ademais, a propositura viola o princípio da proporcionalidade entre o tipo penal descrito e a pena cominada".

2.4. Bem Jurídico Tutelado

Assim como os demais delitos de abuso de autoridade, cuida-se de crime pluriofensivo, havendo 2 bens jurídicos protegidos.

De forma imediata ou principal temos a proteção dos direitos e garantias fundamentais das pessoas físicas e jurídicas, nesse caso especificamente a liberdade de locomoção (art. 5º, XV e LXI da CF).

O bem jurídico tutelado de maneira mediata ou secundária é a normalidade e a regularidade dos serviços públicos, isto é, o bom funcionamento do Estado.

2.5. Sujeito Ativo

De forma geral o crime de abuso de autoridade pode ser classificado como próprio quanto ao sujeito ativo (arts. 1º e 2º).

Analisando a conduta descrita no art. 10 (decretar condução coercitiva) infere-se que somente a autoridade pública que detém tal poder em relação à testemunha ou ao investigado pode figurar como autor da infração penal.

Nessa esteira, o crime é de mão própria e pode ser cometido apenas pelo magistrado, pelo delegado de polícia, membro do Ministério Público e parlamentar em CPI. A possibilidade de o parlamentar praticar crime de abuso de autoridade é algo excepcional, porquanto a Lei voltou sua mira contra outros agentes públicos.

Um detalhe merece destaque: o magistrado pode cometer o crime quando decreta a condução coercitiva *manifestamente descabida* ou quando a decreta *sem prévia intimação de comparecimento ao juízo.* Já os demais sujeitos ativos só podem incidir nesse delito quando a decretação da medida for *manifestamente descabida.* Há quem entenda que apenas o magistrado é sujeito ativo do crime,[1] podendo os demais (delegado, membro do MP ou parlamentar em CPI) responder pelo delito do art. 9º da Lei 13.869/19 (pois a condução coercitiva não deixa de ser uma privação da liberdade, ainda que mais amena).

A utilização do termo *decretar* limitou a incidência do delito somente às autoridades que, possuindo poderes legais de decretação semelhantes ao do magistrado, ajam de forma inadequada (delegado, membro do MP e parlamentar em CPI). Ora, não há como se alcançar, portanto, um policial militar ou outro agente da autoridade que realiza condução coercitiva após capturar indevidamente indivíduo que não estava mais em estado flagrancial. Se houver finalidade especial, o ato de ofício contra expressa disposição de lei pode configurar delito de prevaricação (art. 319 do CP).

Igualmente, não se pode imputar o referido delito àquele particular que, acreditando ter realizado a captura de um criminoso, o conduz coercitivamente à unidade policial. Passível o indivíduo de responder por outras infrações penais (a exemplo do constrangimento ilegal previsto no art. 146 do CP), mas não pela presente norma incriminadora, vez que esta requer do sujeito ativo características peculiares (crime próprio).

É cabível a participação, em qualquer modalidade (induzimento, instigação ou auxílio) de pessoas que não ostentem as características próprias daqueles que tem o poder de decretar tal medida. Admite-se, ainda, a coautoria quando a decretação da condução coercitiva deriva da vontade de múltiplos agentes, todos dotados da qualidade especial exigida pelo tipo (poder para decretar), a exemplo de deliberação de órgão colegiado acerca de tal medida coercitiva.

---

1. PINHEIRO, Igor Pereira; CAVALCANTE, André Clark Nunes; BRANCO, Emerson Castelo. *Nova lei do abuso de autoridade*. Leme: JH Mizuno, 2020, p. 78.

2.6. Sujeito Passivo

O crime de abuso de autoridade tem dupla subjetividade passiva.

O sujeito passivo imediato ou principal é a pessoa física (testemunha ou investigado) que sofre a conduta abusiva.

O sujeito passivo mediato ou secundário é o Estado (que também pode ser chamado de Administração Pública).

2.7. Conduta (Tipo Objetivo)

O texto legal criminaliza a conduta de *decretar a condução coercitiva de testemunha ou investigado manifestamente descabida ou sem prévia intimação de comparecimento ao juízo.*

O núcleo *decretar* significa determinar, ordenar.

A condução coercitiva criminosa é apenas aquela *manifestamente descabida,* em inequívoca afronta às hipóteses previstas em lei e sua interpretação jurisprudencial. Evidentemente a desconformidade não será manifesta se houver divergência na interpretação de lei ou na avaliação de fatos e provas (art. 1º, §2º).

O cabimento ou não de condução coercitiva em face de vítima, testemunha, investigado ou perito deve ser aferido dos dispositivos legais (arts. 201, §1º, 218, 260 e 278 do CPP) e sua interpretação conferida pelo Supremo Tribunal Federal.[2]

Condução Coercitiva Cabível		
Envolvido	**Finalidade**	**Justificativa**
investigado ou réu	reconhecimento pessoal ou outra diligência que não acarrete autoincriminação, após prévio descumprimento de intimação (art. 260, 2ª parte do CPP – recepcionado pela CF)	constitucional por não afetar a inexigibilidade de autoincriminação
vítima, testemunha ou perito	depoimento ou declaração com base em prévia intimação descumprida (arts. 201, §1º, 218 e 278 do CPP)	constitucional pois têm obrigação de falar a verdade

2. STF, ADPF 395 e 444, Rel. Min. Gilmar Mendes, DJ 14/06/2018.

Condução Coercitiva Não Cabível		
Envolvido	**Finalidade**	**Justificativa**
investigado ou réu	interrogatório ou outra diligência que acarrete autoincriminação em razão de prévia intimação descumprida (art. 260, 1ª parte do CPP – não recepcionado pela CF)	inconstitucional por afetar a inexigibilidade de autoincriminação
	interrogatório ou outra diligência que acarrete autoincriminação em decorrência de medida cautelar inominada	inconstitucional por inexistir poder geral de cautela no processo penal

Como exemplos de diligências que não acarretam a autoincriminação por não demandar comportamento ativo do imputado e não configurar prova invasiva, temos: (a) reconhecimento pessoal e (b) identificação criminal.

De outro lado, podemos lembrar das seguintes diligências que acarretam autoincriminação: (a) interrogatório, (b) reconstituição simulada do crime, (c) perícia vocal ou grafotécnica, (d) exame de etilômetro (bafômetro), (e) exame de sangue.

Fundamental destacar que o tipo penal criminaliza apenas a decretação descabida de condução coercitiva de testemunha **ou** investigado, não acarretando abuso de autoridade a condução forçada de réu, vítima ou perito, por força do princípio da taxatividade. A falha grave do legislador só pode ser sanada via processo legislativo, e não por analogia *in malam partem*.[3]

A testemunha poderá ser vítima do delito em estudo, ainda que receba da lei o tratamento de informante, quando for parente do imputado (art. 206 do CPP).

3. Em debate sobre o crime de obstrução de Justiça da Lei de Organização Criminosa (art. 2º, §1º da Lei 12.850/13), a jurisprudência se posicionou em sentido diverso, entendendo que o termo *investigação* engloba também o processo penal: STJ, HC 487.962, Rel. Min. Joel Ilan Paciornik, DJ 28/05/2019.

2.8. Elemento Subjetivo (Tipo Subjetivo)

O elemento subjetivo geral no abuso de autoridade é o dolo. Não há abuso de autoridade culposo. Mas não basta o dolo de praticar a conduta típica de abuso, sendo preciso o *animus abutendi*. O agente público deve agir com a finalidade específica (elemento subjetivo especial) de, alternativamente (art. 1º, §1º): (a) prejudicar outrem, (b) beneficiar a si mesmo ou a terceiro, (c) por mero capricho, ou (d) por satisfação pessoal.

Não se vislumbra compatibilidade com o dolo eventual, pois a finalidade específica exigida do agente só pode ser atingida com vontade, e não com mera assunção do risco de atingir o resultado

Claro que a presunção é de que o agente atua com boa-fé, cabendo a quem alega má-fé comprová-la com elementos concretos e não meras suposições. Portanto, não comete abuso de autoridade o agente que errar ou atuar com desídia.

Grife-se ainda que a divergência na interpretação de lei ou na avaliação de fatos e provas não configura abuso de autoridade (art. 1º, §2º), vedando-se o crime de hermenêutica.

2.9. Consumação e Tentativa

O crime se aperfeiçoa com a decretação da condução coercitiva de testemunha ou de investigado manifestamente descabida ou sem prévia intimação de comparecimento em juízo. Não se exige para a consumação a efetiva condução à força, bastando que tenha sido formalmente determinada e inserida aos autos. Nesses moldes, a condução forçada da testemunha ou do investigado à presença daquele que a determinou configura mero exaurimento do ilícito penal, a ser valorado pelo juiz sentenciante no momento da dosimetria da pena.

Também não há que se cogitar de eventual concurso material com o delito de constrangimento ilegal (art. 146 do CP), porque o alto patamar de pena cominada ao art. 10 da Lei 13.869/19 pressupõe a consunção de quaisquer outras infrações que estejam na linha esperada de consequências da decretação da medida. No presente caso, o cúmulo material tornaria absolutamente desproporcional a punição do agente, configurando um excesso estatal.

A tentativa é admitida, porque visualizamos um *iter criminis* possível de ser fracionado. Assim, haverá a modalidade tentada na conduta do magistrado que, com a finalidade específica de prejudicar outrem, decreta condução coercitiva manifestamente descabida, cuja decisão não foi juntada aos autos por circunstâncias alheias à sua vontade. Ainda que se trate de inquéritos e processos digitais também é possível cogitar do *conatus*, como no exemplo do delegado de polícia que, movido por satisfação pessoal, decreta a medida descabida e no momento do *upload* o sistema não carrega o documento por falta de energia.

210. Ação Penal, procedimento e competência

A ação penal é pública incondicionada, cabendo ação penal privada subsidiária da pública em caso de omissão do *parquet* (art. 3º), que deve ser manejada no prazo decadencial de 6 meses.

Trata-se de infração de médio potencial ofensivo (pena máxima de 4 anos), o que faz incidir o procedimento comum ordinário (arts. 394 a 405 do CPP). Isso quer dizer que cabe a prisão em flagrante (não bastando a indicação da conduta típica, sendo imprescindível a demonstração inequívoca do elemento subjetivo), com consequente instauração de inquérito policial.

Por se tratar de crime funcional afiançável, incide a defesa preliminar decorrente do procedimento especial de funcionário público (arts. 513 a 518 do CPP), exceto se o agente ostentar foro por prerrogativa de função ou se se tratar de infração de menor potencial ofensivo.

Considerando que a pena mínima é de 1 ano, admite-se o acordo de não persecução penal (art. 28-A do CPP), ou caso não proposto a suspensão condicional do processo (art. 89 da Lei 9.099/95).

A competência para o processo e julgamento é da Justiça Estadual, a menos que presente alguma das hipóteses do art. 109 da CF, quando a competência será da Justiça Federal. Havendo conexão ou continência entre crime estadual e federal, prevalece a Justiça Federal.[4]

4. Súmula 122 do STJ: Compete à Justiça Federal o processo e julgamento unificado dos crimes conexos de competência federal e estadual, não se aplicando a regra do art. 78, II, a, do Código de Processo Penal.

2.11. Modelos de Peças Policiais

DECISÃO DE DECRETAÇÃO DE CONDUÇÃO COERCITIVA DE SUSPEITO

A Polícia Judiciária, por intermédio do delegado de polícia que ao final subscreve, no uso das atribuições conferidas pelo art. 144 da Constituição Federal e dos dispositivos do Código de Processo Penal, Lei 12.830/13 e demais diplomas legais correlatos, profere a seguinte decisão.

O presente procedimento policial apura a infração penal de crime, em tese praticada pelo suspeito nome contra a vítima nome.

O investigado foi regularmente intimado para participar de diligência que não acarreta sua autoincriminação, a saber, reconhecimento pessoal / identificação criminal (art. 260, 2ª parte do CPP). Todavia, conforme relato contido em certidão, o intimado não compareceu nem ofereceu justificativa para sua ausência, caracterizando recalcitrância à ordem legal emitida, circunstância que exige sua condução coercitiva (STF, ADPF 395 e 444).

Destarte, a Polícia Judiciária, por meio do delegado de polícia signatário, mediante análise técnico-jurídica do fato, no exercício das funções de natureza jurídica, essenciais e exclusivas de Estado (art. 2º, *caput* da Lei 12.830/13), ante o descumprimento injustificado de intimação, determina a expedição de mandado de condução coercitiva para que se faça presente nesta delegacia de polícia.

Caso necessário o uso de algemas ou de força para vencer violência, ameaça ou fundado receio de fuga do conduzido, lavre-se auto de uso de algemas ou auto de resistência (art. 292 do CPP) e boletim de ocorrência para apurar a conduta.

Local, data

Nome

Delegado de Polícia

DECISÃO DE DECRETAÇÃO DE CONDUÇÃO COERCITIVA DE VÍTIMA, TESTEMUNHA OU PERITO

A Polícia Judiciária, por intermédio do delegado de polícia que ao final subscreve, no uso das atribuições conferidas pelo art. 144 da Constituição Federal e dos dispositivos do Código de Processo Penal, Lei 12.830/13 e demais diplomas legais correlatos, profere a seguinte decisão.

O presente procedimento policial apura a infração penal de crime, em tese praticada pelo suspeito nome contra a vítima nome.

A vítima / testemunha / perito foi regularmente intimada para prestar esclarecimentos (arts. 201, §1º, 218 e 278 do CPP). Todavia, conforme relato contido em certidão, a intimada não compareceu nem ofereceu justificativa para sua ausência, caracterizando recalcitrância à ordem legal emitida, circunstância que exige sua condução coercitiva (STF, ADPF 395 e 444).

Destarte, a Polícia Judiciária, por meio do delegado de polícia signatário, mediante análise técnico-jurídica do fato, no exercício das funções de natureza jurídica, essenciais e exclusivas de Estado (art. 2º, *caput* da Lei 12.830/13), ante o descumprimento injustificado de intimação, determina a expedição de mandado de condução coercitiva para que se faça presente nesta delegacia de polícia.

Caso necessário o uso de algemas ou de força para vencer violência, ameaça ou fundado receio de fuga do conduzido, lavre-se auto de uso de algemas ou auto de resistência (art. 292 do CPP) e boletim de ocorrência para apurar a conduta.

Local, data

Nome

Delegado de Polícia

Capítulo 3

Omissão de comunicação de prisão

3.1. Dispositivo legal

Figura simples	Art. 12. Deixar injustificadamente de comunicar prisão em flagrante à autoridade judiciária no prazo legal: Pena - detenção, de 6 (seis) meses a 2 (dois) anos, e multa.
Figura equiparada	Parágrafo único. Incorre na mesma pena quem: I - deixa de comunicar, imediatamente, a execução de prisão temporária ou preventiva à autoridade judiciária que a decretou; II - deixa de comunicar, imediatamente, a prisão de qualquer pessoa e o local onde se encontra à sua família ou à pessoa por ela indicada; III - deixa de entregar ao preso, no prazo de 24 (vinte e quatro) horas, a nota de culpa, assinada pela autoridade, com o motivo da prisão e os nomes do condutor e das testemunhas; IV - prolonga a execução de pena privativa de liberdade, de prisão temporária, de prisão preventiva, de medida de segurança ou de internação, deixando, sem motivo justo e excepcionalíssimo, de executar o alvará de soltura imediatamente após recebido ou de promover a soltura do preso quando esgotado o prazo judicial ou legal.

3.2. Classificação

Crime de omissão de comunicação de prisão	
crime próprio	crime formal
crime unissubjetivo	crime de dano
crime de forma livre	crime omissivo
crime de menor potencial ofensivo	

3.3. Constitucionalidade

Em uma análise global, a Lei de Abuso de Autoridade é questionável por ter sido feita a toque de caixa, com votação simbólica (e não nominal) e em regime de urgência, com parco debate (exatamente o oposto que deve ocorrer no devido processo legislativo), e também por ter o legislador escolhido alvos preferenciais para sofrer incidência dos tipos penais (o que não se coaduna com o princípio da impessoalidade – art. 37 da CF – e pode configurar abuso do poder de legislar). Mas também merece registro análise específica quanto a este delito.

O princípio da intervenção mínima ficou sob risco. Não comunicar imediatamente a prisão à família, entrando em contato fora do prazo, deveria gerar repercussão apenas no Direito Administrativo Disciplinar. O Direito Penal somente deve ser utilizado como forma de controle quando os demais instrumentos menos gravosos tenham sido esgotados. Transformar infração disciplinar em crime, sob pena de prisão, não é salutar. Vale ressaltar que apenas o militarismo, por suas circunstâncias bem específicas (atuação na guerra) admite prisão por infração disciplinar, sanção esta abolida mesmo para os militares estaduais (art. 18, VII do Decreto-Lei 667/69).

3.4. Bem Jurídico Tutelado

Como todo crime de abuso de autoridade, trata-se de crime pluriofensivo, existindo 2 bens jurídicos tutelados.

De forma imediata ou principal temos a proteção dos direitos e garantias fundamentais das pessoas físicas e jurídicas, nesse caso especificamente a liberdade de locomoção (art. 5º, XV e LXII da CF).

O bem jurídico tutelado de maneira mediata ou secundária é a normalidade e a regularidade dos serviços públicos, isto é, o bom funcionamento do Estado.

3.5. Sujeito Ativo

Como vimos, de forma geral o crime de abuso de autoridade pode ser classificado como próprio quanto ao sujeito ativo (arts. 1º e 2º). O delito ora em estudo não foge dessa regra. Os agentes incumbidos pela lei da realização de atos procedimentais no contexto da prisão em flagrante, bem como de execução e de documentação de outras prisões cautelares, são os protagonistas do referido tipo penal. Vejamos separadamente.

Omissão de comunicação de prisão em flagrante à autoridade judiciária

O sujeito ativo principal no art. 12, *caput* é o delegado de polícia, podendo também ser praticado pelo escrivão ou investigador. É sabido que, na maioria das delegacias do país, em virtude da carência de efetivo e/ou falta de estrutura, a autoridade policial tem que presidir, a um só tempo (seja presencial ou remotamente),[1] mais de um procedimento, inclusive o auto de prisão em flagrante. Daí a existência de sua equipe (formada por investigadores e escrivães) para cumprir os comandos legais por delegação.

Portanto, o sujeito ativo não é apenas a autoridade policial, mas também os seus auxiliares diretos (agentes e escrivães, por exemplo). Se em conluio, podem figurar como coautores ou partícipes; se não executarem adequadamente a ordem do delegado de realização de tais atos, respondem sozinhos, desde que presente o dolo e o elemento subjetivo específico exigido pela norma de extensão (art. 1º, § 1º).

Omissão de comunicação imediata da prisão temporária ou preventiva à autoridade judiciária

O autor do crime do art. 12, parágrafo único, I é o delegado de polícia ou qualquer agente da autoridade que tendo cumprido o mandado de prisão cautelar deixa de comunicar, imediatamente, à autoridade judiciária que decretou a medida.

Como dito acima, é bom realçar que o tipo penal alcança todos os agentes da autoridade policial, inclusive policiais militares que eventualmente venham a cumprir mandados de prisão temporária ou preventiva que se encontrem no Banco Nacional de Mandados de Prisão (BNMP), conforme art. 289-A, §§2º e 3º do CPP, e art. 2º, §4º da Lei 7.960/89.

Ao realizarem a prisão, mas se omitirem frente aos consectários lógicos dela, fazem-se incursos no referido tipo penal.

Omissão de comunicação imediata de prisão à família ou à pessoa por ela indicada

O sujeito ativo do art. 12, parágrafo único, II depende de qual prisão ensejou a omissão de comunicação à família. Em se tratando de prisão em flagrante, é o delegado de polícia, podendo também ser praticado pelo escrivão

1. HOFFMANN, Henrique. *Delegado pode presidir inquérito policial também de forma remota.* Revista Consultor Jurídico, ago. 2017. Disponível em: < http://www.conjur.com.br/2017-ago 08/academia--policia-delegado-presidir-inquerito-policial-tambem-forma-remota>. Acesso em: 19 dez. 2019.

ou investigador. Caso estejamos diante de prisão preventiva ou temporária, alcança todos os agentes da autoridade policial, inclusive policiais militares que eventualmente venham a cumprir mandados de prisão, como visto na hipótese anterior.

Omissão de entrega de nota de culpa ao preso no prazo de 24h

No art. 12, parágrafo único, III o sujeito ativo do abuso de autoridade é o delegado de polícia ou o escrivão que oficia no feito, os quais podem agir sozinhos ou em conjunto, caso em que estaremos diante de coautoria ou participação conforme a hipótese.

Mas não se pode olvidar que a nota de culpa também deve ser entregue ao preso diante da execução de mandado de prisão temporária. Nos termos do art. 2º, § 4º, da Lei 7.960/89, uma das vias do mandado será entregue ao preso, servindo como nota de culpa. Fácil notar, portanto, que os executores da ordem (policiais civis ou militares) também poderão ser autores do delito. A título de exemplo, suponha que um policial militar dê cumprimento a um mandado de prisão temporária (inserido no BNMP) e, movido por mero capricho, deixe de entregar uma das vias ao preso.

Por analogia, idêntico raciocínio deve ser aplicado ao cumprimento de mandado de prisão preventiva, pois a própria Constituição, embora não mencione o termo nota de culpa, afirma a obrigação de o preso ser informado de seus direitos (art. 5º, LXIII da CF), objetivo do referido documento.

Prolongamento injustificado de prisão

Já no art. 12, parágrafo único, IV podemos considerar como sujeito ativo o delegado de polícia e o policial penal ou socioeducativo.

3.6. Sujeito Passivo

O crime de abuso de autoridade tem dupla subjetividade passiva.

O sujeito passivo imediato ou principal é o preso, independentemente da espécie de prisão decretada (flagrante, temporária, preventiva ou resultante de falta de pagamento de pensão alimentícia), além do internado (a quem foi aplicada medida de segurança de internação, e também o adolescente infrator, que cumpre medida socioeducativa) que sofre com o comportamento abusivo.[2]

2. GRECO, Rogério; CUNHA, Rogério Sanches. *Abuso de autoridade*. Salvador: Juspodivm, 2019, p. 116.

O sujeito passivo mediato ou secundário é o Estado (que também pode ser chamado de Administração Pública).

3.7. Conflito aparente de leis penais

Há tipo penal específico no Estatuto da Criança e do Adolescente quando a conduta envolver criança ou adolescente:

> Art. 231. Deixar a autoridade policial responsável pela apreensão de criança ou adolescente de fazer imediata comunicação à autoridade judiciária competente e à família do apreendido ou à pessoa por ele indicada:
>
> Pena - detenção de seis meses a dois anos.

Embora os dois tipos penais imputem semelhante pena privativa de liberdade (6 meses a 2 anos), o ECA não traz expressa cominação de pena de multa. Com isso, violar o dever de comunicação da apreensão de menor é, na ótica do legislador, menos grave do que omitir-se em relação à prisão de maiores de idade, o que parece mais uma incongruência da lei.

3.8. Conduta (Tipo Objetivo)

Tanto a figura simples quanto as formas equiparadas desse tipo penal criminalizam o descumprimento de obrigações decorrentes da decretação da prisão ou de seu encerramento.

A prisão da pessoa gera a necessidade de comunicação ao juiz e à família, e a entrega de nota de culpa ao preso (omissões tipificadas no art. 12, caput, e parágrafo único, I, II e III). A expedição de alvará de soltura ou término do prazo da prisão acarreta a obrigação de imediata colocação do preso em liberdade (omissão tipificada no art. 12, parágrafo único, IV).

Tais obrigações, cujo inadimplemento culmina no delito, estão estampadas na legislação processual penal:

Obrigações decorrentes da prisão	
Prisão em flagrante	CPP, Art. 306. A prisão de qualquer pessoa e o local onde se encontre serão comunicados imediatamente ao juiz competente, ao Ministério Público e à família do preso ou à pessoa por ele indicada. § 1º Em até 24 (vinte e quatro) horas após a realização da prisão, será encaminhado ao juiz competente o auto de prisão em flagrante e, caso o autuado não informe o nome de seu advogado, cópia integral para a Defensoria Pública. § 2º No mesmo prazo, será entregue ao preso, mediante recibo, a nota de culpa, assinada pela autoridade, com o motivo da prisão, o nome do condutor e os das testemunhas.

Obrigações decorrentes da prisão	
Prisão preventiva	CPP, Art. 289-A. O juiz competente providenciará o imediato registro do mandado de prisão em banco de dados mantido pelo Conselho Nacional de Justiça para essa finalidade. § 3º A prisão será imediatamente comunicada ao juiz do local de cumprimento da medida o qual providenciará a certidão extraída do registro do Conselho Nacional de Justiça e informará ao juízo que a decretou. § 4º O preso será informado de seus direitos, nos termos do inciso LXIII do art. 5o da Constituição Federal e, caso o autuado não informe o nome de seu advogado, será comunicado à Defensoria Pública.
Prisão temporária	Lei 7.960/89, Art. 2° A prisão temporária será decretada pelo Juiz, em face da representação da autoridade policial ou de requerimento do Ministério Público, e terá o prazo de 5 (cinco) dias, prorrogável por igual período em caso de extrema e comprovada necessidade. § 4° Decretada a prisão temporária, expedir-se-á mandado de prisão, em duas vias, uma das quais será entregue ao indiciado e servirá como nota de culpa. § 7º Decorrido o prazo contido no mandado de prisão, a autoridade responsável pela custódia deverá, independentemente de nova ordem da autoridade judicial, pôr imediatamente o preso em liberdade, salvo se já tiver sido comunicada da prorrogação da prisão temporária ou da decretação da prisão preventiva.
Todas as prisões	CF, art. 5º, LXII - a prisão de qualquer pessoa e o local onde se encontre serão comunicados imediatamente ao juiz competente e à família do preso ou à pessoa por ele indicada; LXIII - o preso será informado de seus direitos, entre os quais o de permanecer calado, sendo-lhe assegurada a assistência da família e de advogado;

3.8.1. Figura simples

O texto legal criminaliza a conduta de deixar injustificadamente de comunicar prisão em flagrante à autoridade judiciária no prazo legal.

A custódia flagrancial de qualquer pessoa deve ser comunicada imediatamente ao juiz competente, com remessa do auto de prisão em flagrante no prazo de 24h após a realização da prisão (art. 306, *caput* e §1º do CPP). Não desconhecemos a diferente nomenclatura utilizada pelo legislador para o ato de comunicação da prisão em flagrante (*imediatamente*) e o ato de encaminhamento do próprio auto (*em até 24 horas* a contar da captura). Mas não há como se diferenciar na prática a comunicação da prisão e o encaminhamento do auto, porquanto são realizadas costumeiramente no mesmo momento. Para fins de incidência deste tipo penal, ocorre crime quando não é feita a remessa do auto de prisão em flagrante no lapso temporal de 24h. Essa é a leitura que está em consonância com o princípio da taxatividade, corolário lógico da legalidade, que não admite incertezas no tipo penal, o qual deve ser claro e concretizador de um mandato de certeza.[3] De mais a mais, não faz sentido pretender criminalizar a conduta de agente público que não age imediatamente, mas minutos ou horas depois.

Essa comunicação à autoridade judiciária pode ser realizada por qualquer meio hábil, como email, telefone ou entrega pessoal de ofício. O importante é o agente público se resguardar e manter um comprovante de que a comunicação foi realizada dentro do prazo legal.

Cuida-se de hipótese de crime a prazo, pois enquanto não suplantado o período de 24h o fato será irrelevante aos olhos do Direito Penal. Assim, eventual omissão inicial pode ser suprida até que o prazo se encerre, já que o delito está condicionado ao transcurso do tempo.

Mas o fato também poderá ser atípico ainda que não haja comunicação da prisão dentro do prazo legal, pois o dispositivo contém um elemento normativo que não pode ser desconsiderado: a omissão da comunicação da prisão deve se dar *injustificadamente*. Isso significa que se o atraso na comunicação da prisão se deu por motivo plausível, ou seja, havia justificativa para tanto, não haverá o delito de abuso de autoridade. É imperioso analisar as circunstâncias do caso concreto, como a grande distância entre o local da prisão e a delegacia de polícia mais próxima, o número reduzido de policiais civis ou federais no plantão ou expediente, grande volume de trabalho, e a eventual falha ou precariedade dos recursos materiais, tudo a acarretar atraso da remessa do auto de prisão à autoridade judiciária[4].

Não foi criminalizada a ausência de comunicação da prisão em flagrante ao Ministério Público e à Defensoria Pública (art. 306, *caput* e §1º do CPP), de modo que a omissão poderá ensejar o relaxamento da prisão, mas não incidirá o delito de abuso de autoridade. Entendimento diverso equivaleria a analogia, considerada, aqui, *in malam partem*.

Como já mencionado, a não comunicação da apreensão em flagrante de adolescente não configura abuso de autoridade, mas o crime específico previsto no art. 231 do ECA.

---

3. GRECO, Rogério; CUNHA, Rogério Sanches. *Abuso de autoridade*. Salvador: Juspodivm, 2019, p. 108; LIMA, Renato Brasileiro de. *Legislação criminal especial comentada*. Salvador: Juspodivm, 2020, p. 101; AGI, Samer. *Comentários à nova Lei de Abuso de Autoridade*. Brasília: CPIuris, 2019, p. 46.
4. GRECO, Rogério; CUNHA, Rogério Sanches. *Abuso de autoridade*. Salvador: Juspodivm, 2019, p. 108-109; LIMA, Renato Brasileiro de. *Legislação criminal especial comentada*. Salvador: Juspodivm, 2020, p. 101.

3.8.2. *Figuras equiparadas*

Incide nas figuras equiparadas quem:

I - deixa de comunicar, imediatamente, a execução de prisão temporária ou preventiva à autoridade judiciária que a decretou;

II - deixa de comunicar, imediatamente, a prisão de qualquer pessoa e o local onde se encontra à sua família ou à pessoa por ela indicada;

III - deixa de entregar ao preso, no prazo de 24 (vinte e quatro) horas, a nota de culpa, assinada pela autoridade, com o motivo da prisão e os nomes do condutor e das testemunhas;

IV - prolonga a execução de pena privativa de liberdade, de prisão temporária, de prisão preventiva, de medida de segurança ou de internação, deixando, sem motivo justo e excepcionalíssimo, de executar o alvará de soltura imediatamente após recebido ou de promover a soltura do preso quando esgotado o prazo judicial ou legal.

Omissão de comunicação imediata da prisão temporária ou preventiva à autoridade judiciária

A obrigação de comunicação da prisão ao juiz incide não somente na prisão em flagrante (art. 306, *caput* do CPP) e na prisão preventiva (art. 289-A, §3º do CPP), mas também na prisão temporária, pois a própria Constituição (art. 5º, LXII da CF) impõe o dever de comunicar a prisão de alguém ao juiz, sem limitar a esta ou aquela modalidade de custódia.

Tal qual a hipótese do *caput* do dispositivo, o prazo para a comunicação da prisão temporária ou preventiva deve ser de 24h[5] e pode ser efetivada por qualquer meio (telefone, email, ofício, etc). Fere até mesmo o bom senso imaginar que uma prisão em flagrante (sem ordem judicial) pode ser informada em 24h, mas as prisões preventiva e temporária (que decorrem de ordem do juiz) precisam ser comunicadas de imediato.

Embora o tipo penal equiparado não repita o elemento normativo *injustificadamente* utilizado na figura simples, é óbvio que a existência de justificativa para o atraso na comunicação afasta o abuso de autoridade, nem que seja pela ausência do elemento subjetivo específico.

---

5. No mesmo sentido: AGI, Samer. *Comentários à nova Lei de Abuso de Autoridade*. Brasília: CPluris, 2019, p. 48. Sustentando a imediaticidade da comunicação: LIMA, Renato Brasileiro de. *Legislação criminal especial comentada*. Salvador: Juspodivm, 2020, p. 104.

Omissão de comunicação imediata de prisão à família ou à pessoa por ela indicada

A obrigação de comunicação da prisão à família incide não só em relação à prisão em flagrante (art. 306, *caput* do CPP), mas também quanto à preventiva e à temporária, pois a Constituição não restringiu esse dever (art. 5º, LXII da CF).

O tipo penal evidencia que o direcionamento da comunicação assistencial é alternativo e não cumulativo (comunicação à família ou a outra pessoa indicada pelo preso).

O dispositivo fala em comunicação imediata da prisão. No caso da custódia flagrancial, é importante sublinhar que somente há que se falar em prisão em flagrante a partir da decisão da autoridade policial. Enquanto ainda se está na fase de captura e condução coercitiva (em geral realizada pelos agentes da autoridade) ou de análise dos elementos angariados (feita pelo delegado), o que existe é uma mera expectativa de prisão. Portanto, assim que for deliberada pela prisão do indivíduo, deve a Polícia Judiciária permitir a comunicação à família ou pessoa indicada por ele.

Pode ser efetivada por qualquer meio, sendo nesse caso o telefone a maneira mais usual. Dispensa-se qualquer formalidade, o que não impede o devido registro para segurança dos policiais (especialmente quando a tentativa de contato restar frustrada).

Embora o tipo penal equiparado não repita o elemento normativo *injustificadamente* utilizado na figura simples, é óbvio que a existência de justificativa para o atraso na comunicação afasta o abuso de autoridade, nem que seja pela ausência do elemento subjetivo específico. Vale lembrar que não raras vezes o preso não deseja que nenhum familiar seja comunicado e se nega a fornecer dados para contato, visando poupá-los desse dissabor.

Omissão de entrega de nota de culpa ao preso no prazo de 24h

Trata-se de mais uma figura típica que se classifica como crime a prazo, pois a consumação do delito exige a fluência do período de 24h.

A nota de culpa é considerada um dos documentos mais relevantes do contexto prisional. Embora seja comumente lavrada no bojo do auto de prisão em flagrante, também é exigida nas prisões realizadas via mandado judicial. Nesse caso, vale repisar, a cópia do *mandamus* será entregue ao preso e servirá como nota de culpa. Logo, tal dispositivo não incrimina somente a não expedição e entrega da nota de culpa no âmbito da prisão em flagrante, mas também a não entrega de cópia do mandado quando de prisões efetuadas via ordem judicial (art. 2º, §4º, da Lei 7.960/89).

Por analogia, idêntico raciocínio deve ser aplicado ao cumprimento de mandado de prisão preventiva, pois a própria Constituição, embora não mencione o termo nota de culpa, afirma a obrigação de o preso ser informado de seus direitos (art. 5º, LXIII da CF), objetivo do referido documento.

Nesse ponto da análise do crime do art. 12 da Lei de Abuso de Autoridade, conseguimos identificar quais obrigações decorrentes da prisão cujo descumprimento acarretam ou não delitos desta Lei:

Obrigações decorrentes da prisão			
Espécie de Prisão	**Obrigação**	**Previsão Legal**	**Crime de abuso de autoridade**
flagrante	comunicar imediatamente ao juiz competente	art. 306, *caput* do CPP	art. 12, caput
	comunicar imediatamente ao Ministério Público	art. 306, *caput* do CPP	---
	comunicar imediatamente à família ou pessoa indicada	art. 306, *caput* do CPP e art. 5º, LXII da CF	art. 12, parágrafo único, II
	encaminhar cópia do auto de prisão em flagrante em 24h à Defensoria Pública caso o autuado não informe advogado	arts. 306, §1º e 289-A, §4º do CPP	---
	entregar nota de culpa em 24 horas	art. 306, §2º do CPP	art. 12, parágrafo único, III
	colocar o preso imediatamente em liberdade quando expedido alvará de soltura		art. 12, parágrafo único, IV
preventiva	comunicar imediatamente ao juiz competente	art. 289-A, §3º do CPP	art. 12, parágrafo único, I
	comunicar imediatamente à família ou pessoa indicada	art. 5º, LXII da CF	art. 12, parágrafo único, II
	comunicar a Defensoria Pública caso o preso não informe advogado	art. 289-A, §4º do CPP	---
	entregar imediatamente de cópia do mandado de prisão (serve como nota de culpa)	art. 286 do CPP	art. 12, parágrafo único, III
	colocar o preso imediatamente em liberdade quando expedido alvará de soltura		art. 12, parágrafo único, IV

Obrigações decorrentes da prisão			
temporária	comunicar imediatamente ao juiz competente	art. 5º, LXII da CF	art. 12, parágrafo único, I
	comunicar imediatamente à família ou pessoa indicada	art. 5º, LXII da CF	art. 12, parágrafo único, II
	entregar imediatamente de cópia do mandado de prisão (serve como nota de culpa)	art. 2º, §4º da Lei 7.960/89	art. 12, parágrafo único, III
	colocar o preso imediatamente em liberdade quando decorrido o prazo da prisão	art. 2º, §7º da Lei 7.960/89	art. 12, parágrafo único, IV

Interessante registrar que o descumprimento de outros direitos relativos à prisão pode culminar na prática de outros tipos penais da Lei de Abuso de Autoridade:

Direito do Preso	Previsão Legal	Crime de abuso de autoridade
direito ao silêncio e ao advogado	art. 5º, LXIII da CF	arts. 15, parágafo único, 20 e 32
integridade física e moral	art. 5º, XLIX da CF	art. 13 e 21
intimidade e vida privada	art. 5º, X da CF	arts. 13, 28 e 38
identificação dos responsáveis pela prisão ou interrogatório	art. 5º, LXIV	art. 16
petição aos Poderes Públicos em defesa de direitos ou contra ilegalidade ou abuso de poder	art. 5º, XXXIV da CF	art. 19
vedação das provas ilícitas	art. 5º. LVI da CF	arts. 23, 24, 25, 29 e 30

Prolongamento injustificado de prisão

Pratica esta figura equiparada quem prolonga a execução de pena privativa de liberdade, de prisão temporária, de prisão preventiva, de medida de segurança ou de internação, deixando, sem motivo justo e excepcionalíssimo, de executar o alvará de soltura imediatamente após recebido ou de promover a soltura do preso quando esgotado o prazo judicial ou legal.

No entanto, o legislador abriu a possibilidade de mantê-lo encarcerado, desde que por *motivo justo e excepcionalíssimo*.

Quanto ao prazo para a liberação do custodiado, conquanto o legislador tenha empregado a palavra *imediatamente*, é óbvio que o agente público responsável pela custódia poderá gastar algumas horas (em regra, até o limite de 24h) para essa finalidade.[6] Afinal, os atos da persecução penal são formais e os trâmites burocráticos mínimos devem ser cumpridos (a exemplo da conferência da autenticidade do documento, e do registro no sistema de informação). Além disso, o direito à liberdade só existe se não houver outra ordem de prisão em vigor, devendo ser realizada pesquisa e confirmação nesse sentido. Outra providência importante é a inspeção física do preso, para comprovar a ausência ou não de qualquer lesão à sua integridade física. Bem assim, a segurança deve ser sempre colocada em primeiro lugar (ex: único policial penal de plantão em determinada unidade penal não pode ser obrigado a agir sozinho na madrugada para colocar preso em liberdade, colocando em risco a integridade física própria e de terceiros). Por isso mesmo o art. 1º da Resolução 108/2010 do Conselho Nacional de Justiça estabelece o prazo de 24h para cumprimento do alvará de soltura.

Vale lembrar, por fim, que o tipo penal não incide quanto à prisão civil por dívida de alimentos, pois o princípio da taxatividade impede que o silêncio do legislador seja suprido pela analogia.

3.9. Elemento Subjetivo (Tipo Subjetivo)

O elemento subjetivo geral no abuso de autoridade é o dolo. Não há abuso de autoridade culposo. Mas não basta o dolo de praticar a conduta típica de abuso, sendo preciso o *animus abutendi*. O agente público deve agir com a finalidade específica (elemento subjetivo especial) de, alternativamente (art. 1º, §1º): (a) prejudicar outrem, (b) beneficiar a si mesmo ou a terceiro, (c) por mero capricho, ou (d) por satisfação pessoal.

Não se vislumbra compatibilidade com o dolo eventual, pois a finalidade específica exigida do agente só pode ser atingida com vontade, e não com mera assunção do risco de atingir o resultado.

Claro que a presunção é de que o agente atua com boa-fé, cabendo a quem alega má-fé comprová-la com elementos concretos e não meras suposições. Portanto, não comete abuso de autoridade o agente que errar ou atuar com desídia.

Grife-se ainda que a divergência na interpretação de lei ou na avaliação de fatos e provas não configura abuso de autoridade (art. 1º, §2º), vedando-se o crime de hermenêutica.

---

6. Nesse sentido: GRECO, Rogério; CUNHA, Rogério Sanches. *Abuso de autoridade*. Salvador: Juspodivm, 2019, p. 114. Com entendimento diverso, porém admitindo hipóteses de não execução imediata do alvará: LIMA, Renato Brasileiro de. *Legislação criminal especial comentada*. Salvador: Juspodivm, 2020, p. 109.

Diga-se ainda que a jurisprudência tem considerado diversos prazos processuais como impróprios, admitindo sua flexibilização. [7] Por essa razão, o mero esquecimento de comunicação da prisão ao juiz dentro do prazo (sem má-fé), sendo o aviso feito posteriormente em lapso temporal razoável, não acarreta vício da prisão em flagrante.[8] O mesmo se diga quanto a atraso na comunicação a familiar, especialmente quando tem todos os direitos constitucionalmente garantidos.[9]

Por fim, é necessário respeitar as dificuldades estruturais da Polícia, que infelizmente sofre com insuficiência de recursos humanos e materiais. A omissão do Estado reforça a presunção de boa-fé do policial que não consegue executar a contento e com urgência todas as atribuições policiais, acarretando o descumprimento de prazo. Por isso mesmo o Manual de atuação funcional do Ministério Público do Paraná orienta seus membros da seguinte forma:

> 253. Respeito às dificuldades e carências das polícias
>
> Cumpre ao membro do Ministério Público, em que pesem as prerrogativas de fiscalizar externamente as Polícias, respeitar as dificuldades e as carências que peculiarizem cada unidade policial, e, numa visão macroscópica, a própria Polícia como um todo.
>
> 254. Bom senso e ética do membro do Ministério Público
>
> O membro do Ministério Público, na condição de agente político e detentor de prerrogativas constitucionais, não deverá se afastar dos limites do bom senso e das normas éticas, bem como da política do bom relacionamento interinstitucional.

3.10. Consumação e Tentativa

Art. 12, *caput*, e I, II e III: consuma-se quando a omissão na comunicação ultrapassar o prazo de 24h, sem qualquer justificativa plausível.

Art. 12, parágrafo único, IV: o crime é permanente, pois a consumação se prolonga no tempo enquanto o agente não cumpre o alvará ou não dá início aos trâmites burocráticos necessários à libertação do custodiado.

Tratando-se de crime omissivo próprio, não se admite a tentativa.

---

7. STF, MS 33.023 AgR, Rel. Min. Dias Toffoli, DJ 17/03/2016.
8. STJ, RHC 27.067, Rel. Min. Jorge Mussi, DJ 16/03/2010; STJ, RHC 25.633, Rel. Min. Felix Fischer, DJ 13/08/2009.
9. STJ, HC 107.564, Rel. Min. Jorge Mussi, DJ 23/06/2009.

3.11. Ação Penal, procedimento e competência

A ação penal é pública incondicionada, cabendo ação penal privada subsidiária da pública em caso de omissão do *parquet* (art. 3º), que deve ser manejada no prazo decadencial de 6 meses.

Trata-se de infração de menor potencial ofensivo (pena máxima de 2 anos), incidindo o procedimento sumaríssimo do Juizado Especial Criminal e todas as medidas despenalizadoras da Lei 9.099/95. Não se aplica a defesa preliminar decorrente do procedimento especial de funcionário público (arts. 513 a 518 do CPP).

Não se admite o acordo de não persecução penal, porquanto cabível a transação penal (art. 28-A, § 2º, I do CPP). Considerando que a pena mínima é de 6 meses, admite-se a suspensão condicional do processo (art. 89 da Lei 9.099/95).

A competência para o processo e julgamento é do Juizado Especial Criminal Estadual, a menos que esteja presente alguma das hipóteses do art. 109 da CF, quando a competência será do Juizado Especial Criminal Federal. Havendo conexão ou continência entre crime estadual e federal, prevalece a Justiça Federal.[10]

3.12. Modelos de Peças Policiais

OFÍCIO DE COMUNICAÇÃO DE PRISÃO EM FLAGRANTE

Ofício nº número Local, data

Exmo. Sr. Juiz,

A Polícia Judiciária, por intermédio do delegado de polícia que ao final subscreve, nos termos do art. 306, §1º do CPP, comunica a V. Exa. a prisão em flagrante delito de nome, por cometimento da infração penal de crime, conforme auto de prisão em flagrante delito e nota de culpa ora encaminhados.

10. Súmula 122 do STJ: Compete à Justiça Federal o processo e julgamento unificado dos crimes conexos de competência federal e estadual, não se aplicando a regra do art. 78, II, a, do Código de Processo Penal.

Quanto à fiança, não foi arbitrada por ser incabível / foi arbitrada e com seu pagamento o preso colocado em liberdade / foi arbitrada porém o autuado persiste preso em razão do não pagamento.

Atenciosamente,

Nome

Delegado de Polícia

OFÍCIO DE COMUNICAÇÃO DE APREENSÃO EM FLAGRANTE

Ofício nº número Local, data

Exmo. Sr. Juiz,

A Polícia Judiciária, por intermédio do delegado de polícia que ao final subscreve, nos termos do art. 107 do ECA, comunica a V. Exa. a apreensão em flagrante delito de nome, por cometimento do ato infracional de crime, conforme auto de apreensão em flagrante delito e nota de pleno e formal conhecimento ora encaminhados.

Ademais, foi colocado em liberdade ante o comparecimento dos pais ou responsável e a ausência dos requisitos de permanência em internação / foi mantido em internação para garantia de sua segurança pessoal ou manutenção da ordem pública.

Atenciosamente,

Nome

Delegado de Polícia

OFÍCIO DE COMUNICAÇÃO DE PRISÃO PREVENTIVA

Ofício nº número Local, data

Exmo. Sr. Juiz,

A Polícia Judiciária, por intermédio do delegado de polícia que ao final subscreve, nos termos art. 289-A, §3º do CPP, comunica a V. Exa. a prisão preventiva de nome, em cumprimento ao mandado judicial emitido pelo órgão, tendo sido entregue ao preso uma via do mandado, e a outra encaminhada neste ato com a assinatura do preso.

Atenciosamente,

Nome

Delegado de Polícia

OFÍCIO DE COMUNICAÇÃO DE PRISÃO TEMPORÁRIA

Ofício nº número Local, data

Exmo. Sr. Juiz,

A Polícia Judiciária, por intermédio do delegado de polícia que ao final subscreve, nos termos art. 5º, LXII da CF, comunica a V. Exa. a prisão temporária de nome, em cumprimento ao mandado judicial emitido pelo órgão, tendo sido entregue ao preso uma via do mandado, e a outra encaminhada neste ato com a assinatura do preso.

Atenciosamente,

Nome

Delegado de Polícia

NOTA DE CULPA

Às horário do dia data, na Delegacia de Polícia de local, o delegado de polícia nome, após decretar a custódia flagrancial de nome, determinou sua cientificação, mediante entrega de via desta nota dentro do prazo de 24 horas da sua captura, de que foi preso em flagrante pela prática de crime, sendo condutor nome e testemunha nome, todos qualificados no auto de prisão em flagrante delito. Nada mais havendo, encerra-se este auto às horário.

nome
Delegado de Polícia

nome
Escrivão de Polícia

Nome
Conduzido

CERTIDÃO DE COMUNICAÇÃO DE PRISÃO EM FLAGRANTE À FAMÍLIA OU PESSOA INDICADA PELO PRESO

Certifico, no uso de minhas atribuições legais, que, às horário do dia data, na Delegacia de Polícia de local, o preso nome foi cientificado do direito de sua prisão em flagrante ser comunicada a familiar ou outra pessoa indicada, tendo indicado nome para ser contactado por meio do telefone número, o que foi feito às horário.

O referido é verdade e dou fé.

Nome
Escrivão de Polícia

CERTIDÃO DE AUSÊNCIA DE COMUNICAÇÃO DE PRISÃO EM FLAGRANTE À FAMÍLIA OU PESSOA INDICADA PELO PRESO

Certifico, no uso de minhas atribuições legais, que, às horário do dia data, na Delegacia de Polícia de local, o preso nome foi cientificado do direito de sua prisão em flagrante ser comunicada a familiar ou outra pessoa indicada, não tendo indicado qualquer pessoa / tendo indicado nome porém não telefone / tendo indicado nome para ser contactado por meio do telefone número, porém as chamadas não foram atendidas.

O referido é verdade e dou fé.

Nome

Escrivão de Polícia

CERTIDÃO DE COLOCAÇÃO DE PRESO TEMPORÁRIO EM LIBERDADE

Certifico, no uso de minhas atribuições legais, que esgotado o prazo de número dias de prisão temporária definido no mandado judicial, às horário do dia data, nome foi colocado em liberdade imediatamente após cumpridos os trâmites burocráticos mínimos, consistentes na conferência da autenticidade do documento, registro no sistema de informação, pesquisa e confirmação de inexistência de outra ordem de prisão em vigor, bem como inspeção física do preso, respeitado o procedimento e horário necessários à prevenção de risco à integridade física própria e de terceiros, tudo dentro do prazo de 24 horas estipulado no art. 1º da Resolução 108/2010 do Conselho Nacional de Justiça.

O referido é verdade e dou fé.

Nome

Policial

CERTIDÃO DE CUMPRIMENTO DE ALVARÁ DE SOLTURA

Certifico, no uso de minhas atribuições legais, que às horário do dia data, foi dado cumprimento ao alvará de soltura em favor de nome, que foi colocado em liberdade imediatamente após cumpridos os trâmites burocráticos mínimos, consistentes na conferência da autenticidade do documento, registro no sistema de informação, pesquisa e confirmação de inexistência de outra ordem de prisão em vigor, bem como inspeção física do preso, respeitado o procedimento e horário necessários à prevenção de risco à integridade física própria e de terceiros, tudo dentro do prazo de 24 horas estipulado no art. 1º da Resolução 108/2010 do Conselho Nacional de Justiça.

O referido é verdade e dou fé.

Nome

Policial

Capítulo 4

Constrangimento de preso a exibição do corpo, vexame ou produção de prova

4.1. Dispositivo legal

Figura simples	Art. 13. Constranger o preso ou o detento, mediante violência, grave ameaça ou redução de sua capacidade de resistência, a: I - exibir-se ou ter seu corpo ou parte dele exibido à curiosidade pública; II - submeter-se a situação vexatória ou a constrangimento não autorizado em lei; III - produzir prova contra si mesmo ou contra terceiro: Pena - detenção, de 1 (um) a 4 (quatro) anos, e multa, sem prejuízo da pena cominada à violência.

4.2. Classificação

Crime de constrangimento de preso a exibição do corpo, vexame ou produção de prova	
crime próprio	crime formal
crime unissubjetivo	crime de dano
crime de forma livre	crime comissivo
crime de médio potencial ofensivo	

4.3. Constitucionalidade e veto derrubado

Em uma análise global, a Lei de Abuso de Autoridade é questionável por ter sido feita a toque de caixa, com votação simbólica (e não nominal) e em regime de urgência, com parco debate (exatamente o oposto que deve ocorrer no devido processo legislativo), e também por ter o legislador escolhido alvos preferenciais para sofrer incidência dos tipos penais (o que não se coaduna com o princípio da impessoalidade - art. 37 da CF - e pode configurar abuso do poder de legislar). Mas também merece registro análise específica quanto a este delito.

Causa estranheza a pena máxima de 4 anos para quem divulga imagem de preso, sabendo que quem mata alguém culposamente merece pena máxima de 3 anos (art. 121, §4º do CP). O legislador deve obediência ao princípio da proporcionalidade (art. 5º, LIV da CF), que lhe proíbe o excesso.

O art. 13, III havia sido vetado, mas o Congresso houve por bem derrubá-lo. Nas razões do veto presidencial consta que "gera insegurança jurídica, pois o princípio da não produção de prova contra si mesmo não é absoluto como nos casos em que se demanda apenas uma cooperação meramente passiva do investigado. Neste sentido, o dispositivo proposto contraria o sistema jurídico nacional ao criminalizar condutas legítimas, como a identificação criminal por datiloscopia, biometria e submissão obrigatória de perfil genético (DNA) de condenados, nos termos da Lei nº 12.037, de 2009."

4.4. Bem Jurídico Tutelado

Assim como os demais delitos de abuso de autoridade, cuida-se de crime pluriofensivo, havendo 2 bens jurídicos protegidos.

De forma imediata ou principal temos a proteção dos direitos e garantias fundamentais das pessoas físicas e jurídicas, nesse caso especificamente a integridade moral (art. 5º, XLIX da CF) e a honra e imagem (art. 5º, X da CF).

O bem jurídico tutelado de maneira mediata ou secundária é a normalidade e a regularidade dos serviços públicos, isto é, o bom funcionamento do Estado.

4.5. Sujeito Ativo

Vimos que o crime de abuso de autoridade, como regra, é classificado como próprio quanto ao sujeito ativo (arts. 1º e 2º). O tipo penal em estudo também caminha nesse sentido. Trata-se de crime próprio, que só pode ser cometido por aqueles que exercem cuidado, guarda, vigilância ou autoridade em face de presos ou de detentos.

É perfeitamente possível a participação, em qualquer modalidade (induzimento, instigação ou auxílio) de pessoas que não ostentem as características próprias exigidas pelo crime em análise. Admite-se, também, a coautoria quando o constrangimento do preso deriva da vontade de múltiplos agentes, mesmo que somente um deles seja dotado da qualidade especial exigida pelo tipo, a exemplo do conluio de um policial civil e de um agente de segurança de estabelecimento privado no constrangimento de preso, mediante grave ameaça, a exibir-se à curiosidade pública, por mero capricho.

4.6. Sujeito Passivo

O crime de abuso de autoridade tem dupla subjetividade passiva.

O sujeito passivo imediato ou principal é a pessoa física (preso ou detento) que sofre a conduta abusiva.

O sujeito passivo mediato ou secundário é o Estado (que também pode ser chamado de Administração Pública).

4.7. Conflito Aparente de Leis Penais

O conflito aparente de leis penais deve ser dirimido pelo princípio da especialidade, levando-se em consideração os elementos especiais de cada tipo penal.

Constrangimento de criança ou adolescente sob autoridade ou guarda

Constrangimento de preso a vexame	**Constrangimento de criança ou adolescente sob autoridade ou guarda**
art. 13, II da Lei 13.869/19	art. 232 do ECA
constranger mediante violência, grave ameaça ou redução de sua capacidade de resistência, a submeter-se a situação vexatória ou a constrangimento não autorizado em lei	submeter a vexame ou constrangimento
vítima preso	vítima criança ou adolescente
pena de 1 a 4 anos, e multa, sem prejuízo da pena cominada à violência	pena de 6 meses a 2 anos

Tortura-prova

Constrangimento de preso a produção de prova	Tortura-prova
art. 13, II da Lei 13.869/19	art. 1º, I, a da Lei 9.455/97
constranger mediante violência, grave ameaça ou redução de sua capacidade de resistência, a produzir prova contra si mesmo ou contra terceiro	constranger com emprego de violência ou grave ameaça, causando-lhe sofrimento físico ou mental, com o fim de obter informação, declaração ou confissão da vítima ou de terceira pessoa
vítima preso	vítima qualquer pessoa
pena de 1 a 4 anos, e multa, sem prejuízo da pena cominada à violência	pena de 2 a 8 anos
não hediondo	hediondo

Antecipação de culpa por meio de comunicação

Constrangimento de preso a exibição do corpo	Antecipação de culpa por meio de comunicação
art. 13, I da Lei 13.869/19	art. 38 da Lei 13.869/19
constranger a exibir-se ou ter seu corpo ou parte dele exibido à curiosidade pública	antecipar, atribuição de culpa antes de concluídas as apurações e formalizada a acusação
mediante violência, grave ameaça ou redução de sua capacidade de resistência	por meio de comunicação
vítima preso	vítima solto ou preso
pena de 1 a 4 anos, e multa, sem prejuízo da pena cominada à violência	pena de 6 meses a 2 anos, e multa

4.8. Conduta (Tipo Objetivo)

O texto legal criminaliza a conduta de *constranger o preso ou o detento, mediante violência, grave ameaça ou redução de sua capacidade de resistência,* a ter prejudicados seus direitos a imagem e honra, ou de não produzir prova contra si mesmo.

Vejamos aspectos gerais sobre os direitos protegidos pelo tipo penal, para em seguida examinarmos as minúcias das condutas incriminadas.

Direitos do preso e direitos da sociedade

De um lado, possuem alta envergadura os direitos constitucionais da pessoa à integridade moral, à honra e imagem (art. 5º, XLIX e X da CF), bem como a presunção de inocência (art. 5º, LVII da CF). A Lei de Execução Penal e o Código Penal reiteram a proteção à integridade moral do preso, afirmando ser direito do preso a proteção contra qualquer forma de sensacionalismo (arts. 40 e 41, VIII da Lei 7.210/84 e art. 38 do CP).

De outro flanco, com igual importância estão estampados na Constituição o princípio da publicidade (arts. 5º, LX e 37 da CF), o direito de acesso à informação (art. 5º, XIV da CF), a liberdade de imprensa (art. 220 da CF) e o direito à segurança pública (art. 144 da CF). O Código Civil vaticina que a exposição da imagem da pessoa é lícita se se necessária à administração da justiça ou à manutenção da ordem pública (art. 20 do CC), e a Lei de Acesso à Informação que a divulgação das informações pessoais pode se dar para proteção do interesse público e geral preponderante, e não prejudicar apuração de irregularidades em que estiver envolvido (art. 31 da Lei 12.527/11).

Com efeito, considerada a relatividade dos direitos fundamentais, sua colisão deve ser solucionada pela técnica da ponderação no caso concreto, aplicando-se o princípio da proporcionalidade.[1] Daí a lição do Supremo Tribunal Federal:

> Não há, no sistema constitucional brasileiro, direitos ou garantias que se revistam de caráter absoluto, mesmo porque razões de relevante interesse público ou exigências derivadas do princípio de convivência das liberdades legitimam, ainda que excepcionalmente, a adoção, por parte dos órgãos estatais, de medidas restritivas das prerrogativas individuais ou coletivas, desde que respeitados os termos estabelecidos pela própria Constituição.[2]

Direito a não produzir prova contra si mesmo

Em razão da inexigibilidade de autoincriminação (art. 5º, LXIII da CF e art. 186 do CPP), também conhecida como *nemo tenetur se detegere*, ninguém é obrigado a produzir prova contra si mesmo.

Cuida-se de modalidade de autodefesa passiva, exercida com a inatividade do imputado. Objetiva proteger o indivíduo contra excessos cometidos pelo Estado.[3]

---

1. MARMELSTEIN, George. *Curso de Direitos Fundamentais*. São Paulo: Atlas, 2008, p. 386.
2. STF, MS 23.452, Rel. Min.. Celso de Mello, DJ 16/09/1999.
3. QUEIJO, Maria Elizabeth. *O direito de não produzir prova contra si mesmo*. São Paulo: Saraiva, 2003. p. 55.

O privilégio contra a autoincriminação consiste em garantia de:

a) não ser forçado a adotar comportamento ativo incriminador (ex: reconstituição do crime,[4] bafômetro, perícia grafotécnica,[5] perícia vocal,[6] confissão, acareação, fornecimento de dados sigilosos). O direito ao silêncio (a permanecer calado) decorre da sua não obrigação de adotar postura ativa para incriminar a si próprio;

b) não ser submetido a prova invasiva (ex: exame de sangue, exame de DNA, exame ginecológico ou outro exame que implique em penetração no corpo humano ou extração de alguma parte dele).

Como a Constituição vaticina que *o preso será informado de seus direitos, dentre os quais o de permanecer calado,* é necessária a advertência quanto ao direito ao silêncio (é o chamado aviso de Miranda do direito norte-americano).

Núcleos do tipo

O texto legal criminaliza a conduta de *constranger o preso ou o detento, mediante violência, grave ameaça ou redução de sua capacidade de resistência, a:*

I - exibir-se ou ter seu corpo ou parte dele exibido à curiosidade pública;

II - submeter-se a situação vexatória ou a constrangimento não autorizado em lei;

III - produzir prova contra si mesmo ou contra terceiro.

O ato de *constranger* nada tem a ver com a vergonha ou a humilhação do preso ou do detento. Trata-se de constrangimento real, ou seja, de limitação forçada à liberdade do indivíduo de fazer (ou não fazer) o que deseja. Por isso, o *constrangimento* mencionado no *caput* não pode ser confundido com o *constrangimento* do inciso II, este sim ligado à *vergonha* do preso ou do detento.

O crime não se aperfeiçoa se o constrangimento se der contra investigado ou réu solto, mas apenas *preso ou detento*. Considera-se (a) detento aquele que teve sua liberdade ambulatorial restringida, mas ainda não formalizada (ex: capturado por policial militar, porém sem a prisão em flagrante

4. STF, HC 64.354, Rei. Min. Sydney Sanches, DJ 01/07/1987.
5. STF, HC 77.135, Rei. Min. limar Galvão, DJ 06/11/1998.
6. STF, HC 83.096, Rei. Min. Ellen Gracie, DJ 12/12/2003.

decretada pelo delegado), e (b) preso aquele que teve sua prisão devidamente formalizada, seja decorrente de flagrante, temporária, preventiva ou de sentença penal condenatória irrecorrível.

A conduta é considerada criminosa apenas se houver violência (violência física), grave ameaça (violência moral) ou redução da capacidade de resistência da vítima (violência imprópria). A *vis corporalis* oscila entre graus distintos: desde simples vias de fato até a lesão corporal gravíssima. Não há infração penal, portanto, na simples divulgação de foto do preso.

Nessa esteira, por inexistir violência ou ameaça, é fato atípico, com relação ao inciso I, a divulgação da imagem do preso (ainda que sem interesse público) por: (a) publicação de foto; (b) captação de imagem pela imprensa em local público, seja no trajeto à delegacia de polícia, seja na área aberta ao público da unidade policial.

De outra banda, pode se falar em delito, se presente o elemento subjetivo especial, quando a divulgação da imagem do custodiado se der pelo seu posicionamento para as câmeras da imprensa (ainda que de cabeça baixa ou de costas), se forçado, ameaçado ou algemado (com capacidade de resistência diminuída).

Como visto, são 3 os meios de execução desse crime: a) exibição do corpo do preso ou do detento; b) submissão a situação vexatória ou a constrangimento não autorizado em lei; c) produção de prova contra si mesmo ou contra terceiro. Os 2 primeiros protegem a privacidade, imagem e honra do preso (razão pela qual serão estudados em conjunto), enquanto o último salvaguarda a inexigibilidade de autoincriminação.

Submissão a situação vexatória ou a constrangimento não autorizado em lei, e exibição do corpo

Configura abuso de autoridade, por afronta ao art. 13, II da Lei 13.869/19, a ação violenta de agente público que acarrete no preso sentimento de humilhação e desonra, se presente ao menos um dos elementos subjetivos específicos da norma de extensão (art. 1º, §1º). Exemplos são forçar o preso a gravar vídeo chorando e pedindo desculpas à Polícia Militar, a ficar nu ou a vestir uma roupa ridícula.

Não há que se falar em constrangimento não autorizado em lei pelo tão só fato de ser submetido a (a) algemamento permitido (súmula vinculante 11 do STF), ou mesmo (b) a sanções disciplinares em razão da prática de infrações (art. 53 da Lei de Execução Penal), a exemplo do regime disciplinar diferenciado (art. 52 da LEP).

De outro lado, caracteriza abuso de autoridade, por violação ao art. 13, I da Lei 13.869/19, constranger o preso, mediante violência, a exibir-se ou ter seu corpo ou parte dele exibido à curiosidade pública.

O fato de o policial utilizar-se de violência para mostrar o rosto de um criminoso, quando de sua captura, em face dos reclamos do povo que deseja seja ele exposto à execração pública (geralmente por meio da imprensa), pode configurar o crime, desde que presente ao menos um dos elementos subjetivos específicos da norma de extensão (art. 1º, §1º). Não é aceitável apresentar o preso como troféu, para satisfação da sanha populista e da autopromoção do agente público, pois ainda que não haja futura absolvição, a pena a ser imposta é no máximo de prisão, e não de execração pública.

Sobre o assunto, estabelece o CPP:

> Art. 3º-F. O juiz das garantias deverá assegurar o cumprimento das regras para o tratamento dos presos, impedindo o acordo ou ajuste de qualquer autoridade com órgãos da imprensa para explorar a imagem da pessoa submetida à prisão, sob pena de responsabilidade civil, administrativa e penal.
>
> Parágrafo único. Por meio de regulamento, as autoridades deverão disciplinar, em 180 (cento e oitenta) dias, o modo pelo qual as informações sobre a realização da prisão e a identidade do preso serão, de modo padronizado e respeitada a programação normativa aludida no caput deste artigo, transmitidas à imprensa, assegurados a efetividade da persecução penal, o direito à informação e a dignidade da pessoa submetida à prisão.

Nota-se que o delito não se aperfeiçoa quando houver autorização do preso, ou quando houver justificativa de interesse público (*assegurados a efetividade da persecução penal e o direito à informação*), pois o que se veda é a mera *apresentação* do custodiado sem justificativa alguma (exibição do preso à *curiosidade pública).*

Destarte, é fato atípico a divulgação da imagem do preso buscando proteger a eficiência da segurança pública, para (a) capturar evadido com mandado de prisão em aberto, (b) facilitar a identificação do criminoso por outras vítimas (garantindo a efetividade da persecução penal para desvendar outras infrações penais) ou (c) prestar contas (*accountability*) e possibilitar o escrutínio público sobre a atuação dos órgãos de persecução criminal, notadamente quando se tratar de crimes graves ou cometidos por autoridades (possibilitando o direito à informação).

A legislação faz essas ressalvas:

> Código Civil, Art. 20. Salvo se autorizadas, ou se necessárias à administração da justiça ou à manutenção da ordem pública, a divulgação de escritos, a transmissão da palavra, ou a publicação, a exposição ou a utilização da imagem de uma pessoa poderão ser proibidas, a seu requerimento e sem prejuízo da indenização que couber, se lhe atingirem a honra, a boa fama ou a respeitabilidade, ou se se destinarem a fins comerciais.
>
> Lei 12.527/11, Art. 31. O tratamento das informações pessoais deve ser feito de forma transparente e com respeito à intimidade, vida privada, honra e imagem das pessoas, bem como às liberdades e garantias individuais.
>
> § 1º As informações pessoais, a que se refere este artigo, relativas à intimidade, vida privada, honra e imagem:
>
> II - poderão ter autorizada sua divulgação ou acesso por terceiros diante de previsão legal ou consentimento expresso da pessoa a que elas se referirem.
>
> § 3º O consentimento referido no inciso II do § 1º não será exigido quando as informações forem necessárias:
>
> V - à proteção do interesse público e geral preponderante.
>
> § 4º A restrição de acesso à informação relativa à vida privada, honra e imagem de pessoa não poderá ser invocada com o intuito de prejudicar processo de apuração de irregularidades em que o titular das informações estiver envolvido, bem como em ações voltadas para a recuperação de fatos históricos de maior relevância.

Em linha semelhante a jurisprudência:

> A honra e imagem dos cidadãos não são violados quando se divulgam informações verdadeiras e fidedignas a seu respeito e que, além disso, são do interesse público. (...) A diligência que se deve exigir da imprensa, de verificar a informação antes de divulgá-la, não pode chegar ao ponto de que notícias não possam ser veiculadas até que haja certeza plena e absoluta da sua veracidade. O processo de divulgação de informações satisfaz verdadeiro interesse público, devendo ser célere e eficaz, razão pela qual não se coaduna com rigorismos próprios de um procedimento judicial, no qual se exige cognição plena e exauriente acerca dos fatos analisados.[7]
>
> O direito de informação, constitucionalmente garantido, contém a liberdade de informar, de se informar e de ser informado. O primeiro refere-se à formação da opinião pública, considerado cada qual dos cidadãos que pode receber livremente dados sobre assuntos de interesse da coletividade e sobre as pessoas cujas ações, público-estatais ou público-sociais,

7. STJ, AgRg no AREsp 163.884, Rel. Min. Marco Buzzi, DJ 23/10/2014.

> interferem em sua esfera do acervo do direito de saber, de aprender sobre temas relacionados a suas legítimas cogitações.[8]

Por fim, não há que se falar em crime quando não houver divulgação da imagem do preso e tampouco imposição de situação de vexame, como na hipótese de divulgação apenas do nome do investigado.[9]

Produção de prova contra si mesmo ou contra terceiro

O art. 13, III da Lei de Abuso de Autoridade havia sido vetado, por gerar insegurança jurídica, pois "o princípio da não produção de prova contra si mesmo não é absoluto como nos casos em que se demanda apenas uma cooperação meramente passiva do investigado". No entanto, o Congresso Nacional rejeitou o veto.

Não afronta o privilégio contra a autoincriminação, e por isso não configura crime por parte do agente público, submeter o cidadão à identificação e à produção de prova que não exija comportamento ativo incriminador nem configure prova invasiva. Nesse panorama, são autorizados:

a) identificação civil (apresentação de documento e fornecimento de dados sobre identificação), sob pena de o cidadão incorrer na contravenção penal do art. 68 da Lei de Contravenções Penais, ou ainda no crime de falsa identidade (art. 307 do CP - súmula 522 do STJ);

b) identificação criminal (art. 3º da Lei 12.037/09), sob pena de o cidadão responder pelo crime de desobediência (art. 330 do CP);

c) reconhecimento pessoal (art. 260, 2ª parte do CPP);

d) acesso aos dados sigilosos não protegidos por reserva de jurisdição (não exigem autorização judicial), como os dados cadastrais (qualificação - art. 2º, §2º da Lei 12.830/13, art. 15 da Lei 12.850/13, art. 17-B da Lei 9.613/98, art. 10, §3º da Lei 12.965/14 e art. 13-A do CPP) e dados telefônicos (agenda e histórico de chamadas, e não as mensagens, que configuram dados telemáticos - art. 7º, III da Lei 12.965/14).

Vale sublinhar que o tipo penal foi além e criminalizou a conduta de constranger alguém com a finalidade de produzir prova contra terceiro, por ter o legislador considerado grave a violência para produção dessa prova ilícita.

---

8. STF, ADI 4.815, Rel. Min. Cármen Lúcia, DJ 10/06/015.
9. SILVA NETO, Manoel Jorge. *Curso de Direito Constitucional*. Rio de Janeiro: Lumen Juris, 2006, p. 523.

O constrangimento ao cumprimento do acordo de colaboração premiada, nos estritos termos pactuados, não é suficiente para a incidência do referido tipo legal incriminador, porquanto tais obrigações derivam da vontade dos contratantes e são delimitadas material e formalmente pela própria lei.

Por fim, registre-se que se a conduta consistir em prosseguir com o interrogatório de pessoa que tenha decidido exercer o direito ao silêncio, consuma-se o delito do art. 15, parágrafo único, I da Lei de Abuso de Autoridade, não sendo preciso nesse caso o emprego de violência ou tampouco a efetiva obtenção da confissão.

4.9. Elemento Subjetivo (Tipo Subjetivo)

O elemento subjetivo geral no abuso de autoridade é o dolo. Não há abuso de autoridade culposo. Mas não basta o dolo de praticar a conduta típica de abuso, sendo preciso o *animus abutendi*. O agente público deve agir com a finalidade específica (elemento subjetivo especial) de, alternativamente (art. 1º, §1º): (a) prejudicar outrem, (b) beneficiar a si mesmo ou a terceiro, (c) por mero capricho, ou (d) por satisfação pessoal.

Não se vislumbra compatibilidade com o dolo eventual, pois a finalidade específica exigida do agente só pode ser atingida com vontade, e não com mera assunção do risco de atingir o resultado.

Claro que a presunção é de que o agente atua com boa-fé, cabendo a quem alega má-fé comprová-la com elementos concretos e não meras suposições. Portanto, não comete abuso de autoridade o agente que errar ou atuar com desídia.

Grife-se ainda que a divergência na interpretação de lei ou na avaliação de fatos e provas não configura abuso de autoridade (art. 1º, §2º), vedando-se o crime de hermenêutica.

4.10. Consumação e Tentativa

O crime é material, consumando-se no instante em que o agente, após constranger o preso ou o detento, mediante violência, grave ameaça ou redução de sua capacidade de resistência (violência imprópria) faz com que ele:

a) se exiba ou tenha seu corpo ou parte dele exibido à curiosidade pública;

b) se submeta a situação vexatória ou a constrangimento não autorizado por lei;

c) produza prova contra si mesmo ou contra terceiro.

Admite-se a tentativa, pois o crime é plurissubsitente ("iter criminis" fracionável).

4.11. Ação Penal, procedimento e competência

A ação penal é pública incondicionada, cabendo ação penal privada subsidiária da pública em caso de omissão do *parquet* (art. 3º), que deve ser manejada no prazo decadencial de 6 meses.

Trata-se de infração de médio potencial ofensivo (pena máxima de 4 anos), o que faz incidir o procedimento comum ordinário (arts. 394 a 405 do CPP). Isso quer dizer que cabe a prisão em flagrante (não bastando a indicação da conduta típica, sendo imprescindível a demonstração inequívoca do elemento subjetivo), com consequente instauração de inquérito policial.

Por se tratar de crime funcional afiançável, incide a defesa preliminar decorrente do procedimento especial de funcionário público (arts. 513 a 518 do CPP), exceto se o agente ostentar foro por prerrogativa de função ou se se tratar de infração de menor potencial ofensivo.

Considerando que a pena mínima é de 1 ano, admite-se o acordo de não persecução penal (art. 28-A do CPP), ou caso não proposto a suspensão condicional do processo (art. 89 da Lei 9.099/95).

A competência para o processo e julgamento é da Justiça Estadual, a menos que presente alguma das hipóteses do art. 109 da CF, quando a competência será da Justiça Federal. Havendo conexão ou continência entre crime estadual e federal, prevalece a Justiça Federal.[10]

4.12. Modelos de Peças Policiais

TERMO DE CONSENTIMENTO DE UTILIZAÇÃO DE IMAGEM

Às horário do dia data, na Delegacia de Polícia de local, nome, investigado nos autos do inquérito policial número, cientificado de seus direitos constitucionais, notadamente à imagem e honra, voluntariamente consentiu com a utilização de sua imagem pela imprensa para noticiar a atuação do Estado na apuração da infração penal da qual é suspeito.

10. Súmula 122 do STJ: Compete à Justiça Federal o processo e julgamento unifi cado dos crimes conexos de competência federal e estadual, não se aplicando a regra do art. 78, II, a, do Código de Processo Penal.

Nada mais havendo, encerra-se este termo às horário.

nome	nome
Suspeito	Escrivão de Polícia

DECISÃO DE PUBLICIDADE DE NOME E IMAGEM DO INVESTIGADO

A Polícia Judiciária, por intermédio do delegado de polícia que ao final subscreve, no uso das atribuições conferidas pelo art. 144 da Constituição Federal e dos dispositivos do Código de Processo Penal, Lei 12.830/13, Código Civil, Lei 13.869/19 e demais diplomas legais correlatos, profere a seguinte decisão.

O presente procedimento policial apura a infração penal de crime, em tese praticada pelo suspeito nome contra a vítima nome.

É indubitável que possuem alta envergadura os direitos constitucionais do preso à integridade moral, à honra e imagem (art. 5º, XLIX e X da CF), bem como a presunção de inocência (art. 5º, LVII da CF). A Lei de Execução Penal e o Código Penal reiteram a proteção à integridade moral do custodiado, afirmando ser direito do preso a proteção contra qualquer forma de sensacionalismo (arts. 40 e 41, VIII da Lei 7.210/84 e art. 38 do CP).

De outro flanco, com igual importância está estampada na Constituição o princípio da publicidade (arts. 5º, LX e 37 da CF), o direito de acesso à informação (art. 5º, XIV da CF), a liberdade de imprensa (art. 220 da CF) e o direito à segurança pública (art. 144 da CF).

Conquanto seja crime o constrangimento do preso (com violência ou grave ameaça) a exibir seu corpo à curiosidade pública (art. 13, I da Lei de Abuso de Autoridade), a divulgação da imagem é lícita não apenas mediante consentimento do preso, mas também para assegurar a efetividade da persecução penal e o direito à informação. Isso porque o que se veda é a mera apresentação violenta do custodiado sem justificativa alguma (exibição do preso à curiosidade pública), e não por justificativa de interesse público (art. 3º-F, parágrafo único do CPP).

Na mesma linha, o Código Civil vaticina que a exposição da imagem da pessoa é lícita se necessária à administração da justiça ou à manutenção da ordem pública (art. 20 do CC), e a Lei de Acesso à Informação que a divulgação das informações pessoais pode se dar para proteção do interesse público e geral preponderante, e não prejudicar apuração de irregularidades em que estiver envolvido (art. 31 da Lei 12.527/11).

Em sentido semelhante a jurisprudência ensina que "a honra e imagem dos cidadãos não são violados quando se divulgam informações verdadeiras e fidedignas a seu respeito e que, além disso, são do interesse público. (...) O processo de divulgação de informações satisfaz verdadeiro interesse público, devendo ser célere e eficaz, razão pela qual não se coaduna com rigorismos próprios de um procedimento judicial, no qual se exige cognição plena e exauriente acerca dos fatos analisados". (STF, AgRg no AREsp 163.884). Em sentido semelhante, afirma que "o direito de informação, constitucionalmente garantido, contém a liberdade de informar, de se informar e de ser informado. O primeiro refere-se à formação da opinião pública, considerado cada qual dos cidadãos que pode receber livremente dados sobre assuntos de interesse da coletividade e sobre as pessoas cujas ações, público-estatais ou público-sociais, interferem em sua esfera do acervo do direito de saber, de aprender sobre temas relacionados a suas legítimas cogitações" (STF, STF, ADI 4.815).

Com efeito, é perfeitamente possível a divulgação do preso (nome e imagem) buscando proteger a segurança pública, para (a) capturar evadido com mandado de prisão em aberto, (b) facilitar a identificação do criminoso por outras vítimas (garantindo a efetividade da persecução penal para desvendar outras infrações penais) ou (c) prestar contas (*accountability*) e possibilitar o escrutínio público sobre a atuação dos órgãos de persecução criminal, notadamente quando se tratar de crimes graves ou cometidos por autoridades (possibilitando o direito à informação).

Destarte, a Polícia Judiciária, por meio do delegado de polícia signatário, mediante análise técnico-jurídica do fato, no exercício das funções de natureza jurídica, essenciais e exclusivas de Estado (art. 2º, *caput* da Lei 12.830/13), autoriza o fornecimento de imagens do suspeito para a imprensa, para possibilitar a captura do evadido com mandado de prisão em aberto / identificação do criminoso por outras vítimas / prestação de contas e escrutínio público sobre a atuação do Estado na investigação criminal.

Local, data

Nome

Delegado de Polícia

Capítulo 5

Constrangimento a depoimento ou prosseguimento indevido de interrogatório

5.1. Dispositivo legal

Figura simples	Art. 15. Constranger a depor, sob ameaça de prisão, pessoa que, em razão de função, ministério, ofício ou profissão, deva guardar segredo ou resguardar sigilo: Pena - detenção, de 1 (um) a 4 (quatro) anos, e multa.
Figura equiparada	Parágrafo único. Incorre na mesma pena quem prossegue com o interrogatório: I - de pessoa que tenha decidido exercer o direito ao silêncio; ou II - de pessoa que tenha optado por ser assistida por advogado ou defensor público, sem a presença de seu patrono.

5.2. Classificação

Crime de constrangimento a depoimento ou prosseguimento indevido de interrogatório	
crime bipróprio	crime formal
crime unissubjetivo	crime de dano
crime de forma livre	crime comissivo
crime de médio potencial ofensivo	

5.3. Constitucionalidade e veto derrubado

Em uma análise global, a Lei de Abuso de Autoridade é questionável por ter sido feita a toque de caixa, com votação simbólica (e não nominal) e em regime de urgência, com parco debate (exatamente o oposto que deve ocorrer no devido processo legislativo), e também por ter o legislador escolhido alvos preferenciais para sofrer incidência dos tipos penais (o que não se coaduna com o princípio da impessoalidade - art. 37 da CF - e pode configurar abuso do poder de legislar). Mas também merece registro análise específica quanto a este delito.

Causa estranheza a pena máxima de 4 anos para quem prossegue com interrogatório sem violência ou grave ameaça, sabendo que quem mata alguém culposamente merece pena máxima de 3 anos (art. 121, §4º do CP). O legislador deve obediência ao princípio da proporcionalidade (art. 5º, LIV da CF), que lhe proíbe o excesso.

Ademais, o princípio da intervenção mínima ficou sob risco. Prosseguir com interrogatório sem a presença do advogado, sem qualquer violência ou grave ameaça, deveria gerar repercussão apenas no Direito Administrativo Disciplinar. O Direito Penal somente deve ser utilizado como forma de controle quando os demais instrumentos menos gravosos tenham sido esgotados. Transformar infração disciplinar em crime, sob pena de prisão, não é salutar. Vale ressaltar que apenas o militarismo, por suas circunstâncias bem específicas (atuação na guerra) admite prisão por infração disciplinar, sanção esta abolida mesmo para os militares estaduais (art. 18, VII do Decreto-Lei 667/69).

O art. 15, parágrafo único, I e II havia sofrido veto, mas o Congresso houve por bem derrubá-lo. Nas razões do veto presidencial consta que "gera insegurança jurídica e contraria o interesse público ao penalizar o agente pelo mero prosseguimento do interrogatório de pessoa que tenha decidido exercer o direito ao silêncio, embora o interrogatório seja oportunidade de defesa, pode ser conveniente à pessoa o conhecimento das perguntas formuladas, bem como exercer o silêncio apenas em algumas questões, respondendo voluntariamente às demais, cuja resposta, a seu exclusivo juízo, lhe favoreçam. Além disso, a falta de assistência por advogado ou defensor público durante o interrogatório não deve ser criminalizada, uma vez que se trata de procedimento administrativo de natureza inquisitiva e não configura falta de defesa ao indivíduo."

O que causa certo espanto, pois foi mantido o veto a um tipo penal correlato, a saber, uso ilegal de algemas (art. 17), em cuja justificativa constou que "gera insegurança jurídica por encerrar tipo penal aberto e que comporta interpretação. Ademais, há ofensa ao princípio da intervenção mínima, para o qual o Direito Penal só deve ser aplicado quando estritamente necessário".

5.4. Bem Jurídico Tutelado

Como todo crime de abuso de autoridade, trata-se de crime pluriofensivo, existindo 2 bens jurídicos tutelados.

De forma imediata ou principal temos a proteção dos direitos e garantias fundamentais das pessoas físicas e jurídicas, nesse caso especificamente a liberdade individual (art. 5º, II da CF), mais detidamente no que toca ao sigilo médico (art. 207 do CPP) - que protege a intimidade e vida privada do paciente.

O bem jurídico tutelado de maneira mediata ou secundária é a normalidade e a regularidade dos serviços públicos, isto é, o bom funcionamento do Estado.

5.5. Sujeito Ativo

Vimos que o crime de abuso de autoridade, como regra, é classificado como próprio quanto ao sujeito ativo (arts. 1º e 2º). No presente caso, trata-se de crime bipróprio, já que o tipo penal exige uma qualidade especial do sujeito ativo (ser agente público ou autoridade) e do sujeito passivo (estar sujeito ao dever de sigilo em razão da função, ofício ou profissão).

É perfeitamente possível a participação, em qualquer modalidade (induzimento, instigação ou auxílio) de pessoas que não ostentem as características próprias exigidas pelo crime em análise. Admite-se, ainda, a coautoria quando o constrangimento deriva da vontade de múltiplos agentes, mesmo que nem todos sejam dotados da qualidade especial exigida pelo tipo.

5.6. Sujeito Passivo

O crime de abuso de autoridade tem dupla subjetividade passiva.

O sujeito passivo imediato ou principal é a pessoa física (pessoa interessada no sigilo da informação), bem como o do próprio profissional que está desincumbido de prestá-la, que sofrem a conduta abusiva. Estamos diante de crime bipróprio, já que o tipo penal exige que o sujeito ativo seja agente público ou autoridade, mas também que o sujeito passivo detenha características especiais (estar sujeito ao dever de sigilo em razão da função, ministério, ofício ou profissão).

O sujeito passivo mediato ou secundário é o Estado (que também pode ser chamado de Administração Pública).

5.7. Conduta (Tipo Objetivo)

5.7.1. Figura simples

O texto legal criminalizou a conduta de *constranger a depor, sob ameaça de prisão, pessoa que, em razão de função, ministério, ofício ou profissão, deva guardar segredo ou resguardar sigilo.*

Sigilo profissional e proibição de depor como testemunha

A regra geral é que toda pessoa pode ser testemunha, devendo assumir o compromisso de dizer a verdade (arts. 202 e 203 do CPP). Contudo, existem pessoas que podem se eximir de depor (parentes - art. 206 do CPP) ou são até mesmo proibidas de depor (profissionais que devem guardar sigilo - art. 207 do CPP).

Com relação à proibição de depor como testemunha, é salutar a proteção do sigilo de certas profissões, pois necessário para se tutelar a confiança exigida de certas categorias. Se houvesse risco de exposição da intimidade e vida privada, as pessoas não transmitiriam as informações ao profissional, inviabilizando o tratamento ou prestação do serviço.

Nessa esteira, o CPP anuncia que certas pessoas devem guardar segredo ou resguardar sigilo:

> Art. 207. São proibidas de depor as pessoas que, em razão de função, ministério, ofício ou profissão, devam guardar segredo, salvo se, desobrigadas pela parte interessada, quiserem dar o seu testemunho.

Os profissionais englobados pelo sigilo são indicados em diversas normas constitucionais, legais e infralegais, a exemplo do (a) parlamentar (art. 53, §3º da CF), (b) advogado (art. 7º, XIX da Lei 8.906/94), (c) médico (art. 73 do Código de Ética Médica - Resolução 1.931/09 do Conselho Federal de Medicina) e (d) padre (art. 983, §1º do Código Canônico). O art. 15 da Lei de Abuso de Autoridade constitui norma penal em branco, na medida em que é preciso se socorrer de diversos diplomas legais que regulamentam as inúmeras profissões, a fim de se verificar se a pessoa está obrigada ou não a depor.

Note que o impedimento não é absoluto, pois referidas pessoas podem ser desobrigadas pela parte interessada no resguardo da informação. Nesse caso, por óbvio, não há que se falar em constrangimento se o profissional optar por dar seu testemunho.

Constrangimento sob ameaça de prisão

O constrangimento aqui não diz respeito à vergonha, humilhação, ou embaraço, mas, sim, à realização de ato em relação ao qual o profissional não possa ou não deseja fazê-lo. Ademais, no *caput*, o silêncio é funcional, diferentemente do inciso I do parágrafo único, que é faculdade do investigado e não guarda relação com sua profissão.

O delito somente se aperfeiçoa se o constrangimento a depor se der mediante ameaça de prisão, não bastando qualquer tipo de admoestação. Se a ameaça for de morte, por exemplo, não incide tal infração penal, podendo incidir o crime de coação no curso do processo, previsto no art. 344 do Código Penal.

Na expedição de intimação para depoimento, a mera menção do crime de desobediência constante no mandado não pode ser vista como hábil a configurar a *ameaça de prisão* (elementar do tipo) e, portanto, promover a subsunção ao crime. Até porque, a menção do dispositivo legal do delito de desobediência no bojo dos mandados apenas adverte o intimado sobre hipotéticas consequências jurídicas, previstas na própria legislação (art. 219 do CPP, por exemplo), no caso de desatendimento dos imperativos legais.

Expedição de ofício com requisição de informações

Não se pode confundir a expedição de ofício de requisição de informações com o constrangimento a depor, sob ameaça de prisão, o que caracterizaria analogia *in malam partem*. A título de exemplo, o pedido de informações por escrito acerca do prontuário de um paciente[1] não se amolda

1. Para detalhes sobre a prevalência do poder requisitório do delegado em face do dever de sigilo médico: HOFFMANN, Henrique. *Médico deve fornecer prontuário requisitado pela polícia judiciária.* Revista Consultor Jurídico, fev. 2016. Disponível em: <http://www.conjur.com.br/2016-mar-15/academia-policia-medico-fornecer-prontuario-requisitado-policia-judiciaria>. Acesso em: 19 dez. 2019.

no presente tipo penal incriminador, mesmo que contenha cláusula genérica de a desobediência ser punida nos termos da lei penal.

Nessa esteira, não é vedado ao delegado de polícia encaminhar pedido de informações a um médico, pois não há depoimento em simples pedido de informações. A mera ameaça de prisão, em requisição formal de informações, nunca foi considerada infração penal.

5.7.2. Figuras equiparadas

Incorre na mesma pena quem prossegue com o interrogatório:

I - de pessoa que tenha decidido exercer o direito ao silêncio; ou

II - de pessoa que tenha optado por ser assistida por advogado ou defensor público, sem a presença de seu patrono.

Interrogatório de pessoa que tenha decidido exercer o direito ao silêncio

Em razão da inexigibilidade de autoincriminação (art. 5º, LXIII da CF e art. 186 do CPP), também conhecida como *nemo tenetur se detegere,* ninguém é obrigado a produzir prova contra si mesmo. Essa proteção abarca, além da possibilidade de recusar (a) ser submetido a prova invasiva (ex: exame de sangue, exame de DNA), a garantia de (b) não ser forçado a adotar comportamento ativo incriminador (ex: reprodução simulada dos fatos, bafômetro, perícia grafotécnica, perícia vocal, confissão). Como se percebe, o direito ao silêncio consubstancia-se em um corolário do direito a não produzir prova contra si mesmo.

Para a subsunção ao crime previsto no parágrafo único, I, do art. 15, não é necessário que ocorra o *constrangimento sob ameaça de prisão*, tal qual se dá com a figura criminosa descrita no *caput*, pois constituem módulos de constrangimento distintos.

Esse é um ponto de suma importância e que merece toda atenção dos operadores do direito. De agora em diante, se o direito ao silêncio for utilizado, seja em relação a todas as perguntas, seja quanto a parte delas, não deve a autoridade prosseguir com os questionamentos, sendo o interrogatório interrompido.[2] O que acaba por evitar, inclusive, que se extraiam elementos de valoração do silêncio.[3]

---

2. No mesmo sentido: LIMA, Renato Brasileiro de. *Legislação criminal especial comentada*. Salvador: Juspodivm, 2020, p. 121. Com entendimento diverso, de que o interrogado pode escolher as perguntas que deseja responder e o interrogatório prosseguir dessa forma: GRECO, Rogério; CUNHA, Rogério Sanches. *Abuso de autoridade*. Salvador: Juspodivm, 2019, p. 146.
3. QUEIJO, Maria Elizabeth. *O direito de não produzir prova contra si mesmo*. São Paulo: Saraiva, 2003, p. 216.

É a linha seguida pela Suprema Corte ao proibir a condução coercitiva do suspeito para interrogatório:

> Ora, se o investigado não é obrigado a falar, não faz qualquer sentido que seja obrigado a comparecer ao ato, a menos que a finalidade seja de registrar as perguntas que, de antemão, todos já sabem que não serão respondidas, apenas como instrumento de constrangimento e intimidação. É autêntica *lawfare* da acusação: registram-se as perguntas apenas tentar provocar prejuízo ao interrogado, por exercer seu direito ao silêncio.[4]

Contudo, nessa hipótese em que o interrogado exerce o direito a ficar calado, o fato de não ser possível consignar as perguntas não impede que a autoridade, logo após se identificar, indique de maneira pormenorizada o objeto da apuração, apontando os fatos investigados e as diligências já concluídas até o momento.

Obviamente que os dados sobre a qualificação e vida pregressa ainda continuam necessários e obrigatórios. Como se sabe, o interrogatório é dividido em 2 partes. A etapa inicial diz respeito à identificação do interrogado, em que é obrigado a responder a verdade (pois não corre o risco de se autoincriminar), sob pena de crime de falsa identidade (art. 307 do CP).[5] A fase final concerne efetivamente aos fatos apurados, e somente nela incide o direito ao silêncio (já que existe o perigo de produzir prova contra si mesmo). Daí a dicção do CPP:

> Art. 186. Depois de devidamente qualificado e cientificado do inteiro teor da acusação, o acusado será informado pelo juiz, antes de iniciar o interrogatório, do seu direito de permanecer calado e de não responder perguntas que lhe forem formuladas.
>
> Art. 6º Logo que tiver conhecimento da prática da infração penal, a autoridade policial deverá:
>
> V - ouvir o indiciado, com observância, no que for aplicável, do disposto no Capítulo III do Título VII, deste Livro, devendo o respectivo termo ser assinado por duas testemunhas que lhe tenham ouvido a leitura;

Portanto, deve a autoridade fazer a advertência quanto ao direito ao silêncio (aviso de Miranda) apenas no início da 2ª fase do interrogatório.

---

4. STF, Rcl 39.449, Rel. Min. Gilmar Mendes, DJ 02/03/2020
5. Súmula 522 do STJ: A conduta de atribuir-se falsa identidade perante autoridade policial é típica, ainda que em situação de alegada autodefesa.

Interrogatório	
1ª etapa	**2ª etapa**
qualificação e vida pregressa (identificação)	fatos (mérito)
art. 187, §1º do CPP	art. 187, §1º do CPP
não há risco de autoincriminação	há risco de autoincriminação
obrigação de responder a verdade (sob pena de crime de falsa identidade)	direito ao silêncio (não pode ser fracionado – se informar que ficará calado, as perguntas não serão feitas)

A autoridade que prossegue com o interrogatório (policial, judicial ou de outra natureza) sabendo que o interrogado quer ficar calado pratica abuso, se presente o elemento subjetivo especial. O tipo penal atinge não apenas o delegado no inquérito policial e o juiz no processo penal, mas também o parlamentar em CPI e o membro do MP em apuração ministerial.

O STJ (HC n. 628.224) propugna que é permitido ao acusado responder as perguntas formuladas pela defesa, abstendo-se de responder as derivadas da acusação. Disso decorre que até mesmo o direito ao silêncio parcial ou recortado deve ser respeitado pelos agentes públicos.

Outro detalhe relevante é que qualquer tipo de oitiva que recaia sobre o suspeito demandará observância dessa regra, de nada adiantando travestir o interrogatório com outra nomenclatura. Isso significa que não importa o rótulo conferido ao termo de inquirição (*declarações, entrevista* ou *depoimento*), ou tampouco que se chame o investigado de *envolvido* ou *testemunha*. O que deve ser levado em consideração é o conteúdo do ato e não sua forma.[6] Em se tratando de pessoa que está sendo alvo da investigação (sofrendo busca e apreensão, interceptação telefônica ou outra medida restritiva de direitos fundamentais), e portanto ouvida desde o início como suspeita, merece o respeito à inexigibilidade de autoincriminação. Por isso, até mesmo a *entrevista informal* realizada pelos policiais capturadores podem ser objeto da presente incriminação.

Bem assim, ainda que se trate inicialmente de testemunha, porém no curso da inquirição sejam feitas indagações sobre seu envolvimento na prática de crime (cujas respostas possam gerar sua autoincriminação), passa a gozar do status de suspeita, e por isso ter a guarida do direito a se calar.[7]

6. STJ, HC 330.559, Rel. Min. Rogerio Schietti Cruz, DJ 25/09/2018; STF, Rcl 33.711, Rel. Min. Gilmar Mendes, DJ 11/06/2019.
7. STF, HC 79.812, Rel. Min. Celso de Mello, DJ 16/02/2001.

Não custa lembrar que existe nessa lei outro crime específico quanto ao interrogatório policial, estampado no art. 18.

Interrogatório de pessoa que tenha optado por ser assistida por advogado ou defensor público, sem a presença de seu patrono

Antes de analisar propriamente as nuances dessa figura equiparada, convém rememorar as diferenças entre a atuação do advogado no interrogatório policial e no interrogatório judicial.

Quanto ao interrogatório policial:

> Nota-se que a participação do advogado no inquérito policial continua não sendo obrigatória, mas o procurador do investigado tem o direito de participar da inquirição do cliente. Trata-se mais de prerrogativa do advogado constituído do que um direito do suspeito, cujo exercício da ampla defesa, conquanto seja mitigado na fase pré-processual, será pleno apenas na etapa processual.[8]

Destarte, o advogado continua sendo facultativo. Admite-se a participação do causídico, se presente no ato e o interrogado houver manifestado essa vontade, atuação exclusiva para a inquirição de seu cliente (e não nas oitivas de outros envolvidos, às quais pode ter acesso assim que finalizadas e juntadas aos autos).[9] Mas não há obrigação legal de o delegado intimar o advogado constituído, ou requisitar defensor público ou nomear defensor dativo se nenhum causídico tiver sido contratado.[10] É o que dispõe o Estatuto da OAB:

> Art. 7º. São direitos do advogado:
>
> XXI - assistir a seus clientes investigados durante a apuração de infrações, sob pena de nulidade absoluta do respectivo interrogatório ou depoimento e, subsequentemente, de todos os elementos investigatórios e probatórios dele decorrentes ou derivados, direta ou indiretamente, podendo, inclusive, no curso da respectiva apuração: a) apresentar razões e quesitos.

Já no interrogatório judicial a presença de defensor é obrigatória, seja advogado, defensor público ou defensor dativo, com ou sem a vontade do interrogado (art. 185 do CPP).

---

8. HOFFMANN, Henrique; COSTA, Adriano Sousa. *Atuação do advogado no inquérito policial*. FONTES, Eduardo; HOFFMANN, Henrique (Org.). Temas Avançados de Polícia Judiciária. 3. ed. Salvador: Juspodivm, 2019, p. 62.
9. Súmula vinculante 14 do STF: É direito do defensor, no interesse do representado, ter acesso amplo aos elementos de prova que, já documentados em procedimento investigatório realizado por órgão com competência de polícia judiciária, digam respeito ao exercício do direito de defesa.
10. STF, Pet 7.612 AgR, Rel. Min. Edson Fachin, DJ 18/09/2018.

Note que não se requer a presença física do advogado, podendo ocorrer, se possível, pela via remota. Se assim não o fosse, os interrogatórios por videoconferência poderiam ser inviabilizados e/ou criminalizados.

Na fase policial, o delegado não está obrigado a aguardar o comparecimento do causídico para então iniciar e concluir o interrogatório. Principalmente no caso de prisão em flagrante, que possui exíguo prazo para conclusão, não precisando o procedimento permanecer suspenso até a chegada do patrono. Basta que não se prossiga com a inquirição do suspeito.

Não há crime na realização da fase inaugural do interrogatório, pois, como explicado, a etapa inicial diz respeito somente à identificação do interrogado, em que é obrigado a responder a verdade (pois não corre o risco de se autoincriminar), sob pena de crime de falsa identidade (art. 307 do CP). Demais disso, é obrigação da autoridade policial, dentre outras diligências, proceder à identificação do suspeito e averiguar sua vida pregressa (art. 6º, VIII e IX do CPP). Não se vislumbra prejuízo aos interesses do interrogado, que pode se incriminar pelo não exercício de uma garantia apenas na fase derradeira, acerca do mérito, em que a ausência de recomendação do advogado sobre o exercício do direito ao silêncio poderia acarretar uma desastrosa confissão. Demais disso, para a configuração do delito é imprescindível a presença de elemento subjetivo especial.

Em acréscimo, sublinhe-se que tal imperativo legal só existe em face do interrogatório do suspeito ou réu, não se falando em crime na conduta de prosseguir com depoimento de testemunha ou declaração da vítima que tenha optado por ser assistida por advogado ou defensor público, sem a presença de seu patrono.

5.8. Conflito Aparente de Leis Penais

Há conflito aparente de leis penais entre o constrangimento a depor de pessoa que deve guardar sigilo (art. 15, *caput* da Lei 13.869/19) e a tortura-prova (art. 1º, I, a da Lei 9.455/97), o qual deverá ser dirimido pelo princípio da especialidade, levando-se em consideração o elemento subjetivo que move a conduta do agente. Assim, atos abusivos voltados à produção de provas e que causem *intenso sofrimento físico ou mental* podem subsumir-se ao delito de tortura. Por outro lado, caso o constrangimento, sob ameaça de prisão, se voltar contra uma testemunha que está proibida de depor, e a conduta da autoridade não gerar sofrimento físico ou mental na vítima, tem-se crime de abuso de autoridade, desde que presente o elemento subjetivo específico do tipo (art. 1º, § 1º).

Constrangimento a depoimento	Tortura-prova
art. 15, *caput* da Lei 13.869/19	art. 1º, I, a da Lei 9.455/97
constranger a depor, sob ameaça de prisão, pessoa que, em razão de função, ministério, ofício ou profissão, deva guardar segredo ou resguardar sigilo	constranger com emprego de violência ou grave ameaça, causando-lhe sofrimento físico ou mental, com o fim de obter informação, declaração ou confissão da vítima ou de terceira pessoa
pena de 1 a 4 anos, e multa, sem prejuízo da pena cominada à violência	pena de 2 a 8 anos
não hediondo	hediondo

5.9. Elemento Subjetivo (Tipo Subjetivo)

O elemento subjetivo geral no abuso de autoridade é o dolo. Não há abuso de autoridade culposo.

Mas não basta o dolo de praticar a conduta típica de abuso, revelando-se indispensável o *animus abutendi*. O agente público deve agir com a finalidade específica (elemento subjetivo especial) de, alternativamente (art. 1º, §1º): (a) prejudicar outrem; (b) beneficiar a si mesmo ou a terceiro; (c) por mero capricho; (d) por satisfação pessoal.

Claro que a presunção é de que o agente atua com boa-fé, cabendo a quem alega má-fé comprová-la com elementos concretos e não meras suposições. Portanto, não comete abuso de autoridade o agente que errar ou atuar com desídia.

Grife-se ainda que a divergência na interpretação de lei ou na avaliação de fatos e provas não configura abuso de autoridade (art. 1º, §2º), vedando-se o crime de hermenêutica.

5.10. Consumação e Tentativa

Art. 15, caput – consuma-se o crime com o constrangimento a depor (sob ameaça de prisão). Não se exige seja o depoimento efetivamente fornecido, bastando que o agente público ameace a vítima de prisão com essa finalidade.

A tentativa é possível, em tese, por tratar-se de crime plurissubsistente, sendo fracionável o *iter criminis,* a exemplo de uma ameaça de prisão enviada numa carta que acabou sendo extraviada e não chegou ao destinatário por circunstâncias alheias à vontade do agente.

Art. 15, parágrafo único, I – o delito se perfaz no instante em que o agente público dá continuidade ao ato, após o intimado ter lançado mão do seu direito de permanecer calado.

O crime, por ser plurissubsistente, permite a tentativa. Imagine, por exemplo, que o delegado de polícia tenha determinado ao escrivão que prossiga no interrogatório mesmo após o indiciado comunicar que exerceria seu direito constitucional ao silêncio e no momento em que a primeira pergunta vai ser lançada no sistema, o prédio fica no breu por ausência de energia elétrica.

Art. 15, parágrafo único, II - o crime se configura com o início da 2ª fase do interrogatório, quando a opção de se ver assistido por advogado se deu em momento anterior, ou quando do prosseguimento do ato, se a opção pela presença (física ou virtual) do patrono ocorreu no curso do interrogatório.

Assim como as modalidades anteriores, visualizamos possível a tentativa, dado que o *iter criminis* pode ser fracionado (crime plurissubsistente).

5.11. Ação Penal, procedimento e competência

A ação penal é pública incondicionada, cabendo ação penal privada subsidiária da pública em caso de omissão do *parquet* (art. 3º), que deve ser manejada no prazo decadencial de 6 meses.

Trata-se de infração de médio potencial ofensivo (pena máxima de 4 anos), o que faz incidir o procedimento comum ordinário (arts. 394 a 405 do CPP). Isso quer dizer que cabe a prisão em flagrante (não bastando a indicação da conduta típica, sendo imprescindível a demonstração inequívoca do elemento subjetivo), com consequente instauração de inquérito policial.

Por se tratar de crime funcional afiançável, incide a defesa preliminar decorrente do procedimento especial de funcionário público (arts. 513 a 518 do CPP), exceto se o agente ostentar foro por prerrogativa de função ou se se tratar de infração de menor potencial ofensivo.

Considerando que a pena mínima é de 1 ano, admite-se o acordo de não persecução penal (art. 28-A do CPP), ou caso não proposto a suspensão condicional do processo (art. 89 da Lei 9.099/95).

A competência para o processo e julgamento é da Justiça Estadual, a menos que presente alguma das hipóteses do art. 109 da CF, quando a competência será da Justiça Federal. Havendo conexão ou continência entre crime estadual e federal, prevalece a Justiça Federal.[11]

---

11. Súmula 122 do STJ: Compete à Justiça Federal o processo e julgamento unifi cado dos crimes conexos de competência federal e estadual, não se aplicando a regra do art. 78, II, a, do Código de Processo Penal.

5.12. Modelos de Peças Policiais

TERMO DE INTERROGATÓRIO SEM ADVOGADO OU DEFENSOR PÚBLICO

Às horário do dia data, na Delegacia de Polícia de local, sob a presidência do delegado de polícia nome, e na presença do escrivão de polícia nome, devidamente identificados ao interrogado, compareceu o suspeito nome.

Iniciada a primeira fase do interrogatório, sobre qualificação e vida pregressa (identificação), foi advertido de que a recusa em fornecer informações ou a falsidade incorre em infração penal, e em seguida forneceu a seguinte qualificação:

qualificação completa

Deflagrada a segunda etapa do interrogatório, acerca dos fatos (mérito), foi cientificado de seus direitos constitucionais, especialmente de permanecer calado, ter respeitada sua integridade física e moral, ser preso apenas por decisão judicial ou do delegado de polícia em razão flagrante delito, ser beneficiado com liberdade provisória com fiança quando o crime admitir, ter sua prisão e o local em que se encontra comunicados ao Judiciário, Ministério Público e Defensoria, ter assistência de sua família ou outra pessoa indicada, receber nota de culpa identificando o condutor e testemunhas, autoridade policial e crime imputado.

Perguntado se possui advogado constituído ou se deseja ser assistido por defensor público, informou que constituiu o advogado nome e OAB, que não está presente / não constituiu advogado mas deseja ser assistido por defensor público, que não está presente.

Dada a ausência da defesa técnica, não foi dado prosseguimento ao interrogatório, pelo que determinou a autoridade policial que se encerrasse o presente auto às horário.

nome
Delegado de Polícia

nome
Escrivão de Polícia

Nome
Interrogado

TERMO DE INTERROGATÓRIO COM EXERCÍCIO DO DIREITO AO SILÊNCIO

Às horário do dia data, na Delegacia de Polícia de local, sob a presidência do delegado de polícia nome, e na presença do escrivão de polícia nome, devidamente identificados ao interrogado, compareceu o suspeito nome.

Iniciada a primeira fase do interrogatório, sobre qualificação e vida pregressa (identificação), foi advertido de que a recusa em fornecer informações ou a falsidade incorre em infração penal, e em seguida forneceu a seguinte qualificação:

qualificação completa

Deflagrada a segunda etapa do interrogatório, acerca dos fatos (mérito), foi cientificado de seus direitos constitucionais, especialmente de permanecer calado, ter respeitada sua integridade física e moral, ser preso apenas por decisão judicial ou do delegado de polícia em razão flagrante delito, ser beneficiado com liberdade provisória com fiança quando o crime admitir, ter sua prisão e o local em que se encontra comunicados ao Judiciário, Ministério Público e Defensoria, ter assistência de sua família ou outra pessoa indicada, receber nota de culpa identificando o condutor e testemunhas, autoridade policial e crime imputado.

Perguntado se possui advogado constituído ou se deseja ser assistido por defensor público, informou que constituiu o advogado nome e OAB, que está presente. Foi facultada a entrevista pessoal e reservada do interrogado com seu defensor.

Perguntado se deseja fazer uso do direito ao silêncio, respondeu que sim.

Considerando o exercício do direito a permanecer calado, não foi dado prosseguimento ao interrogatório, pelo que determinou a autoridade policial que se encerrasse o presente auto às horário.

nome	nome
Delegado de Polícia	Escrivão de Polícia
nome	nome
Interrogado	Defensor

Capítulo 6

Omissão de identificação a preso

6.1. Dispositivo legal

Figura simples	Art. 16. Deixar de identificar-se ou identificar-se falsamente ao preso quando de sua captura ou quando deva fazê-lo durante sua detenção ou prisão: Pena – detenção, de 6 (seis) meses a 2 (dois) anos, e multa.
Figura equiparada	Parágrafo único. Incorre na mesma pena quem, como responsável por interrogatório em sede de procedimento investigatório de infração penal, deixa de identificar-se ao preso ou atribui a si mesmo falsa identidade, cargo ou função.

6.2. Classificação

Crime de omissão de identificação a preso	
crime próprio	crime formal
crime unissubjetivo	crime de dano
crime de forma livre	crime omissivo (deixar) ou comissivo (identificar-se)
crime de menor potencial ofensivo	

6.3. Constitucionalidade e veto derrubado

Em uma análise global, a Lei de Abuso de Autoridade é questionável por ter sido feita a toque de caixa, com votação simbólica (e não nominal) e em regime de urgência, com parco debate (exatamente o oposto que deve ocorrer no devido processo legislativo), e também por ter o legislador escolhido alvos preferenciais para sofrer incidência dos tipos penais (o que não se coaduna com o princípio da impessoalidade – art. 37 da CF – e pode

configurar abuso do poder de legislar). Mas também merece registro análise específica quanto a este delito.

O princípio da intervenção mínima ficou sob risco. Deixar de se identificar para o preso durante o interrogatório, sem qualquer violência ou grave ameaça, deveria gerar repercussão apenas no Direito Administrativo Disciplinar. O Direito Penal somente deve ser utilizado como forma de controle quando os demais instrumentos menos gravosos tenham sido esgotados. Transformar infração disciplinar em crime, sob pena de prisão, não é salutar. Vale ressaltar que apenas o militarismo, por suas circunstâncias bem específicas (atuação na guerra) admite prisão por infração disciplinar, sanção esta abolida mesmo para os militares estaduais (art. 18, VII do Decreto-Lei 667/69).

O dispositivo havia sido vetado, mas o Congresso houve por bem derrubá-lo. Nas razões do veto presidencial consta que "contraria o interesse público pois, embora seja exigível como regra a identificação da autoridade pela prisão, também se mostra de extrema relevância, ainda que em situações excepcionais, a admissão do sigilo da identificação do condutor do flagrante, medida que se faz necessária com vistas à garantia da vida e integridade física dos agentes de segurança e de sua família, que, não raras vezes, têm que investigar crimes de elevada periculosidade, tal como aqueles praticados por organizações criminosas."

O que causa certo espanto, pois foi mantido o veto a um tipo penal que também dispõe sobre irregularidade praticada contra preso, a saber, uso ilegal de algemas (art. 17), em cuja justificativa constou que "gera insegurança jurídica por encerrar tipo penal aberto e que comporta interpretação. Ademais, há ofensa ao princípio da intervenção mínima, para o qual o Direito Penal só deve ser aplicado quando estritamente necessário".

6.4. Bem Jurídico Tutelado

Assim como os demais delitos de abuso de autoridade, cuida-se de crime pluriofensivo, havendo 2 bens jurídicos protegidos.

De forma imediata ou principal temos a proteção dos direitos e garantias fundamentais das pessoas físicas e jurídicas, nesse caso especificamente o direito à informação (art. 5º, LXIV da CF).

O bem jurídico tutelado de maneira mediata ou secundária é a normalidade e a regularidade dos serviços públicos, isto é, o bom funcionamento do Estado.

6.5. Sujeito Ativo

O crime de abuso de autoridade, via de regra, é classificado como próprio quanto ao sujeito ativo (arts. 1º e 2º). A infração penal ora em análise segue nessa linha, já que o tipo penal exige uma qualidade especial do sujeito ativo (ser agente público ou autoridade que atua na captura, detenção ou prisão da pessoa, ainda que extrapenal - art. 16, *caput* -, ou age no ato do seu interrogatório no bojo de uma investigação criminal - art. 16, parágrafo único).

É perfeitamente possível a participação, em qualquer modalidade (induzimento, instigação ou auxílio) de pessoas que não ostentem as características próprias exigidas pelo crime em análise. Admite-se, ainda, a coautoria quando o constrangimento deriva da vontade de múltiplos agentes, mesmo que nem todos sejam dotados da qualidade especial exigida pelo tipo, a exemplo da prisão realizada por policiais de um bairro, que se identificam falsamente ao preso, em conluio com alguns populares da redondeza, com a finalidade específica de prejudicar outrem.

Particular que finge ser policial no momento da prisão

Não comete crime de abuso de autoridade o particular que, no ato de uma prisão, simula ser policial, pois é fundamental, para a configuração do tipo, que o ato de prisão seja realizado por agentes públicos legítimos, e não por particulares que ostentam a qualidade de falsos policiais. Esse comportamento, entretanto, pode configurar infração penal da Lei de Contravenções Penais:

> Art. 45. Fingir-se funcionário público:
>
> Pena – prisão simples, de um a três meses, ou multa, de quinhentos mil réis a três contos de réis.
>
> Art 46. Usar, publicamente, de uniforme, ou distintivo de função pública que não exerce; usar, indevidamente, de sinal, distintivo ou denominação cujo emprêgo seja regulado por lei
>
> Pena – multa, de duzentos a dois mil cruzeiros, se o fato não constitui infração penal mais grave

6.6. Sujeito Passivo

O crime de abuso de autoridade tem dupla subjetividade passiva.

O sujeito passivo imediato ou principal é a pessoa física (preso capturado) que sofre a conduta abusiva.

O sujeito passivo mediato ou secundário é o Estado (que também pode ser chamado de Administração Pública).

6.7. Conduta (Tipo Objetivo)

6.7.1. Figura simples

A lei criminalizou a conduta de *deixar de identificar-se ou identificar-se falsamente ao preso quando de sua captura ou quando deva fazê-lo durante sua detenção ou prisão.*

A Constituição Federal, em seu art. 5º, LXIV, já estabelecia a justa garantia do preso ao conhecimento da identidade dos responsáveis por sua prisão ou por seu interrogatório policial. Ocorre que, com o advento da Lei 13.869/19, o agente público que se omitir na sua identificação ou que se identificar falsamente durante a prisão ou por ocasião do interrogatório policial, poderá incorrer no crime de abuso de autoridade que ora se comenta. Trata-se de forma especial do delito de falsa identidade.

Perceba que, na situação flagrancial, o nome do condutor da prisão deve constar expressamente na nota de culpa, mas não o do capturador. Todavia, responde criminalmente o agente da autoridade que captura a pessoa e não se identifica.

Vale ressaltar que a identificação é obrigatória para qualquer tipo de prisão (flagrante, preventiva, temporária, prisão pena, inclusive a prisão extrapenal). Enquanto nas prisões em geral a identificação deve ser feita imediatamente (assim que possível), na prisão em flagrante existe prazo de 24 horas para fornecimento de nota de culpa com a identificação do condutor (art. 306, §2º do CPP).

Dados qualificativos: nome, cargo ou função

Os dados qualificativos necessários para evitar a incidência do referido tipo penal são: nome e cargo ou função. É o que se depreende da interpretação do próprio parágrafo único do dispositivo, que estende a incriminação da omissão de identificação para o interrogatório.[1]

Defendemos que sequer o nome completo precisa ser mencionado, bastando um dos sobrenomes ou o *nome de guerra*, aquele pelo qual o agente

1. No mesmo sentido: GRECO, Rogério; CUNHA, Rogério Sanches. *Abuso de autoridade*. Salvador: Juspodivm, 2019, p. 154. Entendendo que na figura do *caput* o objeto material do crime é apenas a identidade, e não o cargo e função: LIMA, Renato Brasileiro de. *Legislação criminal especial comentada*. Salvador: Juspodivm, 2020, p. 126.

público é identificado na instituição. Isso seria suficiente para individualizar o profissional – o que importa é conseguir discernir um agente público do outro. Assim, estará caracterizado o abuso de autoridade quando o agente público deixa de informar o seu nome, mas também o seu cargo ou função, vez que tais dados profissionais também são tidos como identificadores. Igualmente, configura o crime a conduta omissiva de mentir sobre tais elementos de identificação.

No caso de policiais ostensivos, é suficiente para afastar o crime a utilização de tarjeta de identificação na própria farda (exceto se o preso for portador de deficiência visual, a exigir a identificação verbal). Evidentemente, a utilização de tarjeta com nome falso caracteriza o crime. Por outro lado, a ausência de tarjeta não conduz necessariamente à incidência do tipo penal, porquanto o agente público pode suprir a sua falta indicando seus dados com a apresentação da identidade funcional ou mesmo oralmente. Essa mesma regra se aplica ao policial civil ou federal, o qual normalmente não faz uso de uniforme com identificação, razão pela qual deve se identificar oralmente ou mediante apresentação de sua carteira funcional.

Identificação obrigatória e espontânea

O tipo penal faz uso das expressões *deixar de identificar-se e identificar-se falsamente*, indicando a existência de uma obrigação legal imposta aos agentes públicos quando efetuam a prisão de alguém. Não se trata, portanto, de uma mera faculdade, mas sim, de um dever daquele que realiza a prisão.

Ademais, o ato deve ser espontâneo, prescindindo de qualquer tipo de indagação por parte daquele que teve sua liberdade de locomoção cerceada. Caso o legislador quisesse que o agente público se identificasse apenas quando instado pelo preso, teria optado por redação semelhante à do art. 68 da Lei de Contravenções Penais, em que deixa claro que a conduta incriminada requer uma solicitação prévia.

O mesmo raciocínio deve ser empregado para a hipótese de interrogatório policial, ou seja, aquele que conduz o ato deve identificar-se espontaneamente ao preso.

Policiais velados e atividade de inteligência

Inteligência, segundo sua definição legal (art. 1º, §2º da Lei 9.883/99), é a *atividade que objetiva a obtenção, análise e disseminação de conhecimentos dentro e fora do território nacional sobre fatos e situações de imediata ou potencial influência sobre o processo decisório e a ação governamental e sobre a salvaguarda e a segurança da sociedade e do Estado.* Essa atividade de coleta de dados sensíveis para possibilitar a direção superior das instituições pode ser concretizada no âmbito da segurança pública. A alta gestão (Ministério e Secretarias de Segurança Pública) realiza a produção e salvaguarda de conhecimentos para subsidiar os governos na tomada de decisões, no planejamento e na execução de uma política de segurança pública. No âmbito das Polícias, as Polícias Ostensivas precisam de informações sobre a criminalidade para definir a quantidade e a espécie de patrulhamento para cada região a depender da necessidade; e as Polícias Judiciárias necessitam de dados acerca da delinquência a fim de estabelecer a melhor destinação de recursos materiais e humanos para investigar os delitos.

Inteligência de segurança pública não se confunde com a investigação criminal, portanto. A própria Doutrina Nacional de Inteligência de Segurança Pública afirma que:

> A diferenciação entre a atividade de Inteligência Policial e a Investigação Policial (...) relevante é que enquanto a Investigação Policial está orientada pelo modelo de persecução penal previsto e regulamentado na norma processual própria, tendo como objetivo a produção de provas, a Inteligência Policial visa a produção de conhecimento e apenas eventualmente, subsidia na produção de provas.

Investigação criminal consiste na coleta de indícios de materialidade e autoria de infrações penais (art. 1º, §1º da Lei 12.830/13). Enquanto a investigação de crimes comuns fica a cargo da Polícia Federal e da Polícia Civil (art. 144, §§1º e 4º da CF), apenas a apuração de crimes militares fica sob responsabilidade da Polícia Militar (art. 144, §4º, *in fine* da CF).

Nessa linha, no que tange à atividade de inteligência realizada pelas Polícias, no âmbito da Polícia Federal e Polícia Civil as informações colhidas, embora se destinem precipuamente à gestão da instituição, podem esporadicamente ser utilizadas como prova emprestada em investigação de crime comum. Na esfera da Polícia Militar, os dados coletados possuem direcionamento ao comando da Instituição, podendo excepcionalmente ser empregados como elemento emprestado em apuração de crime militar.

Com efeito, o policial *velado*, ao atuar *nos estritos limites da atividade de inteligência*, não tem a obrigação de apresentar sua identidade real, sob pena de desnaturar a própria atividade e inviabilizar o trabalho. Pode perfeitamente utilizar a técnica operacional denominada *história-cobertura*, lançando mão de nome e profissão fictícias para possibilitar a missão. Se no curso da tarefa de inteligência casualmente o profissional for obrigado a realizar captura por flagrante delito, é perfeitamente possível que outro policial seja acionado para figurar como condutor até a delegacia de polícia.

No entanto, o mesmo raciocínio não se aplica se o policial militar desvirtuar os limites da atividade de inteligência, passando a realizar investigação de crime comum em inconstitucional usurpação de função da Polícia Judiciária. Nesse caso, o denominado *P2* (que atua na inteligência da PM, o serviço reservado) que realizar captura de suspeito deve figurar como condutor e comparecer à delegacia de polícia. Em outras palavras, o policial *à paisana* deverá se identificar, sob pena de incorrer no delito de abuso de autoridade.

Policiais infiltrados

O dispositivo em análise, ao fazer uso da expressão *quando deva fazê-lo,* permite inferir que nem todos os atores envolvidos no ato da prisão terão essa obrigação de se identificar. Assim, a norma guarda perfeita sintonia com a Lei de Organizações Criminosas, que em seu art. 14, III e IV, anuncia medidas de proteção do agente infiltrado, garantindo a *preservação da sua identidade*. Portanto, não é razoável, nem proporcional, haja vista a gravidade dos crimes e a periculosidade dos investigados, que um agente infiltrado (que tenha participado das investigações como testemunha da coroa) seja obrigado a se identificar quando da ocorrência da prisão. Natural que o policial infiltrado tenha sua identidade preservada diante do ambiente criminógeno no qual esteve inserido, aliado ao mais absoluto sigilo que cerca essa técnica extraordinária de investigação.

Vale mencionar, inclusive, que a mesma Lei 12.850/13 (art. 14, II), objetivando resguardar a incolumidade física do agente infiltrado, autoriza a alteração da sua identidade e também dos seus familiares, aplicando-se, no que couber, a Lei de Proteção a Testemunhas (Lei 9.807/99).

Operações policiais de risco e uso de balaclava

Os policiais civis e federais que participam de operação policial de risco costumam fazer uso de *balaclavas* para não terem seus rostos expostos e serem imediatamente identificados. Trata-se de prática autorizada pelas instituições estatais, amparada no interesse público e na preservação da vida do policial, razão pela qual é empregada em qualquer país desenvolvido.

Nesse cenário, a fim de não comprometer o êxito da operação, não se pode exigir dos policiais a imediata retirada da *balaclava*. Porém, após controlada a situação, devem se apresentar ao preso os policiais responsáveis pelo seu ato de captura, e não todos aqueles que participaram daquela intervenção. Somente estes policiais é que possuem o *dever de fazê-lo*.

Fato é que a exposição do rosto de policiais investigativos pode comprometer ações futuras de infiltração ou de investigação, o que justifica o uso de métodos de escamoteamento de suas características físicas, notadamente das ligadas a face, em especial quando não detêm papel relevante no ato de captura, mas somente prestam auxílio circunstancial. Essas peculiaridades, por óbvio, afastam quaisquer elementos subjetivos especiais elencados no art. 1º, § 1º, desta lei.

6.7.2. Figura equiparada

Incorre na mesma pena *quem, como responsável por interrogatório em sede de procedimento investigatório de infração penal, deixa de identificar-se ao preso ou atribui a si mesmo falsa identidade, cargo ou função.*

O delegado de polícia, ao realizar o interrogatório do preso, também deve se identificar, sob pena de cometer abuso de autoridade, se presentes os elementos subjetivos do tipo (art. 1º, § 1º). O nome do delegado de polícia também consta na nota de culpa entregue em 24h.

A norma penal incriminadora não incide quanto ao interrogatório judicial do réu preso ou solto, e tampouco ao interrogatório policial do investigado solto, o que nos parece um equívoco. No entanto, considerando que o Direito Penal não se coaduna com a analogia *in malam partem*, o magistrado que não se identifica no interrogatório judicial não comete infração penal. Trata-se de lacuna sanável apenas pela via legislativa.

Claro que a não identificação por mero lapso de memória não caracteriza o crime, pois todo abuso de autoridade exige o elemento subjetivo do tipo (finalidade especial do agente – art 1º, § 1º).

6.8. Conflito Aparente de Leis Penais

Omissão de identificação a preso	Falsa identidade	Recusa de qualificação
art. 16 da Lei 13.869/19	art. 307 do Código Penal	art. 68 da Lei de Contravenções Penais
deixar de se identificar ou identificar-se falsamente na prisão ou interrogatório de investigado preso	identificar-se falsamente para obter vantagem ou para causar dano	deixar de se identificar

Omissão de identificação a preso	Falsa identidade	Recusa de qualificação
sujeito ativo agente público	sujeito ativo qualquer pessoa	sujeito ativo qualquer pessoa
pena de 1 a 4 anos, e multa, sem prejuízo da pena cominada à violência	pena de 2 a 8 anos	pena de multa

6.9. Elemento Subjetivo (Tipo Subjetivo)

O elemento subjetivo geral no abuso de autoridade é o dolo. Não há abuso de autoridade culposo.

Entretanto, não basta o dolo de praticar a conduta típica de abuso, revelando-se indispensável o *animus abutendi*. O agente público deve agir com a finalidade específica (elemento subjetivo especial) de, alternativamente (art. 1º, §1º): (a) prejudicar outrem; (b) beneficiar a si mesmo ou a terceiro; (c) por mero capricho; (d) por satisfação pessoal.

Claro que a presunção é de que o agente atua com boa-fé, cabendo a quem alega má-fé comprová-la com elementos concretos e não meras suposições. Portanto, não comete abuso de autoridade o agente que errar ou atuar com desídia.

Grife-se ainda que a divergência na interpretação de lei ou na avaliação de fatos e provas não configura abuso de autoridade (art. 1º, §2º), vedando-se o crime de hermenêutica.

6.10. Consumação e Tentativa

A redação legal do dispositivo indica que o crime pode ser praticado na forma omissiva e também na comissiva.

Na modalidade omissiva, o crime se consuma no instante em que o agente deixa de se identificar. Nesse caso, por se tratar de crime omissivo próprio (unissubsistente), não é possível a tentativa.

Na conduta comissiva, o delito se aperfeiçoa quando o agente atribui a si a identidade falsa. Aqui o crime é plurissubsistente, sendo compatível com a modalidade tentada.

O policial que inicialmente omite seus dados de identificação, vindo a fornecê-los, depois, falsamente, responde por uma só infração penal, já que tais condutas são alternativas.

6.11. Ação Penal, procedimento e competência

A ação penal é pública incondicionada, cabendo ação penal privada subsidiária da pública em caso de omissão do *parquet* (art. 3º), que deve ser manejada no prazo decadencial de 6 meses.

Trata-se de infração de menor potencial ofensivo (pena máxima de 2 anos), incidindo o procedimento sumaríssimo do Juizado Especial Criminal e todas as medidas despenalizadoras da Lei 9.099/95. Não se aplica a defesa preliminar decorrente do procedimento especial de funcionário público (arts. 513 a 518 do CPP).

Não se admite o acordo de não persecução penal, porquanto cabível a transação penal (art. 28-A, § 2º, I do CPP). Considerando que a pena mínima é de 6 meses, admite-se a suspensão condicional do processo (art. 89 da Lei 9.099/95).

A competência para o processo e julgamento é do Juizado Especial Criminal Estadual, a menos que esteja presente alguma das hipóteses do art. 109 da CF, quando a competência será do Juizado Especial Criminal Federal. Havendo conexão ou continência entre crime estadual e federal, prevalece a Justiça Federal.[2]

6.12. Modelo de Peça Policial

A identificação do policial é realizada de modos distintos. O capturador (agente da autoridade) deve se identificar verbalmente ao preso no momento da restrição da liberdade. O condutor consta expressamente na nota de culpa (podendo ou não ser o capturador). O responsável pelo interrogatório (autoridade policial) também é mencionado explicitamente na nota de culpa, bem como no próprio termo de interrogatório.

Para modelo de nota de culpa, confira o item 3.12; para modelo de termo de interrogatório, veja o tópico 5.12.

2. Súmula 122 do STJ: Compete à Justiça Federal o processo e julgamento unificado dos crimes conexos de competência federal e estadual, não se aplicando a regra do art. 78, II, a, do Código de Processo Penal.

Capítulo 7

Interrogatório noturno

7.1. Dispositivo legal

Figura simples	Art. 18. Submeter o preso a interrogatório policial durante o período de repouso noturno, salvo se capturado em flagrante delito ou se ele, devidamente assistido, consentir em prestar declarações: Pena - detenção, de 6 (seis) meses a 2 (dois) anos, e multa.

7.2. Classificação

Crime de interrogatório noturno	
crime próprio	crime material
crime unissubjetivo	crime de perigo
crime permanente	crime comissivo
crime de menor potencial ofensivo	

7.3. Constitucionalidade

Em uma análise global, a Lei de Abuso de Autoridade é questionável por ter sido feita a toque de caixa, com votação simbólica (e não nominal) e em regime de urgência, com parco debate (exatamente o oposto que deve ocorrer no devido processo legislativo), e também por ter o legislador escolhido alvos preferenciais para sofrer incidência dos tipos penais (o que não se coaduna com o princípio da impessoalidade – art. 37 da CF – e pode configurar abuso do poder de legislar). Mas também merece registro análise específica quanto a este delito.

O princípio da intervenção mínima ficou sob risco. Prosseguir com interrogatório durante a noite, sem qualquer violência ou grave ameaça, deveria gerar repercussão apenas no Direito Administrativo Disciplinar. O Direito Penal somente deve ser utilizado como forma de controle quando os demais instrumentos menos gravosos tenham sido esgotados. Transformar infração disciplinar em crime, sob pena de prisão, não é salutar. Vale ressaltar que apenas o militarismo, por suas circunstâncias bem específicas (atuação na guerra) admite prisão por infração disciplinar, sanção esta abolida mesmo para os militares estaduais (art. 18, VII do Decreto-Lei 667/69).

De alguma maneira o próprio legislador reconheceu as considerações sobre a inconstitucionalidade deste delito, pois quanto ao tipo penal que também criminalizava ilegalidade contra preso, a saber, uso ilegal de algemas (art. 17), manteve o veto, em cuja justificativa constou que "gera insegurança jurídica por encerrar tipo penal aberto e que comporta interpretação. Ademais, há ofensa ao princípio da intervenção mínima, para o qual o Direito Penal só deve ser aplicado quando estritamente necessário".

7.4. Bem Jurídico Tutelado

Como todo crime de abuso de autoridade, trata-se de crime pluriofensivo, existindo 2 bens jurídicos tutelados.

De forma imediata ou principal temos a proteção dos direitos e garantias fundamentais das pessoas físicas e jurídicas, nesse caso especificamente a liberdade individual (art. 5º, II da CF).

O bem jurídico tutelado de maneira mediata ou secundária é a normalidade e a regularidade dos serviços públicos, isto é, o bom funcionamento do Estado.

7.5. Sujeito Ativo

Em geral, os crimes de abuso de autoridade são classificados como próprios quanto ao sujeito ativo (arts. 1º e 2º). A infração penal em destaque não é exceção, já que o tipo penal exige uma qualidade especial do agente público. Trata-se, portanto, de crime próprio, mas não necessariamente de mão própria, pois pode ser cometido pelo Delegado de Polícia que realiza o interrogatório policial durante o repouso noturno, mas também pelo escrivão que, sozinho, executa o ato.

É perfeitamente possível a participação, em qualquer modalidade (induzimento, instigação ou auxílio) de pessoas que não ostentem as características próprias exigidas pelo crime em análise. Admite-se, ainda, a coautoria quando a conduta deriva da vontade de múltiplos agentes, todos dotados da qualidade especial exigida pelo tipo.

7.6. Sujeito Passivo

O crime de abuso de autoridade tem dupla subjetividade passiva.

O sujeito passivo imediato ou principal é a pessoa física (interrogado) que sofre a conduta abusiva.

O sujeito passivo mediato ou secundário é o Estado (que também pode ser chamado de Administração Pública).

7.7. Conduta (Tipo Objetivo)

O tipo penal pune a conduta de *submeter o preso a interrogatório policial durante o período de repouso noturno, salvo se capturado em flagrante delito ou se ele, devidamente assistido, consentir em prestar declarações.*

Âmbito de incidência do tipo penal

Diga-se, de início, que a norma penal incriminadora não incide quanto ao interrogatório judicial do réu preso ou solto, e tampouco ao interrogatório policial do investigado solto, o que nos parece um equívoco. No entanto, considerando que o Direito Penal não se coaduna com a analogia *in malam partem*, o magistrado que realiza o interrogatório judicial em período noturno não comete infração penal. Trata-se de lacuna sanável apenas pela via legislativa.

É visível a diferença quanto à incidência do crime de prosseguimento indevido de interrogatório (art. 15, parágrafo único, I e II da Lei de Abuso de Autoridade), que atinge interrogatório policial e judicial, de investigado ou réu, preso ou solto.

Crime de interrogatório noturno	Crime de prosseguimento indevido de interrogatório
art. 18 da Lei 13.869/19	art. 15, parágrafo único, I e II da Lei 13.869/19
interrogatório policial	interrogatório judicial ou policial
investigado preso	investigado ou réu preso ou solto

Em acréscimo, a realização de oitivas de vítimas e de testemunhas também não foi abarcada pelo tipo penal, de modo que pode ocorrer em qualquer dia da semana e em qualquer horário. Trata-se de prática usual em investigações de homicídio. Quando da chegada de equipe policial em local de crime, ainda que em período de repouso noturno, os policiais costumam se defrontar com uma potencial testemunha, a qual, pelos ditames da lei, poderá ser conduzida à delegacia para a realização da coleta de seu depoimento.

Horário para a realização do interrogatório policial

Ao disciplinar o interrogatório realizado em sede policial (art. 6º, V do CPP), o legislador determinou que fosse observado, no que couber, o regramento do interrogatório judicial (art. 185 e ss. do CPP), o qual não traz qualquer limitação quanto ao horário para a sua realização.

No entanto, a nova Lei de Abuso de Autoridade decidiu criminalizar o interrogatório noturno, trazendo, com isso, a exigência de que a oitiva do indiciado seja feita, ordinariamente, durante o dia, pouco importando o dia da semana. Não há proibição de interrogatório durante final de semana ou feriado.

É preciso destacar que *noite* e *repouso noturno* são expressões que não se confundem. É possível que seja noite em determinado local (por exemplo, 20h), mas as pessoas ainda não estejam descansando naquele horário. Basta imaginarmos que nas grandes cidades, em razão do agito da vida noturna, esse não é o período em que as pessoas habitualmente repousam.

Assim, o art. 18 da Lei de Abuso de Autoridade contém um elemento normativo do tipo (*repouso noturno*), o qual precisa ser valorado pelo operador do Direito no caso concreto. Afinal, o que se entende por repouso noturno para fins de incidência do dispositivo? É possível adotarmos o critério utilizado pela doutrina e jurisprudência quando da análise do furto majorado (art. 155, § 1º, CP)? Ou devemos aplicar analogicamente o disposto no art. 212 do CPC, que admite a realização do interrogatório até às 20h?

Sustentamos que, para manter coerência com a própria lei, a melhor solução é realizar uma interpretação sistemática e adotar o critério trazido pelo legislador no art. 22, § 1º, III. De acordo com esse dispositivo, o mandado de busca e apreensão domiciliar não pode ser cumprido no período entre 21h e 5h. Com isso, devemos compreender que a expressão *repouso noturno* abrange esse intervalo de tempo, no qual o interrogatório policial não pode ser, em regra, realizado.[1]

Atingindo o horário das 21h, a diligência não pode se prolongar, devendo ser interrompida e reiniciada a partir das 5h do dia seguinte, para preservar a autodeterminação do interrogado, diversamente do que ocorre com o cumprimento do mandado de busca e apreensão.

---

1. No mesmo sentido: LIMA, Renato Brasileiro de. *Legislação criminal especial comentada*. Salvador: Juspodivm, 2020, p. 130. Sustentando que repouso noturno abrange o período entre 22h e 6h: AGI, Samer. Comentários à nova Lei de Abuso de Autoridade. Brasília: CPIuris, 2019.

Exceções legais

Pune-se a conduta do agente público que submete o preso a interrogatório policial durante o período do repouso noturno (interregno entre 21h e 5h). O legislador, no entanto, apontou duas ressalvas:

a) interrogatório realizado em razão de captura em flagrante;

b) interrogatório realizado com o consentimento do preso, estando devidamente assistido.

Conclui-se, portanto, que o legislador buscou impedir o interrogatório noturno daquele que foi alvo de mandado de prisão temporária ou preventiva. No caso da captura em flagrante, o preso poderá ser interrogado em qualquer horário e ainda que não esteja assistido por familiares ou por advogado. Contudo, se antes ou no curso do interrogatório optar por ser acompanhado por um patrono, não poderá o responsável pelo ato a ele dar prosseguimento, sob pena de sofrer a incidência do art. 15, parágrafo único, II, da presente Lei.

Consentimento e assistência

Não sendo a hipótese de flagrante delito, o dispositivo legal menciona que o investigado, *devidamente assistido*, pode *consentir* em prestar declarações durante o horário considerado como *repouso noturno*. São 2, portanto, os requisitos que devem ser observados para não configurar o abuso: (a) consentimento do preso e (b) assistência.

Perceba que o legislador não exigiu a presença de advogado e tampouco fez menção à defesa técnica. É possível pressupor, então, que um familiar ou qualquer pessoa indicada pelo preso pode realizar essa assistência.

No entanto, se antes ou no curso do interrogatório o preso optar pela presença do advogado ou de defensor público, deverá ser-lhe franqueado tal acesso, sob pena de configurar o crime do art. 15, parágrafo único, II, da presente lei.

7.8. Conflito Aparente de Leis Penais

Interrogatório noturno	Prosseguimento indevido de interrogatório
art. 18 da Lei 13.869/19	art. 15, parágrafo único, I e II da Lei 13.869/19
submeter a interrogatório policial durante o período de repouso noturno, exceto em flagrante ou com consentimento	prosseguir com interrogatório de quem exerceu o direito ao silêncio ou sem seu advogado constituído

Interrogatório noturno	Prosseguimento indevido de interrogatório
vítima preso	vítima preso ou solto
pena de 6 meses a 2 anos, e multa	pena de 1 a 4 anos, e multa

7.9. Elemento Subjetivo (Tipo Subjetivo)

O elemento subjetivo geral no abuso de autoridade é o dolo. Não há abuso de autoridade culposo.

Entretanto, não basta o dolo de praticar a conduta típica de abuso, revelando-se indispensável o *animus abutendi*. O agente público deve agir com a finalidade específica (elemento subjetivo especial) de, alternativamente (art. 1º, §1º): (a) prejudicar outrem; (b) beneficiar a si mesmo ou a terceiro; (c) por mero capricho; (d) por satisfação pessoal.

Claro que a presunção é de que o agente atua com boa-fé, cabendo a quem alega má-fé comprová-la com elementos concretos e não meras suposições. Portanto, não comete abuso de autoridade o agente que errar ou atuar com desídia.

Grife-se ainda que a divergência na interpretação de lei ou na avaliação de fatos e provas não configura abuso de autoridade (art. 1º, §2º), vedando-se o crime de hermenêutica.

7.10. Consumação e Tentativa

A consumação se dá no momento em que o preso, durante o repouso noturno, começa a responder aos questionamentos formulados pelo responsável pelo seu interrogatório.

Na hipótese de ter havido o consentimento inicial, se no curso do ato o preso se arrepender e manifestar o seu dissenso com a continuidade do interrogatório, também haverá abuso se o agente público a ele der prosseguimento.

O verbo nuclear indica que o delito é permanente, pois enquanto estiver sendo submetido ao ato de interrogatório noturno, a consumação está se protraindo no tempo.

Admite-se a tentativa, pois o crime é plurissubsistente.

7.11. Ação Penal, procedimento e competência

A ação penal é pública incondicionada, cabendo ação penal privada subsidiária da pública em caso de omissão do *parquet* (art. 3º), que deve ser manejada no prazo decadencial de 6 meses.

Trata-se de infração de menor potencial ofensivo (pena máxima de 2 anos), incidindo o procedimento sumaríssimo do Juizado Especial Criminal e todas as medidas despenalizadoras da Lei 9.099/95. Não se aplica a defesa preliminar decorrente do procedimento especial de funcionário público (arts. 513 a 518 do CPP).

Não se admite o acordo de não persecução penal, porquanto cabível a transação penal (art. 28-A, § 2º, I do CPP). Considerando que a pena mínima é de 6 meses, admite-se a suspensão condicional do processo (art. 89 da Lei 9.099/95).

A competência para o processo e julgamento é do Juizado Especial Criminal Estadual, a menos que esteja presente alguma das hipóteses do art. 109 da CF, quando a competência será do Juizado Especial Criminal Federal. Havendo conexão ou continência entre crime estadual e federal, prevalece a Justiça Federal.[2]

7.12. Modelo de Peça Policial

Para modelo de termo de interrogatório, confira o item 5.12.

2. Súmula 122 do STJ: Compete à Justiça Federal o processo e julgamento unificado dos crimes conexos de competência federal e estadual, não se aplicando a regra do art. 78, II, a, do Código de Processo Penal.

Capítulo 8

Impedimento ou retardamento de pleito de preso

8.1. Dispositivo legal

Figura simples	Art. 19. Impedir ou retardar, injustificadamente, o envio de pleito de preso à autoridade judiciária competente para a apreciação da legalidade de sua prisão ou das circunstâncias de sua custódia: Pena - detenção, de 1 (um) a 4 (quatro) anos, e multa.
Figura equiparada	Parágrafo único. Incorre na mesma pena o magistrado que, ciente do impedimento ou da demora, deixa de tomar as providências tendentes a saná-lo ou, não sendo competente para decidir sobre a prisão, deixa de enviar o pedido à autoridade judiciária que o seja.

8.2. Classificação

Crime de impedimento ou retardamento de pleito de preso	
crime próprio, no *caput* crime de mão própria no parágrafo único	crime formal
crime unissubjetivo	crime de dano
crime de forma livre	crime comissivo (impedir ou retardar) ou omissivo (deixar)
crime de médio potencial ofensivo	

8.3. Constitucionalidade

Em uma análise global, a Lei de Abuso de Autoridade é questionável por ter sido feita a toque de caixa, com votação simbólica (e não nominal) e em regime de urgência, com parco debate (exatamente o oposto que deve ocorrer no devido processo legislativo), e também por ter o legislador escolhido alvos preferenciais para sofrer incidência dos tipos penais (o que não se coaduna com o princípio da impessoalidade – art. 37 da CF – e pode configurar abuso do poder de legislar). Mas também merece registro análise específica quanto a este delito.

Causa estranheza a pena máxima de 4 anos para quem retarda o envio de pleito de preso ao juiz, sabendo que quem mata alguém culposamente merece pena máxima de 3 anos (art. 121, §4º do CP). O legislador deve obediência ao princípio da proporcionalidade (art. 5º, LIV da CF), que lhe proíbe o excesso.

8.4. Bem Jurídico Tutelado

Assim como os demais delitos de abuso de autoridade, cuida-se de crime pluriofensivo, havendo 2 bens jurídicos protegidos.

De forma imediata ou principal temos a proteção dos direitos e garantias fundamentais das pessoas físicas e jurídicas, nesse caso especificamente o direito de petição (art. 5º, XXXIV da CF).

O bem jurídico tutelado de maneira mediata ou secundária é a normalidade e a regularidade dos serviços públicos, isto é, o bom funcionamento do Estado.

8.5. Sujeito Ativo

De modo geral, os crimes de abuso de autoridade são classificados como próprios quanto ao sujeito ativo (arts. 1º e 2º). A infração penal em destaque não é exceção, já que o tipo penal exige uma qualidade especial do agente público.

No *caput*, o crime é próprio, mas não necessariamente de mão própria. A indicação do sujeito ativo do crime dependerá da análise do pedido feito pelo preso, pois as condutas nucleares *impedir* ou *retardar* demandam que o agente público que receberá os pleitos tenha competência mínima para recebê-los e dar-lhes seguimento. Comete esse delito, por exemplo, o delegado de polícia que impede o envio, ao juízo competente, de *habeas corpus* elaborado por preso. Também comete a conduta abusiva o escrevente da Vara Criminal que, dolosamente, deixa de dar seguimento a pedido de advogado que busca a apreciação da legalidade da prisão de seu cliente.

De outro lado, o parágrafo único do dispositivo anuncia que o crime só pode ser praticado por *magistrado*, que ao tomar ciência do impedimento ou da demora do envio do pleito de preso à autoridade judiciária competente, não toma as providências para saná-lo ou, não sendo competente para decidir sobre a prisão, deixa de enviar o pedido ao magistrado que o seja. Nessa hipótese, o crime é de mão própria.

8.6. Sujeito Passivo

O crime de abuso de autoridade tem dupla subjetividade passiva.

O sujeito passivo imediato ou principal é a pessoa física (preso) que sofre a conduta abusiva.

O sujeito passivo mediato ou secundário é o Estado (que também pode ser chamado de Administração Pública).

8.7. Conduta (Tipo Objetivo)

8.7.1. Figura simples

A lei pune a conduta de *impedir ou retardar, injustificadamente, o envio de pleito de preso à autoridade judiciária competente para a apreciação da legalidade de sua prisão ou das circunstâncias de sua custódia.*

Impedir deve ser compreendido no sentido de impossibilitar, vedar, ao passo que o verbo *retardar* traduz a ideia de atrasar, protelar, procrastinar.

O tipo penal contém o elemento normativo *injustificadamente.* Isso significa que se houver justificativa plausível para o atraso ou impedimento, não incide o delito de abuso de autoridade.

Os verbos nucleares incidem sobre o seguinte objeto material: *pleito de preso à autoridade judiciária competente para a apreciação da legalidade da prisão ou das circunstâncias da custódia.* Ora, essa é justamente a matéria veiculada em *habeas corpus* (art. 5º, LXVIII da CF), razão pela qual por *pleito de preso* deve se entender *habeas corpus.* Não custa sublinhar que não exige capacidade postulatória, podendo ser impetrado por qualquer pessoa.

Pratica essa infração penal tanto o agente público que coloca barreiras à remessa do pleito ao juiz competente, quanto aquele que dolosamente remete o pedido a autoridade judiciária incompetente.

A análise sobre a competência do juízo para apreciar o pleito não deve ser feita pelo policial penal que recebe o pleito para encaminhamento, não sendo desculpa para que impeça ou retarde o envio da petição.

O legislador não estabeleceu prazo para as condutas incriminadas no *caput* ou no parágrafo único. Diante dessa falha, pode-se aplicar por analogia o lapso temporal utilizado para situação semelhante, de emergência na análise judicial sobre o encarceramento: o prazo de 24h para comunicação da prisão em flagrante ao juiz (art. 306, §1º do CPP e art. 12, *caput* da Lei 13.869/19). Outrossim, deve-se considerar consumado o crime após superado esse prazo juridicamente relevante.

Caminhou mal o legislador ao incriminar somente o não envio de pleito *de preso* à autoridade judiciária competente, afastando-se da punição a leniência em relação a pedidos subscritos por outras pessoas ou instituições, a exemplo da OAB. Dessa forma, retardar ou impedir que um *habeas corpus*, impetrado por um cidadão comum, chegue ao conhecimento do juiz, mesmo que em favor de determinado preso, não será considerada criminosa. Melhor teria sido se o legislador tivesse utilizado a expressão *pleito de interesse do preso,* não limitando a incidência do crime em face da origem do pedido (do preso), mas, sim, conforme a utilidade prática para ele.

De igual maneira, inexiste delito se a obstrução ou atraso atrapalhar o envio de pleito de preso ao Ministério Público, Corregedoria ou outro órgão, por força do princípio da legalidade penal.

8.7.2. Figura equiparada

Incorre na mesma pena o *magistrado que, ciente do impedimento ou da demora, deixa de tomar as providências tendentes a saná-lo ou, não sendo competente para decidir sobre a prisão, deixa de enviar o pedido à autoridade judiciária que o seja.*

A figura equiparada abrange tanto o (a) juiz competente que não resolve o impedimento ou demora do envio do pleito, quanto o (b) juiz incompetente para decidir sobre a prisão que não remete o pleito para a autoridade judiciária competente.

8.8. Elemento Subjetivo (Tipo Subjetivo)

O elemento subjetivo geral no abuso de autoridade é o dolo. Não há abuso de autoridade culposo.

Entretanto, não basta o dolo de praticar a conduta típica de abuso, revelando-se indispensável o *animus abutendi*. O agente público deve agir com a finalidade específica (elemento subjetivo especial) de, alternativamente (art. 1º, §1º): (a) prejudicar outrem; (b) beneficiar a si mesmo ou a terceiro; (c) por mero capricho; (d) por satisfação pessoal.

Claro que a presunção é de que o agente atua com boa-fé, cabendo a quem alega má-fé comprová-la com elementos concretos e não meras suposições. Portanto, não comete abuso de autoridade o agente que errar ou atuar com desídia.

Grife-se ainda que a divergência na interpretação de lei ou na avaliação de fatos e provas não configura abuso de autoridade (art. 1º, §2º), vedando-se o crime de hermenêutica.

8.9. Consumação e Tentativa

Art. 19, ***caput*****:** o crime se perfaz quando o agente público, de forma injustificada, impede (conduta comissiva) ou retarda (conduta omissiva) o envio de pleito de preso à autoridade judiciária competente para a apreciação da legalidade de sua prisão ou das circunstâncias de sua custódia.

Art. 19, parágrafo único: a consumação se dá no instante em que o magistrado, ciente do impedimento ou da demora, deixa de tomar as providências tendentes a saná-lo ou, não tendo competência para decidir sobre a prisão, deixa de enviar o pedido à autoridade judiciária que o seja.

Admite-se a tentativa na conduta comissiva, ocasião em que o *iter criminis* torna-se fracionável.

8.10. Ação Penal, procedimento e competência

A ação penal é pública incondicionada, cabendo ação penal privada subsidiária da pública em caso de omissão do *parquet* (art. 3º), que deve ser manejada no prazo decadencial de 6 meses.

Trata-se de infração de médio potencial ofensivo (pena máxima de 4 anos), o que faz incidir o procedimento comum ordinário (arts. 394 a 405 do CPP). Isso quer dizer que cabe a prisão em flagrante (não bastando a indicação da conduta típica, sendo imprescindível a demonstração inequívoca do elemento subjetivo), com consequente instauração de inquérito policial.

Por se tratar de crime funcional afiançável, incide a defesa preliminar decorrente do procedimento especial de funcionário público (arts. 513 a 518 do CPP), exceto se o agente ostentar foro por prerrogativa de função ou se se tratar de infração de menor potencial ofensivo.

Considerando que a pena mínima é de 1 ano, admite-se o acordo de não persecução penal (art. 28-A do CPP), ou caso não proposto a suspensão condicional do processo (art. 89 da Lei 9.099/95).

A competência para o processo e julgamento é da Justiça Estadual, a menos que presente alguma das hipóteses do art. 109 da CF, quando a competência será da Justiça Federal. Havendo conexão ou continência entre crime estadual e federal, prevalece a Justiça Federal.[1]

1. Súmula 122 do STJ: Compete à Justiça Federal o processo e julgamento unificado dos crimes conexos de competência federal e estadual, não se aplicando a regra do art. 78, II, a, do Código de Processo Penal.

Capítulo 9

Impedimento de entrevista pessoal e reservada de preso

9.1. Dispositivo legal

Figura simples	Art. 20. Impedir, sem justa causa, a entrevista pessoal e reservada do preso com seu advogado: Pena – detenção, de 6 (seis) meses a 2 (dois) anos, e multa.
Figura equiparada	Parágrafo único. Incorre na mesma pena quem impede o preso, o réu solto ou o investigado de entrevistar-se pessoal e reservadamente com seu advogado ou defensor, por prazo razoável, antes de audiência judicial, e de sentar-se ao seu lado e com ele comunicar-se durante a audiência, salvo no curso de interrogatório ou no caso de audiência realizada por videoconferência.

9.2. Classificação

Crime de impedimento de entrevista pessoal e reservada de preso	
crime próprio	crime formal
crime unissubjetivo	crime de dano
crime de forma livre	crime comissivo
crime de menor potencial ofensivo	

9.3. Constitucionalidade e veto derrubado

Em uma análise global, a Lei de Abuso de Autoridade é questionável por ter sido feita a toque de caixa, com votação simbólica (e não nominal) e em regime de urgência, com parco debate (exatamente o oposto que deve ocorrer no devido processo legislativo), e também por ter o legislador escolhido alvos preferenciais para sofrer incidência dos tipos penais (o que não se coaduna com o princípio da impessoalidade – art. 37 da CF – e pode configurar abuso do poder de legislar). Mas também merece registro análise específica quanto a este delito.

O princípio da intervenção mínima ficou sob risco. Impedir entrevista reservada com advogado por prazo razoável, sem qualquer violência ou grave ameaça, deveria gerar repercussão apenas no Direito Administrativo Disciplinar. O Direito Penal somente deve ser utilizado como forma de controle quando os demais instrumentos menos gravosos tenham sido esgotados. Transformar infração disciplinar em crime, sob pena de prisão, não é salutar. Vale ressaltar que apenas o militarismo, por suas circunstâncias bem específicas (atuação na guerra) admite prisão por infração disciplinar, sanção esta abolida mesmo para os militares estaduais (art. 18, VII do Decreto-Lei 667/69).

Como se não bastasse, a vagueza e imprecisão do legislador não é recomendada pelo princípio da taxatividade (art. 5º, XXXIX da CF). O termo *prazo razoável* é vago e enseja dúvidas.

O dispositivo havia sido vetado, mas o Congresso houve por bem derrubá-lo. Nas razões do veto presidencial consta que "gera insegurança jurídica por encerrar tipo penal aberto e que comporta interpretação. Ademais, trata-se de direito já assegurado nas Leis nºs 7.210, de 1984 e 8.906, de 1994, sendo desnecessária a criminalização da conduta do agente público, como no âmbito do sistema Penitenciário Federal, destinado a isolar presos de elevada periculosidade."

O que causa certo espanto, pois foi mantido o veto a um tipo penal que também criminalizava ilegalidade contra preso, a saber, uso ilegal de algemas (art. 17), em cuja justificativa constou que "gera insegurança jurídica por encerrar tipo penal aberto e que comporta interpretação. Ademais, há ofensa ao princípio da intervenção mínima, para o qual o Direito Penal só deve ser aplicado quando estritamente necessário".

9.4. Bem Jurídico Tutelado

Assim como os demais delitos de abuso de autoridade, cuida-se de crime pluriofensivo, havendo 2 bens jurídicos protegidos.

De forma imediata ou principal temos a proteção dos direitos e garantias fundamentais das pessoas físicas e jurídicas, nesse caso especificamente o direito de assistência de advogado (art. 5º, LXIII da CF).

O bem jurídico tutelado de maneira mediata ou secundária é a normalidade e a regularidade dos serviços públicos, isto é, o bom funcionamento do Estado.

9.5. Sujeito Ativo

De modo geral, os crimes de abuso de autoridade são classificados como próprios quanto ao sujeito ativo (arts. 1º e 2º). A infração penal em destaque não é exceção, já que o tipo penal exige uma qualidade especial do agente público.

O *caput* do dispositivo considera criminosa a conduta de qualquer agente público que impeça a entrevista prévia, pessoal e reservada entre o preso e o seu advogado ou defensor. Já o parágrafo único pune o comportamento semelhante realizado antes ou durante audiência judicial. De acordo com a norma, é vedado ao agente público impedir que o preso, réu solto ou investigado seja entrevistado pessoal e reservadamente por seu advogado ou defensor, por prazo razoável, antes de audiência judicial, e também de sentar-se ao seu lado e com ele comunicar-se durante a audiência. Portanto, o sujeito ativo não precisa ser necessariamente o presidente da investigação ou o magistrado responsável pela condução do processo, podendo alcançar os policiais, escrivães e outros agentes públicos.

9.6. Sujeito Passivo

O crime de abuso de autoridade tem dupla subjetividade passiva.

O sujeito passivo imediato ou principal é a pessoa física (preso, réu solto ou investigado, além do seu advogado ou defensor) que sofre a conduta abusiva.

O sujeito passivo mediato ou secundário é o Estado (que também pode ser chamado de Administração Pública).

9.7. Conduta (Tipo Objetivo)

9.7.1. Figura simples

Direito de entrevista

Diversos diplomas, inclusive internacionais, garantem o direito de *entrevista* do preso com seu defensor, considerando-o essencial para que a autodefesa e a defesa técnica se complementem. É o que se observa da

Convenção Americana de Direitos Humanos (Pacto de São José da Costa Rica), do Código de Processo Penal, da Lei de Execução Penal (Lei 7.210/84), e do Estatuto da OAB (Lei 8.906/94). O CPP também assegura essa prerrogativa ao afirmar:

> Art. 185. §5º Em qualquer modalidade de interrogatório, o juiz garantirá ao réu o direito de entrevista prévia e reservada com o seu defensor; se realizado por videoconferência, fica também garantido o acesso a canais telefônicos reservados para comunicação entre o defensor que esteja no presídio e o advogado presente na sala de audiência do Fórum, e entre este e o preso.

Daí a importância de o delegado ou juiz consignar no termo de audiência que o preso teve assegurada a entrevista pessoal e reservada com seu defensor, antes do seu início.

Por *entrevista pessoal* deve-se compreender a conversa realizada pelo próprio preso, *em pessoa*, com seu advogado. Já a palavra *reservada* refere-se ao fato de que a conversa entre ambos se dará de forma sigilosa, sem que outros possam ouvi-la. Não é necessária uma sala exclusiva para advogados, podendo o diálogo ser travado em qualquer recinto que garanta o segredo. Evidentemente, a entrevista deve ser *prévia* à inquirição do cliente, para que possa receber a devida orientação técnica.

Inexistindo recinto específico, e em nome da segurança do local e das pessoas presentes, não há impedimento que a entrevista reservada seja realizada no gabinete do magistrado (ou do delegado), e se dê com a presença da segurança policial.[1]

O delegado ou juiz não tem o dever de providenciar o deslocamento do preso à Defensoria Pública, sendo atribuição do defensor público a atuação direta nos presídios (art. 4º, XVII e §11 da Lei Complementar 80/94).

Cuidando-se de audiência virtual, fica garantido ao acusado o acesso a canais telefônicos reservados para comunicação entre o defensor que esteja no presídio e o advogado presente na sala de audiência, e entre este e o preso (art. 185, §5º do CPP).

Com efeito, a inobservância desse direito na fase policial acarreta a nulidade do ato e de todos os elementos investigatórios e probatórios

1. STJ, AgRg no REsp 1.365.033, Rel. Min. Jorge Mussi, DJ 19/10/2017.

dele decorrentes (art. 7º, XXI, da Lei 8.906/94), e na etapa processual pode culminar em nulidade processual caso demonstrado prejuízo (arts. 563 e 564 do CPP).[2]

Figura simples

O texto legal criminaliza a conduta de *impedir, sem justa causa, a entrevista pessoal e reservada do preso com seu advogado.*

Impedir é negar, obstar.

O impedimento de entrevista com advogado só é crime quando se referir a *investigado preso* (isto é, antecedendo interrogatório policial), pois o óbice à entrevista com réu preso acarreta a figura equiparada do parágrafo único, por expressa previsão legal.

A vedação de entrevista com advogado em relação a investigado solto é abrangida no delito do art. 7º-B do Estatuto da OAB.

O legislador estabeleceu que o direito de entrevista com advogado não é absoluto, podendo ser negado se houver *justa causa.*

Se a defesa (privada ou pública) tiver sido anteriormente constituída (o que possibilitou a orientação prévia do cliente), não há obrigatoriedade de se assegurar a entrevista prévia antes do início da inquirição.[3]

Se o advogado comparecer na delegacia desprovido de qualquer documentação, seu acesso poderia ser obstado até comprovar sua regular condição profissional.

Ainda, se o próprio advogado e seu cliente forem alvos de prisão em face da mesma investigação policial, os referidos suspeitos não deverão manter contato entre si no curso das oitivas e, portanto, veda-se que o advogado tente contato com os outros investigados sob o pretexto de realização de entrevista prévia.

Não se pode olvidar, também, das situações de risco que envolve o preso ou seu causídico, o que não é incomum nos dias de hoje, devido ao grande número de facções criminosas que atuam impetuosamente, seja para resgatar aqueles que a elas pertencem, ou mesmo para eliminar os que lhe são rivais[4].

2. Súmula 523 do STF: no processo penal, a falta de defesa constitui nulidade absoluta, mas a sua deficiência só o anulará se houver prova de prejuízo para o réu.
3. STF, HC 112.225, Rei. Min. Luiz Fux, DJ 18/06/2013.
4. GRECO, Rogério; CUNHA, Rogério Sanches. *Abuso de autoridade*. Salvador: Juspodivm, 2019, p. 175.

9.7.2. *Figura equiparada*

Incorre na mesma pena quem *impede o preso, o réu solto ou o investigado de entrevistar-se pessoal e reservadamente com seu advogado ou defensor, por prazo razoável, antes de audiência judicial, e de sentar-se ao seu lado e com ele comunicar-se durante a audiência, salvo no curso de interrogatório ou no caso de audiência realizada por videoconferência.*

Trata-se de crime aplicável apenas às hipóteses de *audiências judiciais*, de sorte que o empecilho ocasionado por um delegado de polícia não configura tal delito, sob pena de analogia *in malam partem*.

Esse tipo penal abrange expressamente não apenas o réu preso, mas também o solto. E engloba ainda o investigado, que pode participar de audiência judicial, como a audiência de custódia e a audiência de antecipação de provas.

Considerando que a lei foi omissa (falha na taxatividade do tipo penal), a tarefa de estabelecer um prazo razoável de duração da entrevista caiu sobre os ombros da doutrina. Parece-nos que, regra geral, um período de 15 minutos se revela suficiente para o advogado se inteirar dos fatos e municiar seu cliente da melhor estratégia defensiva.[5]

Até porque permanecerão juntos, lado a lado, durante a audiência, e com a possibilidade de se comunicarem no decorrer do ato, salvo após o início do interrogatório (quando o interrogado deve responder por si só as perguntas formuladas, intervindo o advogado apenas no final caso seja necessário esclarecimento) ou no caso de audiência por videoconferência (em que se encontram o advogado e o preso fisicamente em locais distintos).

O direito de sentar-se ao lado do advogado evidentemente não é absoluto. Bem assim, será relativizado em caso de audiência por videoconferência ou quando o réu for retirado da sala de audiências por risco de humilhação, temor ou sério constrangimento à testemunha ou à vítima (art. 217 do CPP).[6] Nesses casos, é óbvio que não se fala em crime de abuso de autoridade.

---

5. No mesmo sentido: AGI, Samer. Comentários à nova Lei de Abuso de Autoridade. Brasília: CPIuris, 2019, p. 64. Entendendo que o prazo razoável seria de 30 minutos: GRECO, Rogério; CUNHA, Rogério Sanches. *Abuso de autoridade*. Salvador: Juspodivm, 2019, p. 179.
6. STF, HC 86.572, Rel. Min. Carlos Britto, DJ 06/12/2005.

9.8. Conflito Aparente de Leis Penais

Impedimento de entrevista pessoal e reservada de preso	Violação de prerrogativa de advogado
art. 20 da Lei de Abuso de Autoridade	art. 7º-B do Estatuto da OAB
impedir, sem justa causa, a entrevista pessoal e reservada do preso com seu advogado antes de audiência policial ou judicial, ou do solto antes de audiência judicial	violar direito ou prerrogativa de advogado de comunicar-se com seu cliente solto antes de audiência policial, ou qualquer outra comunicação com preso ou solto (como em penitenciária)
Pena – detenção, de 6 (seis) meses a 2 (dois) anos, e multa.	Pena – detenção, de 3 (três) meses a 1 (um) ano, e multa.

9.9. Elemento Subjetivo (Tipo Subjetivo)

O elemento subjetivo geral no abuso de autoridade é o dolo. Não há abuso de autoridade culposo.

Entretanto, não basta o dolo de praticar a conduta típica de abuso, revelando-se indispensável o *animus abutendi*. O agente público deve agir com a finalidade específica (elemento subjetivo especial) de, alternativamente (art. 1º, §1º): (a) prejudicar outrem; (b) beneficiar a si mesmo ou a terceiro; (c) por mero capricho; (d) por satisfação pessoal.

Claro que a presunção é de que o agente atua com boa-fé, cabendo a quem alega má-fé comprová-la com elementos concretos e não meras suposições. Portanto, não comete abuso de autoridade o agente que errar ou atuar com desídia.

Grife-se ainda que a divergência na interpretação de lei ou na avaliação de fatos e provas não configura abuso de autoridade (art. 1º, §2º), vedando-se o crime de hermenêutica.

9.10. Consumação e Tentativa

Art. 20, *caput*: o delito se consuma quando o preso é impedido, sem justa causa, de se entrevistar com seu advogado de forma pessoal e reservada.

Art. 20, parágrafo único: ocorre o aperfeiçoamento do delito quando o preso, o réu solto ou o investigado são impedidos de entrevistar-se com seu advogado ou defensor, pessoal e reservadamente, ou de sentar-se ao seu lado e com ele comunicar-se durante a audiência, salvo no curso de interrogatório ou no caso de audiência realizada por videoconferência.

Em tese, pode-se cogitar da tentativa, pois o crime é plurissubsistente.

9.11. Ação Penal, procedimento e competência

A ação penal é pública incondicionada, cabendo ação penal privada subsidiária da pública em caso de omissão do *parquet* (art. 3º), que deve ser manejada no prazo decadencial de 6 meses.

Trata-se de infração de menor potencial ofensivo (pena máxima de 2 anos), incidindo o procedimento sumaríssimo do Juizado Especial Criminal e todas as medidas despenalizadoras da Lei 9.099/95. Não se aplica a defesa preliminar decorrente do procedimento especial de funcionário público (arts. 513 a 518 do CPP).

Não se admite o acordo de não persecução penal, porquanto cabível a transação penal (art. 28-A, § 2º, I do CPP). Considerando que a pena mínima é de 6 meses, admite-se a suspensão condicional do processo (art. 89 da Lei 9.099/95).

A competência para o processo e julgamento é do Juizado Especial Criminal Estadual, a menos que esteja presente alguma das hipóteses do art. 109 da CF, quando a competência será do Juizado Especial Criminal Federal. Havendo conexão ou continência entre crime estadual e federal, prevalece a Justiça Federal.[7]

9.12. Modelo de Peça Policial

O registro da permissão de entrevista pessoal e reservada do preso com seu advogado pode ser feito por intermédio de certidão específica, mas nada impede que seja consignado no próprio termo de interrogatório (cujo modelo está no item 5.12).

CERTIDÃO DE PERMISSÃO DE ENTREVISTA PESSOAL E RESERVADA

Certifico, no uso de minhas atribuições legais, que, às horário do dia data, na Delegacia de Polícia de local, ao preso nome foi facultada a entrevista pessoal e reservada com seu defensor nome e OAB antes do interrogatório.

Nome

Escrivão de Polícia

7. Súmula 122 do STJ: Compete à Justiça Federal o processo e julgamento unificado dos crimes conexos de competência federal e estadual, não se aplicando a regra do art. 78, II, a, do Código de Processo Penal.

Capítulo 10

Manutenção indevida de presos na mesma cela ou ambiente inadequado

10.1. Dispositivo legal

Figura simples	Art. 21. Manter presos de ambos os sexos na mesma cela ou espaço de confinamento: Pena - detenção, de 1 (um) a 4 (quatro) anos, e multa.
Figura equiparada	Parágrafo único. Incorre na mesma pena quem mantém, na mesma cela, criança ou adolescente na companhia de maior de idade ou em ambiente inadequado, observado o disposto na Lei nº 8.069, de 13 de julho de 1990 (Estatuto da Criança e do Adolescente).

10.2. Classificação

Crime de manutenção indevida de presos na mesma cela ou ambiente inadequado	
crime próprio	crime formal
crime unissubjetivo	crime de dano
crime permanente	crime comissivo (regra) ou omissivo (exceção)
crime de médio potencial ofensivo	

10.3. Constitucionalidade

Em uma análise global, a Lei de Abuso de Autoridade é questionável por ter sido feita a toque de caixa, com votação simbólica (e não nominal) e em regime de urgência, com parco debate (exatamente o oposto que deve ocorrer no devido processo legislativo), e também por ter o legislador escolhido alvos preferenciais para sofrer incidência dos tipos penais (o que não se coaduna com o princípio da impessoalidade – art. 37 da CF – e pode configurar abuso do poder de legislar). Mas também merece registro análise específica quanto a este delito.

A vagueza e imprecisão do legislador não é recomendada pelo princípio da taxatividade (art. 5º, XXXIX da CF). O termo *ambiente inadequado* é vago e enseja dúvidas.

De alguma maneira o próprio legislador reconheceu as considerações sobre a inconstitucionalidade deste delito, pois quanto ao tipo penal que também criminalizava ilegalidade contra preso, a saber, uso ilegal de algemas (art. 17), manteve o veto, em cuja justificativa constou que "gera insegurança jurídica por encerrar tipo penal aberto e que comporta interpretação. Ademais, há ofensa ao princípio da intervenção mínima, para o qual o Direito Penal só deve ser aplicado quando estritamente necessário".

10.4. Bem Jurídico Tutelado

Como todo crime de abuso de autoridade, cuida-se de crime pluriofensivo, havendo 2 bens jurídicos protegidos.

De forma imediata ou principal temos a proteção dos direitos e garantias fundamentais das pessoas físicas e jurídicas, nesse caso especificamente a integridade física (art. 5º, XLIX e XLVIII da CF) e a dignidade da pessoa humana (art. 1º, III, da CF).

O bem jurídico tutelado de maneira mediata ou secundária é a normalidade e a regularidade dos serviços públicos, isto é, o bom funcionamento do Estado.

10.5. Sujeito Ativo

Os crimes de abuso de autoridade, em regra, são classificados como próprios quanto ao sujeito ativo (arts. 1º e 2º). O tipo penal em análise não é exceção, pois só pode ser cometido por agente ou autoridade responsável por determinar a manutenção de presos de ambos os sexos na mesma cela ou espaço de confinamento, ou, ainda, conforme disposto no parágrafo único, por manter criança ou adolescente na companhia de maior de idade ou em ambiente inadequado.

Portanto, o crime pode ser praticado pelo responsável pela determinação ou pela execução do encarceramento de pessoas, a exemplo do delegado, do juiz e do policial penal. Trata-se de crime próprio, mas não de mão própria, porquanto a manutenção de pessoa confinada, por exemplo, pode se dar à mando de uma autoridade, mas executado por um terceiro que não detém tais atribuições (em coautoria).

10.6. Sujeito Passivo

O crime de abuso de autoridade tem dupla subjetividade passiva.

O sujeito passivo imediato ou principal é a pessoa física (mulher que permanece trancafiada em cela povoada por pessoas do sexo masculino, homem confinado em cela do sexo oposto, criança ou adolescente recolhido na companhia de maior de idade ou em ambiente inadequado) que sofre a conduta abusiva.

O sujeito passivo mediato ou secundário é o Estado (que também pode ser chamado de Administração Pública).

10.7. Conduta (Tipo Objetivo)

A legislação exige a separação de presos de acordo com a gravidade do delito, a idade, o sexo e a função do preso, bem como circunstância de estar com a integridade sob risco.

Todavia, nem toda irregularidade concernente à separação de presos no estabelecimento penal foi criminalizada como abuso de autoridade.

Na tabela a seguir é possível visualizar as exigências quanto à separação de presos, sua previsão legal e a configuração ou não de crime de abuso de autoridade.

Separação de presos no estabelecimento penal		
Categoria de separação de presos	**Previsão Legal**	**Crime de abuso de autoridade**
idoso	art. 82, §1º da LEP	---
criança e adolescente	art. 123 do ECA	art. 21, parágrafo único da Lei 13.869/19
mulher	arts. 82, §1º e 83, §§2º e 3º da LEP	art. 21, caput da Lei 13.869/19
preso provisório e preso definitivo	art. 84, caput da LEP	---
gravidade do crime	art. 84, §§1º e 3º da LEP	---
funcionário da Administração da Justiça Criminal	art. 84, §2º da LEP	---
preso com integridade ameaçada	art. 84, §4º da LEP	---
militar	art. 300, parágrafo único do CPP	---
funcionários públicos e detentores de diploma de curso superior	art. 295 do CPP	---
funcionários públicos com direito a sala de Estado-Maior	- art. 40, V da Lei 8.625/93 - art. 18, II, e da Lei Complementar 75/93 - art. 33 da Lei Complementar 35/79 arts. 44, III, e 128, III da Lei Complementar 80/94 - art. 7º, V da Lei 8.906/94	---

Nota-se que a figura simples criminaliza a irregularidade quanto ao sexo do preso, e a figura equiparada tipifica a irregularidade com relação à idade (especificamente no que tange ao menor).

10.7.1. Figura simples

A lei pune a conduta de *manter presos de ambos os sexos na mesma cela ou espaço de confinamento.*

Estabelece a legislação:

> CF, art. 5º, XLVIII - a pena será cumprida em estabelecimentos distintos, de acordo com a natureza do delito, a idade e o sexo do apenado;

> LEP, Art. 82. § 1° A mulher e o maior de sessenta anos, separadamente, serão recolhidos a estabelecimento próprio e adequado à sua condição pessoal.
>
> Art. 83. §3º Os estabelecimentos de que trata o § 2º deste artigo deverão possuir, exclusivamente, agentes do sexo feminino na segurança de suas dependências internas.

A conduta *manter* abrange não apenas aquele que determina a inclusão indevida de pessoas do sexo masculino e feminino na mesma cela ou espaço de confinamento, mas também o agente que, ao tomar conhecimento do fato, abstém-se, permitindo que o constrangimento ilegal se mantenha.

Cela e espaço de confinamento

Por *cela*, deve-se compreender um espaço mais restrito, destinado ao recolhimento de presos (cautelares ou definitivos). Já o *espaço de confinamento* é o ambiente improvisado onde os presos permanecem transitoriamente custodiados até que haja o recolhimento ao local adequado para cumprir a determinação judicial de prisão.

A viatura policial configura ou não espaço de confinamento, conforme a utilização que se lhe empregue. Se utilizada para uma de suas funções normais, qual seja, transportar presos de um local a outro, não se encaixa como espaço de confinamento, não incidindo este crime. De outro lado, se for empregada para efetivamente segregar o a pessoa e mantê-la presa, atua a viatura como espaço de confinamento, havendo delito caso homem e mulher sejam mantidos encarcerados no mesmo veículo.

Gênero

A distinção *ambos os sexos* (feminino e masculino) não se limita ao sexo biológico, sofrendo influência da identidade de gênero.

Identidade de gênero consiste na dimensão da identidade de uma pessoa que diz respeito à forma como se relaciona com as representações de masculinidade e feminilidade e como isso se traduz em sua prática social, sem guardar relação necessária com o sexo atribuído no nascimento (art. 1º, parágrafo único, II do Decreto 8.727/16). Na visão do Supremo Tribunal Federal:

> A pessoa transgênero que comprove sua identidade de gênero dissonante daquela que lhe foi designada ao nascer por autoidentificação firmada em declaração escrita desta sua vontade dispõe do direito fundamental

> subjetivo à alteração do prenome e da classificação de gênero no registro civil pela via administrativa ou judicial, independentemente de procedimento cirúrgico e laudos de terceiros, por se tratar de tema relativo ao direito fundamental ao livre desenvolvimento da personalidade.[1]

Nesse panorama, o homem ou a mulher transgênero deverão ter respeitado seu registro civil para fins de recolhimento à cela ou ao espaço de confinamento.[2] O que também implica na garantia de a transgênero ser revistada por policial feminina (art. 249 do CPP).

Vale comentar que há decisão monocrática de Ministro do STF indo além, determinando que basta a observância do gênero social, independente do registro civil.[3]

No que toca à prisão de lésbicas, gays, bissexuais e travestis, importante registrar o teor da Resolução Conjunta 1/14 do Conselho Nacional de Política Criminal e Penitenciária:

> Art. 1º - Parágrafo único.
>
> I - Lésbicas: denominação específica para mulheres que se relacionam afetiva e sexualmente com outras mulheres;
>
> II - Gays: denominação específica para homens que se relacionam afetiva e sexualmente com outros homens;
>
> III - Bissexuais: pessoas que se relacionam afetiva e sexualmente com ambos os sexos;
>
> IV - Travestis: pessoas que pertencem ao sexo masculino na dimensão fisiológica, mas que socialmente se apresentam no gênero feminino, sem rejeitar o sexo biológico; e
>
> V - Transexuais: pessoas que são psicologicamente de um sexo e anatomicamente de outro, rejeitando o próprio órgão sexual biológico.
>
> Art. 2º - A pessoa travesti ou transexual em privação de liberdade tem o direito de ser chamada pelo seu nome social, de acordo com o seu gênero.
>
> Art. 3º - Às travestis e aos gays privados de liberdade em unidades prisionais masculinas, considerando a sua segurança e especial vulnerabilidade, deverão ser oferecidos espaços de vivência específicos. (...)

---

1. STF, ADI 4.275, Rel. Min. Edson Fachin, DJ 01/03/2018.
2. GRECO, Rogério; CUNHA, Rogério Sanches. *Abuso de autoridade*. Salvador: Juspodivm, 2019, p. 192; LIMA, Renato Brasileiro de. *Legislação criminal especial comentada*. Salvador: Juspodivm, 2020, p. 139; AGI, Samer. *Comentários à nova Lei de Abuso de Autoridade*. Brasília: CPIuris, 2019, p. 65.
3. STF, HC 152.491, Rel. Min. Luis Roberto Barroso, DJ 16/02/2018.

> Art. 5º - À pessoa travesti ou transexual em privação de liberdade serão facultados o uso de roupas femininas ou masculinas, conforme o gênero, e a manutenção de cabelos compridos, se o tiver, garantindo seus caracteres secundários de acordo com sua identidade de gênero.

10.7.2. Figura equiparada

Incorre na mesma pena quem *mantém, na mesma cela, criança ou adolescente na companhia de maior de idade ou em ambiente inadequado.*

Estabelece o ordenamento jurídico:

> CF, art. 5º, XLVIII - a pena será cumprida em estabelecimentos distintos, de acordo com a natureza do delito, a idade e o sexo do apenado;
>
> ECA, Art. 123. A internação deverá ser cumprida em entidade exclusiva para adolescentes, em local distinto daquele destinado ao abrigo, obedecida rigorosa separação por critérios de idade, compleição física e gravidade da infração.

Ambiente inadequado é aquele manifestamente insalubre, equiparado à cela forte ou cafua. A cela convencional, de ambiente gradeado e dotado de vigilância suficiente acauteladora, própria para a custódia, não se equipara[4].

Todavia, é sabido que poucas delegacias (onde são cumpridas internações provisórias até 5 dias – art. 185, §2º do ECA) ou entidades socioeducativas têm rigorosa separação por idade, compleição física e gravidade do ato infracional. Por isso, é sempre importante realçar que não basta que o agente recolha o adolescente no local inapropriado ou com pessoa adulta para automática configuração do delito, sendo imperioso demonstrar a finalidade específica de prejudicar outrem ou beneficiar a si mesmo ou a terceiro, ou, ainda, que agiu por mero capricho ou satisfação pessoal (art. 1º, §1º).

4. LESSA, Marcelo de Lima; MORAES, Rafael Francisco Marcondes de; GIUDICE, Benedito Ignácio. Nova Lei de Abuso de Autoridade (Lei 13.869/2019): diretrizes de atuação de Polícia Judiciária. São Paulo: Academia de Polícia "Dr. Coriolano Nogueira Cobra", 2020, p. 101.

10.8. Conflito Aparente de Leis Penais

Manutenção indevida de presos na mesma cela ou ambiente inadequado	Tortura propriamente dita
art. 21 da Lei de Abuso de Autoridade	art. 1º, §1º da Lei 9.455/97
manter presos de ambos os sexos na mesma cela ou espaço de confinamento, ou criança ou adolescente com maior idade ou em ambiente inadequado	submeter preso a sofrimento físico ou mental, por meio de ato não previsto em lei ou não resultante de medida legal
pena de 1 a 4 anos, e multa	pena de 2 a 8 anos

10.9. Elemento Subjetivo (Tipo Subjetivo)

O elemento subjetivo geral no abuso de autoridade é o dolo. Não há abuso de autoridade culposo.

Entretanto, não basta o dolo de praticar a conduta típica de abuso, revelando-se indispensável o *animus abutendi*. O agente público deve agir com a finalidade específica (elemento subjetivo especial) de, alternativamente (art. 1º, §1º): (a) prejudicar outrem; (b) beneficiar a si mesmo ou a terceiro; (c) por mero capricho; (d) por satisfação pessoal.

Claro que a presunção é de que o agente atua com boa-fé, cabendo a quem alega má-fé comprová-la com elementos concretos e não meras suposições. Portanto, não comete abuso de autoridade o agente que errar ou atuar com desídia.

Grife-se ainda que a divergência na interpretação de lei ou na avaliação de fatos e provas não configura abuso de autoridade (art. 1º, §2º), vedando-se crime de hermenêutica.

10.10. Consumação e Tentativa

Art. 21, *caput*: ocorre no exato instante em que presos de ambos os sexos são mantidos recolhidos na mesma cela ou no mesmo espaço de confinamento.

Art. 21, parágrafo único: o delito se aperfeiçoa no exato instante em que criança ou adolescente são recolhidos na mesma cela com pessoa maior de idade ou em ambiente inadequado.

O verbo nuclear (*manter*) indica que a conduta deve ser avaliada em um espaço de tempo considerável.

Trata-se de crime permanente, pois a conduta se prolonga no tempo. Logo, admite-se a prisão em flagrante a qualquer momento.

Admite-se a tentativa, na medida em que o crime se classifica como plurissubsistente, sendo fracionável o *iter criminis*.

10.11. Ação Penal, procedimento e competência

A ação penal é pública incondicionada, cabendo ação penal privada subsidiária da pública em caso de omissão do *parquet* (art. 3º), que deve ser manejada no prazo decadencial de 6 meses.

Trata-se de infração de médio potencial ofensivo (pena máxima de 4 anos), o que faz incidir o procedimento comum ordinário (arts. 394 a 405 do CPP). Isso quer dizer que cabe a prisão em flagrante (não bastando a indicação da conduta típica, sendo imprescindível a demonstração inequívoca do elemento subjetivo), com consequente instauração de inquérito policial.

Por se tratar de crime funcional afiançável, incide a defesa preliminar decorrente do procedimento especial de funcionário público (arts. 513 a 518 do CPP), exceto se o agente ostentar foro por prerrogativa de função ou se se tratar de infração de menor potencial ofensivo.

Considerando que a pena mínima é de 1 ano, admite-se o acordo de não persecução penal (art. 28-A do CPP), ou caso não proposto a suspensão condicional do processo (art. 89 da Lei 9.099/95).

A competência para o processo e julgamento é da Justiça Estadual, a menos que presente alguma das hipóteses do art. 109 da CF, quando a competência será da Justiça Federal. Havendo conexão ou continência entre crime estadual e federal, prevalece a Justiça Federal.[5]

---

5. Súmula 122 do STJ: Compete à Justiça Federal o processo e julgamento unificado dos crimes conexos de competência federal e estadual, não se aplicando a regra do art. 78, II, a, do Código de Processo Penal.

Capítulo 11

Violação de domicílio com abuso de autoridade

11.1. Dispositivo legal

Figura simples	Art. 22. Invadir ou adentrar, clandestina ou astuciosamente, ou à revelia da vontade do ocupante, imóvel alheio ou suas dependências, ou nele permanecer nas mesmas condições, sem determinação judicial ou fora das condições estabelecidas em lei: Pena - detenção, de 1 (um) a 4 (quatro) anos, e multa.
Figura equiparada	§ 1º Incorre na mesma pena, na forma prevista no caput deste artigo, quem: I - coage alguém, mediante violência ou grave ameaça, a franquear-lhe o acesso a imóvel ou suas dependências; II - VETADO III - cumpre mandado de busca e apreensão domiciliar após as 21h (vinte e uma horas) ou antes das 5h (cinco horas).
Cláusula de atipicidade	§ 2º Não haverá crime se o ingresso for para prestar socorro, ou quando houver fundados indícios que indiquem a necessidade do ingresso em razão de situação de flagrante delito ou de desastre.

11.2. Classificação

Crime de violação de domicílio com abuso de autoridade	
crime próprio	crime formal
crime unissubjetivo	crime de dano
crime instantâneo (*caput* e § 1º, inciso I) e permanente (§ 1º, inciso II)	crime comissivo (invadir, adentrar, coagir ou cumprir) ou omissivo (permanecer)
crime de médio potencial ofensivo	

11.3. Constitucionalidade e veto

Em uma análise global, a Lei de Abuso de Autoridade é questionável por ter sido feita a toque de caixa, com votação simbólica (e não nominal) e em regime de urgência, com parco debate (exatamente o oposto que deve ocorrer no devido processo legislativo), e também por ter o legislador escolhido alvos preferenciais para sofrer incidência dos tipos penais (o que não se coaduna com o princípio da impessoalidade – art. 37 da CF – e pode configurar abuso do poder de legislar). Mas também merece registro análise específica quanto a este delito.

Causa estranheza a pena máxima de 4 anos para quem cumpre mandado de busca e apreensão domiciliar antes das 5h, sabendo que quem viola domicílio alheio merece pena máxima de 3 meses (art. 150 do CP). O legislador deve obediência ao princípio da proporcionalidade (art. 5º, LIV da CF), que lhe proíbe o excesso.

Foi vetada a figura equiparada do art. 22, §1º, II, que criminaliza quem *executa mandado de busca e apreensão em imóvel alheio ou suas dependências, mobilizando veículos, pessoal ou armamento de forma ostensiva e desproporcional, ou de qualquer modo extrapolando os limites da autorização judicial, para expor o investigado a situação de vexame.* Nas razões do veto consta que "gera insegurança jurídica por encerrar tipo penal aberto e que comporta interpretação. Além disso, em operações policiais, o planejamento da logística de bens e pessoas competem às autoridades da segurança pública".

11.4. Bem Jurídico Tutelado

Assim como os demais delitos de abuso de autoridade, cuida-se de crime pluriofensivo, havendo 2 bens jurídicos protegidos.

De forma imediata ou principal temos a proteção dos direitos e garantias fundamentais das pessoas físicas e jurídicas, nesse caso especificamente a intimidade e a vida privada, mais detidamente a inviolabilidade do domicílio (art. 5º, XI da CF).

O bem jurídico tutelado de maneira mediata ou secundária é a normalidade e a regularidade dos serviços públicos, isto é, o bom funcionamento do Estado.

11.5. Sujeito Ativo

Os crimes de abuso de autoridade, em regra, são classificados como próprios quanto ao sujeito ativo (arts. 1º e 2º). O tipo penal em análise não é exceção, pois só pode ser cometido por agente ou autoridade que invade ou adentra, clandestina ou astuciosamente, ou à revelia da vontade do ocupante, imóvel alheio ou suas dependências, ou nele permanece nas mesmas condições, sem determinação judicial ou fora das condições estabelecidas em lei (art. 22, caput). Nos termos do parágrafo único, também figura como sujeito ativo o agente ou autoridade que coage alguém, mediante violência ou grave ameaça, a franquear-lhe o acesso a imóvel ou suas dependências, ou ainda cumpre mandado de busca e apreensão domiciliar após as 21h ou antes das 5h.

O crime é próprio, mas não de mão própria. Assim, pode figurar como coautor alguém que não ostente a qualidade de agente público, a exemplo do repórter que adentra na residência juntamente com o policial para cobrir um *furo de reportagem.*

Vale destacar que o sujeito ativo da infração penal não se restringe à figura do policial, sendo perfeitamente possível cogitar sua prática por um oficial de justiça ou um agente de saúde, por exemplo.

11.6. Sujeito Passivo

O crime de abuso de autoridade tem dupla subjetividade passiva.

O sujeito passivo imediato ou principal é a pessoa física que sofre a conduta abusiva. Abrange aquele que detenha poderes legais de posse, de propriedade e de detenção sobre o imóvel. O legislador optou por utilizar a terminologia *ocupante,* conferindo maior abrangência ao dispositivo legal. Destarte, o proprietário, o posseiro, o locatário do imóvel podem ser possíveis sujeitos passivos de tal infração.

O sujeito passivo mediato ou secundário é o Estado (que também pode ser chamado de Administração Pública).

11.7. Conduta (Tipo Objetivo)

Figuras simples e equiparadas

A forma simples do tipo penal criminaliza a conduta de *invadir ou adentrar, clandestina ou astuciosamente, ou à revelia da vontade do ocupante, imóvel alheio ou suas dependências, ou nele permanecer nas mesmas condições, sem determinação judicial ou fora das condições estabelecidas em lei.*

O tipo penal possui também figuras equiparadas, incorrendo na mesma pena quem:

I - coage alguém, mediante violência ou grave ameaça, a franquear-lhe o acesso a imóvel ou suas dependências;

III - cumpre mandado de busca e apreensão domiciliar após as 21h (vinte e uma horas) ou antes das 5h (cinco horas).

Inviolabilidade do domicílio e exceções

Sabendo que o tipo penal protege a inviolabilidade da casa, convém verificar a previsão constitucional dessa proteção e suas exceções (em que é autorizada a entrada no imóvel):

> Art. 5º, XI. A casa é asilo inviolável do indivíduo, ninguém nela podendo penetrar sem consentimento do morador, salvo em caso de flagrante delito ou desastre, ou para prestar socorro, ou, durante o dia, por determinação judicial.

Exceções à inviolabilidade da casa	Período autorizado
Determinação judicial	dia
Flagrante delito	dia ou noite
Desastre	
Prestar socorro	
Consentimento do morador	

Podem ser mencionadas ainda como exceções constitucionais à inviolabilidade domiciliar o estado de sítio (arts. 138 e 139 da CF) e a requisição administrativa (art. 5º, XXV da CF).

Com efeito, o desrespeito às hipóteses de inviolabilidade da casa enseja as seguintes figuras típicas:

Exceções à inviolabilidade da casa	Irregularidade	Crime de abuso de autoridade
Determinação judicial	ausência do mandado	art. 22, *caput*, 2ª parte
	mandado existente, mas cumprido indevidamente	art. 22, §1º, III
Consentimento do morador	ausência de consentimento	art. 22, *caput*, 1ª parte
	consentimento obtido por coação	art. 22, §1º
Flagrante delito	ausência de fundadas razões	art. 22, *caput*, 3ª parte
Desastre	ausência de fundadas razões	art. 22, *caput*, 3ª parte
Prestar socorro	ausência de fundadas razões	art. 22, *caput*, 3ª parte

Para evitar o aparente conflito entre tais normas, foi revogada a figura qualificada do crime de violação de domicílio (art. 150, §2º do CP) que punia justamente a conduta de o funcionário público ilegalmente.

Imóvel (Casa)

Conquanto a Lei de Abuso de Autoridade tenha utilizado o vocábulo *imóvel,* e não *casa,* é óbvio que esse objeto material é exatamente o mesmo. O conceito de casa para fins da legislação penal e processual penal (art. 150, *caput* e §4º do CP e 246 do CPP) é bem mais abrangente que para a norma civil (art. 70 do CC), não se restringindo ao local onde a pessoa estabelece sua residência com ânimo definitivo, englobando qualquer local de habitação, pouco importando seja permanente, eventual ou transitória.

Consiste em todo local delimitado, individual ou coletivo, que alguém ocupa com exclusividade, para fins pessoais ou profissionais.[1] Abarca qualquer compartimento habitado (casa ou apartamento) e suas dependências (jardim, garagem, quintal, sacada, terraço, pátio), por se tratar de local situado dentro do terreno da casa, sendo preciso indicação visível a terceiros no sentido de que se trata de propriedade particular (tais como portão, cerca, placa). As pastagens e campos de propriedades rurais não são dependências da casa, e, por corolário, não são resguardadas.

1. MORAES, Alexandre de. *Direito constitucional.* São Paulo: Atlas, 2014, p. 55.

Protege-se também o aposento de habitação coletiva (quarto de pensão ou república). No caso de imóvel eventualmente vazio, incide o crime, desde que a ausência do morador seja meramente circunstancial. Já a casa abandonada não configura objeto material do delito. Importante, portanto, não confundir a casa abandonada com a casa ocupada esporadicamente, pois estas se encaixam como objeto material do crime (a exemplo de quarto ocupado de hotel ou motel,[2] casa de praia, leito de hospital e a cabine de navio).

Quanto ao veículo, pode estar englobado como habitação móvel, como é o caso do *trailer*.[3] Com relação à cabine de caminhão utilizada pelo caminhoneiro para dormir, é casa desde que se trate de viagem prolongada, lá possuindo objetos pessoais, roupas e material de higiene.[4]

Abrange também o compartimento não aberto ao público onde se exerce profissão ou atividade (de natureza pública ou privada). Ou seja, o domicílio pode se destinar não só a fins residenciais, mas também profissionais (nesse caso, a proteção limita-se à área de acesso restrito ao público - *do balcão para dentro*).[5] Destarte, estão englobados no conceito escritório profissional, consultório médico, estabelecimentos comerciais, depósitos e lojas. A área restrita de repartições públicas, de igual forma, está abrangida no conceito legal de casa, tal qual o gabinete de autoridade pública, como o delegado de polícia.[6]

Já as áreas abertas ao público de estabelecimentos públicos e privados não são protegidas pela inviolabilidade. Todavia, nos horários fora de expediente, quando estão fechados ao público, passam a contar com a proteção constitucional. Logo, não estão albergadas pela inviolabilidade domiciliar a área aberta ao público de habitação coletiva (átrio de pensão ou república), temporária (*hall* de hotel e hospital, saguão de navio) ou móvel (reboque de caminhão), além da área aberta ao público de estabelecimento comercial ou profissional (*do balcão para fora*) durante o horário de funcionamento.

Dia e noite

A doutrina sempre se dividiu quanto ao melhor critério para estabelecer o conceito de dia. Segundo o critério físico-astronômico, dia é o período

---

2. STF, RHC 90.376, Rel. Min. Celso de Mello, DJ 18/05/2007.
3. STJ, HC 216.437, Rel. Min. Sebastião Reis Júnior, DJ 10/04/2012.
4. AVENA, Norberto Cláudio Pàncaro. *Processo penal esquematizado*. São Paulo: Método, 2014, p. 574.
5. STF, HC 93.050, Rel. Min. Celso de Mello, DJ 10/06.2008.
6. STJ, HC 298.763, Rel. Min. Jorge Mussi, DJ 07/10/2014.

entre a aurora e o crepúsculo (nascer e pôr-do-sol).[7] O critério cronológico, por sua vez, engloba o espaço de tempo entre 6h e 18h,[8] dividindo dia e noite em períodos iguais de 12hs. Existe ainda o critério misto entre os conceitos.[9]

Como agora a Lei 13.869/19 define como crime em seu art. 22, §1º, III o cumprimento de mandado de busca e apreensão domiciliar após as 21h ou antes das 5h, adotou o critério cronológico, alterando seu intervalo de tempo. A polêmica, entretanto, continua.

Uma parte da doutrina alega que como a Constituição (art. 5º, XI) só autoriza a entrada na casa por determinação judicial durante o dia, não pode a legislação infraconstitucional definir arbitrariamente que ainda é dia até as 21h, só podendo a entrada na casa acontecer depois das 18h e até as 21h se houver iluminação solar (interpretação conforme a Constituição).[10]

De outro lado, não seria equivocada a utilização apenas do critério cronológico de dia (entre 5h e 21h).[11] Afinal, a Constituição, ao resguardar o descanso do morador à noite, em momento algum proibiu que o legislador definisse com maior exatidão o conceito de dia e noite, dentro de uma margem de proporcionalidade (assim como ocorreu com o conceito de casa). Se for adotado o critério misto que soma o horário cronológico à presença de luminosidade, seria jogada por terra a segurança jurídica que o legislador quis finalmente conferir com o texto legal. Ademais, criaria cenário confuso e teratológico, em que o cumprimento do mandado domiciliar em certo horário (entre 18h e 21h) não configuraria crime, mas acarretaria a ilicitude da prova, em insuportável antinomia jurídica. Nem ao policial nem ao morador interessa a incerteza sobre a licitude da entrada na casa, sendo necessária previsibilidade quanto à ação do Estado.

> De todo modo, independentemente da corrente doutrinária que se queira adotar, parece não haver dúvida de que o cumprimento de mandado de busca por agente público entre as 5h e as 21h, haja ou não luminosidade,

---

7. MELLO FILHO, José Celso de. *Constituição Federal anotada*. São Paulo: Saraiva, 1986, p. 442; NUCCI, Guilherme de Souza. *Manual de processo penal e execução penal*. Rio de Janeiro: Forense, 2015, p. 494.
8. SILVA, José Afonso da. *Curso de Direito Constitucional Positivo*. São Paulo: Malheiros, 2006, p. 437; TOURINHO FILHO, Fernando Costa. *Processo penal. v. 3*. São Paulo: Saraiva, 2010, p. 414.
9. LENZA, Pedro. *Direito constitucional esquematizado*. São Paulo: Saraiva, 2014, p. 1090; MORAES, Alexandre de. *Direito constitucional*. São Paulo: Atlas, 2014, p. 58.
10. GRECO, Rogério; CUNHA, Rogério Sanches. *Abuso de autoridade*. Salvador: Juspodivm, 2019, p. 136.
11. LIMA, Renato Brasileiro de. *Legislação criminal especial comentada*. Salvador: Juspodivm, 2020, p. 147.

jamais terá o condão de caracterizar o delito do art. 22, §1º, III da Lei 13.869/19, haja vista a vedação do crime de hermenêutica constante do art. 1º, §2º.[12]

Outrossim, a diligência iniciada durante o dia pode ser estendida durante a noite.[13] Eventual suspensão dos trabalhos demandaria que a casa fosse cercada, com rodízio de equipes policiais, e todos os moradores impedidos de sair, gerando o risco de que objetos ilícitos ainda não encontrados fossem destruídos ou ocultados, frustrando a diligência. Nessa esteira, não deve haver solução de continuidade na atividade.

Assim sendo, com o encerramento da medida, lavratura do auto circunstanciado e saída de toda a equipe policial do local, não se admite a retomada da busca horas depois sem nova ordem judicial, ainda que durante o dia.[14]

De mais a mais, excepcionalmente é possível o início do cumprimento de mandado judicial na casa à noite. Como a inviolabilidade não pode transformar o domicílio em reduto inexpugnável de criminalidade, o Supremo Tribunal Federal[15] admitiu a entrada judicialmente autorizada em escritório de advocacia durante a noite, para viabilizar o êxito da instalação de equipamento de captação de comunicação ambiental (bem como da realização de busca exploratória).

Consentimento do morador

A entrada na casa com consentimento do morador se caracteriza pela concordância do habitante com a diligência, podendo ser realizada durante o dia ou à noite. Nesse caso, não há que se falar em crime, tampouco de ilicitude da prova eventualmente colhida.

Nenhum problema existe no fato de o morador abrir mão da inviolabilidade do domicílio no caso concreto, tendo em vista que a intimidade e privacidade são bens jurídicos disponíveis. Mas a aquiescência deve ser livre, expressa, anterior, específica e oriunda de pessoa capaz de consentir. Ou seja, não se admite o assentimento decorrente de coação física ou moral,

12. LIMA, Renato Brasileiro de. *Legislação criminal especial comentada*. Salvador: Juspodivm, 2020, p. 147.
13. GRECO, Rogério; CUNHA, Rogério Sanches. *Abuso de autoridade*. Salvador: Juspodivm, 2019, p. 202-203.
14. STJ, HC 216.437, Rel. Min. Sebastião Reis Júnior, DJ 20/09/2012.
15. STF, Inq 2.424, Rel. Min. Cezar Peluso, DJ 20/11/2008.

implícito,[16] posterior, sem prévia informação de direitos, genérico ou emanado de pessoa incapaz de consentir.

O consentimento precisa ser livre, ou seja, não estar viciado por erro ou qualquer tipo de intimidação ou promessa de favorecimento. Deve ser expresso, jamais presumido (o silêncio não pode ser interpretado como autorização, por força da regra probatória derivada do princípio do *in dubio pro reo).* Como não há previsão legal de forma especial, pode ser concedido tanto verbalmente como por escrito. Deve ser anterior à entrada na casa, nunca posterior. Necessita ser específico, ou seja, outorgada para um caso concreto, e nunca futuro ou genérico. E concedido por pessoa capaz de consentir.

Havendo mais de um morador (que não precisa ser necessariamente proprietário, locatário ou possuidor), a autorização deve ser unânime.[17] Em caso de divergência prevalece a negativa, solução consentânea com o espectro protetivo que deve cercar o direito fundamental à inviolabilidade do domicílio.

Flagrante delito

Entrar no imóvel para interromper flagrante delito não demanda ordem judicial, e pode ser feita durante o dia ou à noite. Trata-se de hipótese que afasta o delito (art. 22, §2º).

O ingresso no domicílio pode ocorrer diante da ocorrência de uma das hipóteses de flagrância elencadas no art. 302 do CPP. Há quem sustente que apenas o flagrante próprio (art. 302, I e II do CPP) autorizaria a entrada forçada no local, pois a norma mitigadora de direitos fundamentais deve ser interpretada restritivamente.[18] Entretanto, prevalece na doutrina[19] e na jurisprudência[20] que o preceito constitucional não trouxe qualquer restrição quanto às demais modalidades de flagrante (impróprio e presumido – art. 302, III e IV do CPP), não sendo adequada a hermenêutica que sirva para

---

16. PINTO, Ana Luísa. *Aspectos problemáticos do regime de buscas domiciliárias.* Revista Portuguesa de Ciência Criminal, n. 3, ano 15, jul.-set. 2005.
17. PITOMBO, Cleunice Bastos. *Da busca e apreensão no processo penal.* São Paulo: RT, 2005, p. 133-134.
18. NUCCI, Guilherme de Souza. *Manual de processo penal e execução penal.* Rio de Janeiro: Forense, 2015, p. 539.
19. TOURINHO FILHO, Fernando Costa. *Processo penal. v. 3.* São Paulo: Saraiva, 2010, p. 406; AVENA, Norberto Cláudio Pàncaro. *Processo penal esquematizado.* São Paulo: Método, 2014, p. 576.
20. STF, RHC 91.189, Rel. Min. Cezar Peluso, DJe 23/04/2010 STJ, HC 10.899, Rel. Min. Gilson Dipp, DJ 23/04/2001.

tornar a casa um escudo protetivo em favor de delinquentes em flagrante, criando odiosa imunidade ao criminoso.

Qualquer infração penal que esteja sendo praticada dentro da casa pode ser interrompida, ainda que se trate de contravenção penal. O termo *flagrante delito* deve ser interpretado extensivamente, pois não faria sentido proteger o cidadão contra apenas uma das espécies do gênero infração penal (crime), deixando-o desamparado quando for vitimado pela outra modalidade (contravenção penal).

Existe importante discussão quanto ao flagrante de crime permanente, cuja consumação se prolonga no tempo (ex: tráfico de drogas e porte ilegal de arma de fogo), e enquanto não cessar a permanência, admite-se sua prisão em flagrante (art. 303 do CPP) mesmo que dentro de sua casa. A polêmica reside não na possibilidade da entrada na casa, mas no grau de certeza de que o crime está ocorrendo. De um lado, não é necessária certeza visual do flagrante ocorrendo no interior da casa; e de outro flanco, não basta mera desconfiança pessoal de que um crime está a ocorrer no interior da casa. O critério agasalhado pelo Supremo Tribunal Federal está no meio termo, a saber, são necessárias fundadas razões de que há uma situação flagrancial:

> A entrada forçada em domicílio sem mandado judicial só é lícita, mesmo em período noturno, quando amparada em fundadas razões, devidamente justificadas a posteriori, que indiquem que dentro da casa ocorre situação de flagrante delito, sob pena de responsabilidade disciplinar, civil e penal do agente ou da autoridade e de nulidade dos atos praticados.[21]

Segundo a jurisprudência, existem fundadas razões quando o policial sentir o cheiro da droga e constatar o nervosismo do suspeito.[22] De outro lado, não há fundadas razões em fuga de abordagem sem que haja fundada suspeita para busca pessoal, e em seguida refúgio em casa.[23]

Desastre e socorro

As hipóteses de desastre ou prestar socorro também autorizam a entrada na residência, durante o dia ou à noite, e não acarretam abuso de autoridade (art. 22, §2º).

---

21. STF, RE 603.616, Rel. Min. Gilmar Mendes, DJ 05/11/2015.
22. STJ, HC 423.838, Rel. Min. Sebastião Reis Júnior, DJ 18/12/2017.
23. STJ, REsp 1.574.681, Rel. Min. Rogério Schietti Cruz, DJ 20/04/2017.

O desastre ocorre diante de acidente decorrente de conduta humana (ex: abalroamento de veículos, manuseio equivocado de máquina, etc.) ou de catástrofe natural (ex: desabamento, enchente, incêndio, etc.). Sendo preciso a entrada em domicílio alheio para resguardar a integridade física e vida do morador e de terceiros (ex: resgatar um morador ilhado na enchente, remover um poste caído para evitar um incêndio na vizinhança), não se exige anterior ordem judicial.

A entrada na residência para prestar socorro pode decorrer de desastre, mas também derivar de um urgente problema de saúde (ex: amparar um morador infartado), tampouco sendo razoável condicionar o auxílio a uma manifestação do Judiciário.

Assim como o flagrante delito, são situações de urgência que impelem o agente a entrar imediatamente na casa para fazer cessar o dano ou perigo. Nessa esteira, se quanto ao flagrante delito são necessárias fundadas razões para justificar a entrada no imóvel, a mesma lógica deve vigorar para o desastre e o socorro.

Determinação judicial

Uma das formas lícitas de entrada na casa é por determinação do magistrado (mandado judicial). A medida cautelar deve ser realizada quando presentes os requisitos do *fumus boni iuris* (plausibilidade da medida, analisada com base na probabilidade e verossimilhança dos elementos disponíveis) e *periculum in mora* (risco de perecimento pela deterioração natural, desaparecimento ou destruição).

O mandado de busca e apreensão deve indicar, o mais precisamente possível, a finalidade da diligência – além do endereço da casa, o nome do proprietário ou morador e o motivo (art. 243 do CPP).

Ao iniciar a diligência, os executores intimarão o morador a abrir a porta (art. 245, *caput* do CPP). Para tornar ainda mais transparente a medida, os policiais devem se identificar, esclarecendo também o objeto da diligência (art. 245, §1º do CPP). Na sequência, se for determinada a pessoa ou coisa que se vai procurar, o morador será intimado a mostrá-la (art. 245, §5º do CPP).

Em caso de desobediência, será arrombada a porta e forçada a entrada (art. 245, §2º do CPP). No mesmo sentido, recalcitrando o morador, será permitido o emprego de força contra coisas existentes no interior da casa, para o descobrimento do que se procura (art. 245, §3º do CPP).

Descoberta a pessoa ou coisa que se procura, será imediatamente apreendida e posta sob custódia da autoridade ou de seus agentes (art. 245, §6º do CPP).

A ausência do morador não impede a imediata concretização da busca e apreensão domiciliar, não sendo preciso aguardar o surgimento do investigado. Fica autorizado o arrombamento da porta e o uso da força para viabilizar a descoberta da coisa (art. 245, §4º do CPP). Deve ser intimado a assistir à diligência qualquer vizinho, se houver e estiver presente, recomendando-se que o imóvel seja lacrado ao fim da medida.

Podem ser revistados o morador e outras pessoas presentes (art. 240, §2º do CPP), inclusive o advogado do investigado, que pode estar com documento ou outro objeto de interesse para a investigação (art. 243, §2º do CPP).

A diligência deve ser realizada com discrição, sem o acompanhamento simultâneo da imprensa ou de terceiras pessoas. O palco de operações deve permanecer desembaraçado, se preciso com estabelecimento de perímetros de isolamento. A agilidade é fundamental. O alvo não deve ser molestado mais do que o indispensável para o sucesso da diligência (art. 248 do CPP).

Não é obrigatória a participação de advogado. O direito do advogado concentra-se em assistir a seu cliente investigados durante a realização da sua inquirição (art. 7º, XXI do Estatuto da OAB). Claro que, no momento em que o causídico chegar, poderá acompanhar a execução da medida, sem interferir em sua execução, podendo ter acesso ao resultado da diligência assim que for finalizada e juntada aos autos (art. 7º, §11 do EOAB e súmula vinculante 14 do STF).

Por falar em advogado, em se tratando de escritório de advocacia, o Estatuto da OAB possui previsão específica com requisitos adicionais:

> Art. 7º São direitos do advogado:
>
> II – a inviolabilidade de seu escritório ou local de trabalho, bem como de seus instrumentos de trabalho, de sua correspondência escrita, eletrônica, telefônica e telemática, desde que relativas ao exercício da advocacia;
>
> § 6º Presentes indícios de autoria e materialidade da prática de crime por parte de advogado, a autoridade judiciária competente poderá decretar a quebra da inviolabilidade de que trata o inciso II do caput deste artigo, em decisão motivada, expedindo mandado de busca e apreensão, específico e pormenorizado, a ser cumprido na presença de representante da OAB, sendo, em qualquer hipótese, vedada a utilização dos documentos, das

mídias e dos objetos pertencentes a clientes do advogado averiguado, bem como dos demais instrumentos de trabalho que contenham informações sobre clientes.

Ao final, os executores lavrarão auto circunstanciado, assinando-o com duas testemunhas presenciais (art. 245, §7º do CPP).

Verbos nucleares

Enquanto a conduta *invadir* se refere ao ingresso violento e ostensivo no imóvel alheio ou em suas dependências, o núcleo *adentrar* significa a entrada a esses locais, porém, sem o emprego de violência. Note que, nesses casos, a conduta do agente público é comissiva. Já o verbo *permanecer* pressupõe o ingresso lícito no imóvel, seguida de uma omissão, consistente na recusa em dele sair. Como se vê, esse delito de abuso de autoridade pode ser praticado por duas formas: ação (invadir ou adentrar) ou omissão (permanecer).

O uso de dispositivos tecnológicos (monitoramento por drones ou outros equipamentos semelhantes) não se subsumem ao dispositivo em análise. Note que a presença física do invasor e por tempo considerável, é essencial para a configuração do delito, não bastando o seu acesso remoto a informações ou imagens de dentro do imóvel.

Elementos normativos

Ingressar *clandestinamente* no imóvel significa adentrar no local sem que ninguém perceba.

Já o vocábulo *astuciosamente* traduz a ideia da utilização de algum artifício para enganar o ocupante do imóvel. No entanto, não há crime de abuso de autoridade se o ingresso no imóvel se der para a realização de atividade investigatória velada, com base no consentimento viciado dos moradores. Imagine-se, por exemplo, que um casal de policiais disfarçados entre em uma casa a pretexto de comprar o imóvel, quando, na realidade, buscam conferir se um foragido lá se encontra. Ausentes estariam os elementos subjetivos especiais elencados no art. 1º, § 1º, da presente lei.

O termo *à revelia da vontade do ocupante* denota a ausência do consentimento do morador. Ocorre quando o agente público não se preocupa em entrar na casa sorrateiramente nem com uso de fraude, e simplesmente ignora o silêncio ou a negativa do morador.

Modos de execução

Há diferentes formas de o agente público violar o domicílio, indicadas na figura simples do *caput* e nas formas equiparadas do §1º, I e III.

No tipo penal simples, o sujeito ativo pode invadir ou adentrar sem determinação judicial, quando não dispuser de um mandado de busca e apreensão domiciliar (art. 22, *caput*, 2ª parte). A ação é levada a cabo sem o consentimento do morador, ou com a sua aquiescência viciada por fraude.

Ainda na figura simples, pode o agente também entrar (com ou sem violência) ou permanecer fora das condições estabelecidas em lei (art. 22, *caput*, 3ª parte), o que abrange: (a) cumprimento indevido de determinação judicial (por exemplo, humilhando o morador perante a imprensa chamada a transmitir a diligência ao vivo); (b) ausência de fundadas razões de flagrante delito, desastre ou necessidade de prestar socorro.

Já na modalidade equiparada, o autor obtém consentimento viciado do morador, coagindo a vítima (mediante violência ou grave ameaça) a franquear-lhe o acesso. Ou seja, não se preocupa em agir clandestina ou astuciosamente, e não se contenta com a revelia da vontade do ocupante, usando o agente de violência física ou moral. Haverá consunção quanto à ameaça, vias de fato ou lesão corporal, pois o preceito secundário não ordenou o concurso dos delitos. Não há crime se o policial constrange o morador a assinar documento de autorização de entrada sem emprego de violência ou fraude.

Também em figura equiparada incide o agente público que realiza o cumprimento indevido de mandado de busca e apreensão domiciliar, especificamente com relação ao horário: após as 21h ou antes das 5h. Vale lembrar que a diligência iniciada durante o dia (antes das 21h) pode ser estendida durante a noite sem que acarrete infração penal,[24] porquanto não deve haver solução de continuidade no cumprimento da medida.

Cláusula de atipicidade

Foi inserido na Lei dispositivo que afasta a infração penal:

> Art. 22, §2º Não haverá crime se o ingresso for para prestar socorro, ou quando houver fundados indícios que indiquem a necessidade do ingresso em razão de situação de flagrante delito ou de desastre.

24. GRECO, Rogério; CUNHA, Rogério Sanches. *Abuso de autoridade*. Salvador: Juspodivm, 2019, p. 202-203.

Há quem diga que consistem em excludentes de ilicitude, por ter o dispositivo utilizado a mesma expressão (*não haverá crime)* daquela empregada na Lei Penal para se referir às justificantes (art. 23 do CP).[25]

Na verdade, quando o agente público entra na casa alheia nas situações de socorro, desastre ou flagrante delito, sua conduta não se encaixa no tipo penal, por não estar fora das condições estabelecidas em lei. Assim, sequer existe fato típico (primeiro substrato do conceito analítico de crime), não sendo necessário entrar na discussão sobre a ilicitude.

Justificantes e descriminantes putativas

Também é possível vislumbrar a violação da casa sem ensejar responsabilidade criminal nos casos de justificantes e descriminantes putativas, tais como estado de necessidade (ex: policial em troca de tiros entra numa casa para se abrigar e salvar sua vida) e estrito cumprimento do dever legal putativo (ex: policial entra numa casa para atender um flagrante de agressão após ouvir gritos de uma mulher pedindo socorro contra seu marido agressor, mas quando ingressa na residência nota que tudo não passou de um ensaio para uma peça de teatro).

11.8. Elemento Subjetivo (Tipo Subjetivo)

O elemento subjetivo geral no abuso de autoridade é o dolo. Não há abuso de autoridade culposo.

Entretanto, não basta o dolo de praticar a conduta típica de abuso, revelando-se indispensável o *animus abutendi*. O agente público deve agir com a finalidade específica (elemento subjetivo especial) de, alternativamente (art. 1º, §1º): (a) prejudicar outrem; (b) beneficiar a si mesmo ou a terceiro; (c) por mero capricho; (d) por satisfação pessoal.

Claro que a presunção é de que o agente atua com boa-fé, cabendo a quem alega má-fé comprová-la com elementos concretos e não meras suposições. Portanto, não comete abuso de autoridade o agente que errar ou atuar com desídia.

Grife-se ainda que a divergência na interpretação de lei ou na avaliação de fatos e provas não configura abuso de autoridade (art. 1º, §2º), vedando-se crime de hermenêutica.

25. LIMA, Renato Brasileiro de. *Legislação criminal especial comentada*. Salvador: Juspodlvm, 2020, p. 148.

11.9. Consumação e Tentativa

Art. 22, *caput* - consuma-se a infração penal no momento em que o agente invade ou adentra, de forma ilegal, o imóvel alheio ou suas dependências, ou nele permanece. O crime é instantâneo nas duas primeiras condutas (invadir ou adentrar) e permanente na última (permanecer). Estamos diante de um delito de tipo misto alternativo (crime de ação múltipla ou de conteúdo variado). Praticada mais de uma conduta, no mesmo contexto fático, o agente responde por um único crime.

Art. 22, §1º, inciso I – o crime se consuma no instante em que ocorre a coação (crime formal), dispensando efetivo ingresso no imóvel, o qual, se vier a ocorrer, será considerado mero exaurimento do crime, circunstância a ser observada pelo juiz sentenciante no momento da dosimetria da pena.

Art. 22, §1º, inciso III – a consumação do delito se dá no momento do ingresso do agente no imóvel fora dos horários permitidos em lei (5h às 21h).

Quanto à tentativa, temos como possível sua ocorrência, na medida em que o crime é plurissubsistente, sendo perfeitamente fracionável o *iter criminis*. No entanto, na conduta omissiva *permanecer*, revela-se incabível a modalidade tentada do crime.

11.10. Ação Penal, procedimento e competência

A ação penal é pública incondicionada, cabendo ação penal privada subsidiária da pública em caso de omissão do *parquet* (art. 3º), que deve ser manejada no prazo decadencial de 6 meses.

Trata-se de infração de médio potencial ofensivo (pena máxima de 4 anos), o que faz incidir o procedimento comum ordinário (arts. 394 a 405 do CPP). Isso quer dizer que cabe a prisão em flagrante (não bastando a indicação da conduta típica, sendo imprescindível a demonstração inequívoca do elemento subjetivo), com consequente instauração de inquérito policial.

Por se tratar de crime funcional afiançável, incide a defesa preliminar decorrente do procedimento especial de funcionário público (arts. 513 a 518 do CPP), exceto se o agente ostentar foro por prerrogativa de função ou se se tratar de infração de menor potencial ofensivo.

Considerando que a pena mínima é de 1 ano, admite-se o acordo de não persecução penal (art. 28-A do CPP), ou caso não proposto a suspensão condicional do processo (art. 89 da Lei 9.099/95).

A competência para o processo e julgamento é da Justiça Estadual, a menos que presente alguma das hipóteses do art. 109 da CF, quando a competência será da Justiça Federal. Havendo conexão ou continência entre crime estadual e federal, prevalece a Justiça Federal.[26]

11.11. Modelos de Peças Policiais

AUTO DE CONSENTIMENTO DE ENTRADA NA CASA

Às horário do dia data, na endereço, após cientificado da inviolabilidade do domicílio e do direito de não produzir prova contra si mesmo, o morador nome autorizou voluntariamente, na presença das testemunhas abaixo indicadas, a entrada dos policiais nome e nome na casa para a realização de minuciosa busca em seu interior, no cumprimento da missão constitucional de preservação da ordem pública e da incolumidade das pessoas e do patrimônio.

Nada mais havendo, encerra-se este auto às horário.

nome — Policial

nome — Policial

Nome — Morador

AUTO DE ENTRADA NA CASA POR FLAGRANTE DELITO

Às horário do dia data, na endereço, os policiais nome e nome detectaram fundadas razões de situação de flagrante delito no interior da casa, consistentes em motivo, razão pela qual ingressaram na residência e se depararam com crime sendo praticado ou que acabou de ser praticado, conforme narrado em boletim de ocorrência próprio.

Nada mais havendo, encerra-se este auto às horário.

nome — Policial

nome — Policial

---

26. Súmula 122 do STJ: Compete à Justiça Federal o processo e julgamento unificado dos crimes conexos de competência federal e estadual, não se aplicando a regra do art. 78, II, a, do Código de Processo Penal.

AUTO DE ENTRADA NA CASA POR DESASTRE

Às horário do dia data, na endereço, os policiais nome e nome detectaram fundados indícios de situação de desastre no interior da casa, consistentes em motivo, razão pela qual ingressaram na residência para prestar auxílio, conforme narrado em boletim de ocorrência próprio.

Nada mais havendo, encerra-se este auto às horário.

nome	nome
Policial	Policial

AUTO DE ENTRADA NA CASA PARA PRESTAR SOCORRO

Às horário do dia data, na endereço, os policiais nome e nome detectaram fundados indícios de situação que exigia a prestação de socorro, consistentes em motivo, razão pela qual ingressaram na residência e socorreram nome, conforme narrado em boletim de ocorrência próprio.

Nada mais havendo, encerra-se este auto às horário.

nome	nome
Policial	Policial

AUTO DE CUMPRIMENTO DE MANDADO DE BUSCA E APREENSÃO DOMICILIAR

Às horário do dia data, em cumprimento ao mandado de busca e apreensão domiciliar expedido nos autos do processo número, os policiais nome e nome se dirigiram a endereço. Foram testemunhas nome e nome.

A diligência foi acompanhada pelo advogado nome OAB / não foi acompanhada por advogado, e realizada com discrição de modo a molestar apenas o indispensável para o sucesso da medida.

Mostrado e lido o mandado ao morador, identificados os policiais e esclarecido o motivo da diligência / ausente o morador e intimado o vizinho, os policiais ingressaram no interior do domicílio para iniciar minuciosa busca e proceder às abordagens necessárias.

Foi necessário / não foi necessário arrombar a porta e forçar a entrada.

O morador foi intimado a mostrar o objeto procurado, e indicou / não indicou o local.

Não foi necessária a utilização de força contra objetos / foi necessária a utilização da força contra objeto.

Foi realizada busca pessoal nos presentes.

Como resultado da diligência, não foram encontrados objetos / foram encontrados os objetos listados no auto de apreensão anexo.

O morador foi conduzido à Delegacia de Polícia / não houve necessidade de condução do morador.

Não foi necessário o uso de algemas / foi necessário o uso de algemas em razão de fundado receio de fuga / resistência / perigo à integridade física própria ou alheia.

Demais fatos relevantes ocorridos na diligência.

Nada mais havendo, encerra-se este auto às horário.

nome	nome
Policial	Policial
nome	nome
Testemunha	Testemunha

Nome

Testemunha

Capítulo 12

Fraude processual com abuso de autoridade

12.1. Dispositivo legal

Figura simples	Art. 23. Inovar artificiosamente, no curso de diligência, de investigação ou de processo, o estado de lugar, de coisa ou de pessoa, com o fim de eximir-se de responsabilidade ou de responsabilizar criminalmente alguém ou agravar-lhe a responsabilidade: Pena - detenção, de 1 (um) a 4 (quatro) anos, e multa.
Figura equiparada	Parágrafo único. Incorre na mesma pena quem pratica a conduta com o intuito de: I - eximir-se de responsabilidade civil ou administrativa por excesso praticado no curso de diligência; II - omitir dados ou informações ou divulgar dados ou informações incompletos para desviar o curso da investigação, da diligência ou do processo.

12.2. Classificação

Crime de fraude processual com abuso de autoridade	
crime próprio	crime formal
crime unissubjetivo	crime de dano
crime de forma livre	crime comissivo (inovar ou eximir-se) ou omissivo (omitir)
crime de médio potencial ofensivo	

12.3. Constitucionalidade

Em uma análise global, a Lei de Abuso de Autoridade é questionável por ter sido feita a toque de caixa, com votação simbólica (e não nominal) e em regime de urgência, com parco debate (exatamente o oposto que deve ocorrer no devido processo legislativo), e também por ter o legislador escolhido alvos preferenciais para sofrer incidência dos tipos penais (o que não se coaduna com o princípio da impessoalidade - art. 37 da CF - e pode configurar abuso do poder de legislar). Mas também merece registro análise específica quanto a este delito.

Causa estranheza a pena máxima de 4 anos para quem omite dados para desviar o curso da investigação, mesma pena de quem inova artificiosamente o estado de lugar, de coisa ou de pessoa com o fim de induzir a erro o juiz em processo penal (art. 347, parágrafo único do CP). O legislador deve obediência ao princípio da proporcionalidade (art. 5º, LIV da CF), que lhe proíbe o excesso.

12.4. Bem Jurídico Tutelado

Como todo crime de abuso de autoridade, cuida-se de crime pluriofensivo, havendo 2 bens jurídicos protegidos.

De forma imediata ou principal temos a proteção dos direitos e garantias fundamentais das pessoas físicas e jurídicas, nesse caso especificamente a administração da Justiça (art. 5º, XXXV da CF).

O bem jurídico tutelado de maneira mediata ou secundária é a normalidade e a regularidade dos serviços públicos, isto é, o bom funcionamento do Estado.

12.5. Sujeito Ativo

Os crimes de abuso de autoridade, em regra, são classificados como próprios quanto ao sujeito ativo (arts. 1º e 2º). O tipo penal em análise não foge à regra, pois só pode ser cometido por agente ou autoridade que inova artificiosamente, no curso de diligência, de investigação ou de processo, o estado de lugar, de coisa ou de pessoa, com o fim de eximir-se de responsabilidade ou de responsabilizar criminalmente alguém ou agravar-lhe a responsabilidade, ou aquele que pratica a conduta com a finalidade de eximir-se de responsabilidade civil ou administrativa por excesso praticado no curso de diligência, ou omitir dados ou informações ou divulgar dados ou informações incompletos para desviar o curso da investigação, da diligência ou do processo.

Difere, portanto, do crime de fraude processual (art. 347 do CP), o qual é rotulado como comum quanto ao sujeito ativo, admitindo que qualquer pessoa o pratique. Basta que aja com a finalidade última de induzir a erro o juiz ou o perito. Já o art. 23 da presente lei pune o agente público que deseja eximir-se de responsabilidade ou responsabilizar criminalmente alguém ou agravar-lhe a responsabilidade. Em resumo, uma vítima de crime pode praticar, sozinha, o delito do art. 347 do Código Penal (crime comum), mas só poderia praticar o crime do art. 23 se o fizesse em conluio com um agente público, no sentido, por exemplo, de agravar a responsabilidade do investigado.

12.6. Sujeito Passivo

O crime de abuso de autoridade tem dupla subjetividade passiva.

O sujeito passivo imediato ou principal é a pessoa física ou jurídica que sofre a conduta abusiva.

O sujeito passivo mediato ou secundário é o Estado (que também pode ser chamado de Administração Pública).

12.7. Conduta (Tipo Objetivo)

12.7.1. Figura simples

A lei pune a conduta de *inovar artificiosamente, no curso de diligência, de investigação ou de processo, o estado de lugar, de coisa ou de pessoa, com o fim de eximir-se de responsabilidade ou de responsabilizar criminalmente alguém ou agravar-lhe a responsabilidade.*

O *caput* do art. 23 possui o núcleo *inovar*, que significa modificar ou alterar algo, introduzindo uma novidade. Trata-se de crime comissivo. O parágrafo único, em seu inciso II, contém os verbos *omitir* ou *divulgar*. *Omitir* tem o sentido de deixar de prestar informações ou dados. Trata-se de conduta negativa. Já o núcleo *divulgar* exprime a ideia de transmitir dados ou informações. Aqui, a conduta do agente é positiva

Consta o elemento normativo *artificiosamente*, que nada mais é do que o emprego de fraude para enganar. O ardil recai sobre o estado de lugar, de coisa ou de pessoa. Se o artifício for incapaz de enganar, culmina em crime impossível por ineficácia absoluta do meio (art. 17 do CP).

Diligência abrange qualquer ato praticado com o fim de instruir uma investigação ou um processo, ainda que nenhuma investigação formal tenha sido iniciada.

Investigação se refere à fase pré-processual. Processo, por sua vez, é a sequência de atos judiciais deflagrados com a propositura da ação penal e seu recebimento pelo magistrado.

O que o tipo penal quer é coibir as chamadas *provas plantadas.*

Nas modalidades equiparadas, existe a intenção de o agente se livrar de responsabilidade civil ou administrativa (ou ainda desviar o curso da persecução), o que leva à conclusão de que na figura simples a responsabilidade que o autor deseja se eximir é criminal.

Não custa grifar que o fato de o agente praticar a fraude processual para encobrir crime anterior não afasta a incidência do tipo penal. O direito à não autoincriminação não abrange a possibilidade de alterar a cena do crime e inovar o estado de lugar, coiass ou pessoa, criando artificiosamente outra realidade.[1]

12.7.2. Figuras equiparadas

Incorre na mesma pena quem *inovar artificiosamente, no curso de diligência, de investigação ou de processo, o estado de lugar, de coisa ou de pessoa, com o intuito de:*

I - eximir-se de responsabilidade civil ou administrativa por excesso praticado no curso de diligência;

II - omitir dados ou informações ou divulgar dados ou informações incompletos para desviar o curso da investigação, da diligência ou do processo.

Fraude para escusa de responsabilidade civil ou administrativa

A conduta pressupõe a inovação com o fito de se esquivar de eventual responsabilidade civil ou administrativa futura, em virtude do excesso praticado no curso da diligência. Repare que esse excesso não necessariamente precisa ser considerado uma infração penal, sendo inclusive indiferente se ele ocorreu em virtude de dolo ou de culpa. O que importa é que desse excesso na diligência derive possível responsabilização no âmbito civil ou administrativo e, para eximir-se, o agente acabe inovando artificialmente o estado de lugar, de coisa ou de pessoa.

Esse comportamento não deve ser confundido com o ressarcimento antecipado de prejuízos causados a terceiros por ações policiais devidamente

1. STJ, HC 137.206, Rel. Min. Napoleão Nunes Maia Filho, DJ 01/12/2009.

documentadas. Exemplo: policial que realiza o conserto antecipado de um veículo envolvido em pequeno acidente automobilístico com uma viatura policial que estava a caminho de uma diligência. Ausente estaria o pressuposto de tentativa de burla de sua responsabilidade futura, bem como inexistente quaisquer das finalidades específicas do art. 1º, §1º: (a) prejudicar outrem; (b) beneficiar a si mesmo ou a terceiro; (c) por mero capricho; (d) por satisfação pessoal.

Fraude para desviar o curso da persecução

Aqui, a omissão de dados ou de informações busca desviar o curso de investigação, de diligência ou de processo, ainda que de natureza não criminal. Se o agente embaraçar a investigação de infração penal que envolva organização criminosa, responde pelo crime de obstrução de Justiça previsto na Lei de Organização Criminosa (art. 2º, § 1º da Lei 12.850/13).

12.8. Conflito Aparente de Leis Penais

Fraude processual com abuso de autoridade	Fraude processual	Denunciação caluniosa
art. 23 da Lei de Abuso de Autoridade	art. 347 do CP	art. 339 do CP
inovar artificiosamente, no curso de investigação ou processo, o estado de lugar, de coisa ou de pessoa, com o fim de eximir-se de responsabilidade ou de responsabilizar criminalmente alguém ou agravar-lhe a responsabilidade, ou desviar o curso da investigação ou processo	inovar artificiosamente, no curso de processo, o estado de lugar, de coisa ou de pessoa, com o fim de induzir a erro o juiz ou o perito	dar causa à instauração de inquérito policial, de procedimento investigatório criminal, de processo judicial, de processo administrativo disciplinar, de inquérito civil ou de ação de improbidade administrativa contra alguém, imputando-lhe crime, infração ético-disciplinar ou ato ímprobo de que o sabe inocente:
sujeito ativo agente público	sujeito ativo qualquer pessoa	sujeito ativo qualquer pessoa
pena de 1 a 4 anos, e multa	pena de 3 meses a 2 anos, e multa (pena em dobro se crime for praticado em face de processo penal)	pena de dois a oito anos, e multa.

12.9. Elemento Subjetivo (Tipo Subjetivo)

O elemento subjetivo geral no abuso de autoridade é o dolo. Não há abuso de autoridade culposo.

Entretanto, não basta o dolo de praticar a conduta típica de abuso, revelando-se indispensável o *animus abutendi*. O agente público deve agir com a finalidade específica (elemento subjetivo especial) de, alternativamente (art. 1º, §1º): (a) prejudicar outrem; (b) beneficiar a si mesmo ou a terceiro; (c) por mero capricho; (d) por satisfação pessoal.

O dispositivo em análise acaba pormenorizando esse fim específico. A finalidade não se restringe a induzir a erro o juiz ou o perito (o que por óbvio é uma intenção implícita do tipo penal), mas principalmente se eximir de responsabilidade ou de responsabilizar criminalmente alguém ou agravar-lhe a responsabilidade.

Claro que a presunção é de que o agente atua com boa-fé, cabendo a quem alega má-fé comprová-la com elementos concretos e não meras suposições. Portanto, não comete abuso de autoridade o agente que errar ou atuar com desídia.

Grife-se ainda que a divergência na interpretação de lei ou na avaliação de fatos e provas não configura abuso de autoridade (art. 1º, §2º), vedando-se crime de hermenêutica.

12.10. Consumação e Tentativa

Trata-se de crime formal, consumando o delito com a efetiva inovação artificiosa do estado de lugar, de coisa ou de pessoa, dispensando que o presidente do procedimento ou do processo seja efetivamente enganado.

Admite-se a tentativa, exceto na conduta omissiva (omitir).

12.11. Ação Penal, procedimento e competência

A ação penal é pública incondicionada, cabendo ação penal privada subsidiária da pública em caso de omissão do *parquet* (art. 3º), que deve ser manejada no prazo decadencial de 6 meses.

Trata-se de infração de médio potencial ofensivo (pena máxima de 4 anos), o que faz incidir o procedimento comum ordinário (arts. 394 a 405 do CPP). Isso quer dizer que cabe a prisão em flagrante (não bastando a indicação da conduta típica, sendo imprescindível a demonstração inequívoca do elemento subjetivo), com consequente instauração de inquérito policial.

Por se tratar de crime funcional afiançável, incide a defesa preliminar decorrente do procedimento especial de funcionário público (arts. 513 a 518 do CPP), exceto se o agente ostentar foro por prerrogativa de função ou se se tratar de infração de menor potencial ofensivo.

Considerando que a pena mínima é de 1 ano, admite-se o acordo de não persecução penal (art. 28-A do CPP), ou caso não proposto a suspensão condicional do processo (art. 89 da Lei 9.099/95).

A competência para o processo e julgamento é da Justiça Estadual, a menos que presente alguma das hipóteses do art. 109 da CF, quando a competência será da Justiça Federal. Havendo conexão ou continência entre crime estadual e federal, prevalece a Justiça Federal.[2]

2. Súmula 122 do STJ: Compete à Justiça Federal o processo e julgamento unificado dos crimes conexos de competência federal e estadual, não se aplicando a regra do art. 78, II, a, do Código de Processo Penal.

Capítulo 13

Constrangimento a funcionário de hospital

13.1. Dispositivo legal

Figura simples	Art. 24. Constranger, sob violência ou grave ameaça, funcionário ou empregado de instituição hospitalar pública ou privada a admitir para tratamento pessoa cujo óbito já tenha ocorrido, com o fim de alterar local ou momento de crime, prejudicando sua apuração: Pena - detenção, de 1 (um) a 4 (quatro) anos, e multa, além da pena correspondente à violência.

13.2. Classificação

Crime de constrangimento a funcionário de hospital	
crime bipróprio	crime formal
crime unissubjetivo	crime de dano
crime de forma livre	crime comissivo
crime de médio potencial ofensivo	

13.3. Bem Jurídico Tutelado

Assim como os demais delitos de abuso de autoridade, cuida-se de crime pluriofensivo, havendo 2 bens jurídicos protegidos.

De forma imediata ou principal temos a proteção dos direitos e garantias fundamentais, nesse caso especificamente a administração da Justiça (art. 5º, XXXV da CF).

O bem jurídico tutelado de maneira mediata ou secundária é a normalidade e a regularidade dos serviços públicos, isto é, o bom funcionamento do Estado.

13.4. Sujeito Ativo

Os crimes de abuso de autoridade, em regra, são classificados como próprios quanto ao sujeito ativo (arts. 1º e 2º). O tipo penal em análise não é exceção, pois só pode ser cometido por agente ou autoridade que constrange, sob violência ou grave ameaça, funcionário ou empregado de instituição hospitalar pública ou privada a admitir para tratamento pessoa cujo óbito já tenha ocorrido, com o fim de alterar local ou momento de crime, prejudicando sua apuração.

Trata-se de crime próprio, mas não necessariamente de mão própria. É perfeitamente possível que, em conluio com o agente público interessado, um outro funcionário do hospital (público ou particular) seja coautor da referida infração penal, constrangendo o responsável pelo ingresso de pessoas no nosocômio.

Por fim, é importante ressaltar que o agente que constrange pode não ser o mesmo que se beneficiará com a fraude, bastando a existência dessa intenção quando da realização dos atos de constrangimento.

13.5. Sujeito Passivo

O crime de abuso de autoridade tem dupla subjetividade passiva.

O sujeito passivo imediato ou principal é a pessoa física (funcionário do hospital) que sofre a conduta abusiva. Não engloba o proprietário ou sócio do estabelecimento de saúde, em razão da interpretação legalista imposta pelo princípio da taxatividade.

O sujeito passivo mediato ou secundário é o Estado (que também pode ser chamado de Administração Pública).

13.6. Conduta (Tipo Objetivo)

O texto legal pune a conduta de *constranger, sob violência ou grave ameaça, funcionário ou empregado de instituição hospitalar pública ou privada a admitir para tratamento pessoa cujo óbito já tenha ocorrido, com o fim de alterar local ou momento de crime, prejudicando sua apuração.*

O núcleo *constranger* significa coagir alguém mediante o emprego de violência ou grave ameaça. Pune-se a conduta do agente estatal que obriga, com violência física ou moral contra a pessoa, o funcionário do hospital a fingir que uma pessoa morta chegou viva no hospital, fato este muito comum em típicas cenas de falsos confrontos policiais. Tais tentativas visam a alterar não só o local do crime, mas, também, o seu momento, prejudicando a apuração. O trabalho pericial fica muito prejudicado, a indicar que o local do crime não foi preservado (arts. 6º, I e 169 do CPP).

A conduta criminosa ocorre em cenário de morte imediata e evidente, perceptível por qualquer um ante a ausência de sinais vitais da pessoa (pulsação, respiração e temperatura corporal). Nessa situação, obviamente não há que se falar em prestação de socorro, sendo criminoso o constrangimento para forçar tratamento.

Somente na hipótese de o indivíduo estar desfalecido ou desmaiado, porém ainda apresentar sinais vitais, é que deve ser levado a tratamento médico. Nesse caso, a regra é o acionamento da equipe médica de emergência no próprio local (a exemplo do SAMU), podendo os próprios policiais realizarem o transporte ao hospital apenas mediante exceção.

Como visto, o tipo penal evita a criação artificial de prova daquele que tenta ocultar o momento ou detalhes da morte de alguém (ex: policial militar que mata um civil).

Um dos desejados efeitos práticos dessa conduta ilícita é a *modificação do local da consumação* do crime, porquanto nem sempre o lugar da ocorrência do fato coincide com o local onde se situa o hospital. Isso, hipoteticamente, deslocaria a competência do fato criminoso para as autoridades que oficiam no lugar em que a suposta morte teria ocorrido, prejudicando sobremaneira a investigação. É sabido, no entanto, que a doutrina já advoga por uma solução mais razoável para tais situações, ignorando o local onde efetivamente se deu a morte para conferir destaque ao lugar onde ela realmente deveria ter ocorrido. Trata-se do **princípio do esboço do resultado.**

Como o preceito secundário ressalva a imposição da pena correspondente à violência, o que afasta a consunção e impõe o concurso dos crimes de abuso de autoridade e ameaça, vias de fato ou lesão corporal.

O tipo penal pune a intenção de alterar local ou momento de *crime.* A falha do legislador em não englobar também a contravenção penal não pode ser superada por analogia *in malam partem* (podendo o agente, todavia, responder pela fraude processual comum do art. 347do CP).

13.7. Elemento Subjetivo (Tipo Subjetivo)

O elemento subjetivo geral no abuso de autoridade é o dolo. Não há abuso de autoridade culposo.

Entretanto, não basta o dolo de praticar a conduta típica de abuso, revelando-se indispensável o *animus abutendi*. O agente público deve agir com a finalidade específica (elemento subjetivo especial) de, alternativamente (art. 1º, §1º): (a) prejudicar outrem; (b) beneficiar a si mesmo ou a terceiro; (c) por mero capricho; (d) por satisfação pessoal.

Claro que a presunção é de que o agente atua com boa-fé, cabendo a quem alega má-fé comprová-la com elementos concretos e não meras suposições. Portanto, não comete abuso de autoridade o agente que errar ou atuar com desídia.

Grife-se ainda que a divergência na interpretação de lei ou na avaliação de fatos e provas não configura abuso de autoridade (art. 1º, §2º), vedando-se crime de hermenêutica.

13.8. Consumação e Tentativa

O delito se consuma com o constrangimento, mediante violência ou grave ameaça, a funcionário ou empregado de instituição hospitalar. Trata-se de crime formal, de consumação antecipada ou de resultado cortado, pois não se exige que o funcionário ou empregado de instituição hospitalar pública ou privada efetivamente admita para tratamento pessoa cujo óbito já tenha ocorrido, nem que haja efetivo prejuízo à apuração (por meio da alteração do local ou do momento do crime).

Admite-se a tentativa, pois o crime é nitidamente plurissubsistente.

13.9. Ação Penal, procedimento e competência

A ação penal é pública incondicionada, cabendo ação penal privada subsidiária da pública em caso de omissão do *parquet* (art. 3º), que deve ser manejada no prazo decadencial de 6 meses.

Trata-se de infração de médio potencial ofensivo (pena máxima de 4 anos), o que faz incidir o procedimento comum ordinário (arts. 394 a 405 do CPP). Isso quer dizer que cabe a prisão em flagrante (não bastando a indicação da conduta típica, sendo imprescindível a demonstração inequívoca do elemento subjetivo), com consequente instauração de inquérito policial.

Por se tratar de crime funcional afiançável, incide a defesa preliminar decorrente do procedimento especial de funcionário público (arts. 513 a 518 do CPP), exceto se o agente ostentar foro por prerrogativa de função ou se se tratar de infração de menor potencial ofensivo.

Considerando que a pena mínima é de 1 ano, admite-se o acordo de não persecução penal (art. 28-A do CPP), ou caso não proposto a suspensão condicional do processo (art. 89 da Lei 9.099/95).

A competência para o processo e julgamento é da Justiça Estadual, a menos que presente alguma das hipóteses do art. 109 da CF, quando a competência será da Justiça Federal. Havendo conexão ou continência entre crime estadual e federal, prevalece a Justiça Federal.[1]

1. Súmula 122 do STJ: Compete à Justiça Federal o processo e julgamento unifi cado dos crimes conexos de competência federal e estadual, não se aplicando a regra do art. 78, II, a, do Código de Processo Penal.

Capítulo 14

Obtenção ou utilização de prova ilícita

14.1. Dispositivo legal

Figura simples	Art. 25. Proceder à obtenção de prova, em procedimento de investigação ou fiscalização, por meio manifestamente ilícito: Pena - detenção, de 1 (um) a 4 (quatro) anos, e multa.
Figura equiparada	Parágrafo único. Incorre na mesma pena quem faz uso de prova, em desfavor do investigado ou fiscalizado, com prévio conhecimento de sua ilicitude.

14.2. Classificação

Crime de obtenção ou utilização de prova ilícita	
crime próprio	crime material
crime unissubjetivo	crime de dano
crime eventualmente permanente	crime comissivo
crime de médio potencial ofensivo	

14.3. Constitucionalidade

Em uma análise global, a Lei de Abuso de Autoridade é questionável por ter sido feita a toque de caixa, com votação simbólica (e não nominal) e em regime de urgência, com parco debate (exatamente o oposto que deve ocorrer no devido processo legislativo), e também por ter o legislador escolhido alvos preferenciais para sofrer incidência dos tipos penais (o que não se coaduna com o princípio da impessoalidade – art. 37 da CF – e pode

configurar abuso do poder de legislar). Mas também merece registro análise específica quanto a este delito.

Causa estranheza a pena máxima de 4 anos para quem faz uso de prova ilícita, sabendo que quem mata alguém culposamente merece pena máxima de 3 anos (art. 121, §4º do CP). O legislador deve obediência ao princípio da proporcionalidade (art. 5º, LIV da CF), que lhe proíbe o excesso.

Como se não bastasse, a vagueza e imprecisão do legislador não é recomendada pelo princípio da taxatividade (art. 5º, XXXIX da CF). O termo *manifestamente ilícito* é vago e enseja dúvidas.

14.4. Bem Jurídico Tutelado

Como todo crime de abuso de autoridade, cuida-se de crime pluriofensivo, havendo 2 bens jurídicos protegidos.

De forma imediata ou principal temos a proteção dos direitos e garantias fundamentais das pessoas físicas e jurídicas, nesse caso especificamente a administração da Justiça, mais detidamente a proibição das provas ilícitas (art. 5º, LVI da CF).

O bem jurídico tutelado de maneira mediata ou secundária é a normalidade e a regularidade dos serviços públicos, isto é, o bom funcionamento do Estado.

14.5. Sujeito Ativo

Os crimes de abuso de autoridade, em regra, são classificados como próprios quanto ao sujeito ativo (arts. 1º e 2º). O tipo penal em análise não foge à regra. No entanto, vale ressaltar que, não obstante a condução do procedimento de obtenção de prova esteja comumente a cargo do delegado de polícia e/ou do promotor de justiça, ou seja, aqueles que estão à frente da persecução penal, não se descarta a possibilidade de eles utilizarem interpostas pessoas para concretizarem seu desiderato (por exemplo, os peritos criminais).

Também podem figurar como sujeito ativo desse crime os membros de Comissão Parlamentar de Inquérito, os integrantes de órgão de polícia administrativa que coletam elementos para subsidiar os resultados próprios de suas fiscalizações, dentre outras.

Afasta-se a possibilidade de o particular, sem a intervenção de agente público, poder ser responsabilizado por essa infração penal. É o caso do advogado do querelante (no caso de crime de ação penal de iniciativa privada) que produz prova ilícita.

14.6. Sujeito Passivo

O crime de abuso de autoridade tem dupla subjetividade passiva.

O sujeito passivo imediato ou principal é a pessoa física ou jurídica que sofre a conduta abusiva.

O sujeito passivo mediato ou secundário é o Estado (que também pode ser chamado de Administração Pública).

14.7. Conduta (Tipo Objetivo)

Figuras simples e equiparadas

A forma simples do tipo penal criminaliza a conduta de *proceder à obtenção de prova, em procedimento de investigação ou fiscalização, por meio manifestamente ilícito.*

A figura equiparada pune *quem faz uso de prova, em desfavor do investigado ou fiscalizado, com prévio conhecimento de sua ilicitude.*

No *caput*, o legislador pune a conduta daquele que *produz* a prova ilícita, ao passo que no parágrafo único incrimina aquele que se *utiliza* de tal prova, com prévio conhecimento de sua ilicitude.

Vedação da prova ilícita

O direito à prova, assim como os demais direitos fundamentais, não é absoluto. Daí serem vedadas as provas produzidas com violação do ordenamento jurídico. Essa vedação probatória, de difícil entendimento para o leigo, evita que o Estado promova a persecução penal a qualquer custo e os fins justifiquem os meios.[1]

Nessa linha, a Constituição Federal preconiza que *são inadmissíveis, no processo, as provas obtidas por meios ilícitos* (art. 5°, LVI da CF), devendo inclusive serem desentranhadas do processo (art. 157, *caput* do CPP).

A doutrina classifica as provas posicionando as provas ilegais como gênero, e indicando como espécies as provas ilícitas (com violação de direito material) e as provas ilegítimas (com infringência a direito processual).

---

1. GOMES FILHO, Antônio Magalhães. *O direito à prova no processo penal.* São Paulo: Revista dos Tribunais, 1997, p. 99; MENDES, Paulo de Souza. *Lições de direito processual penal.* Coimbra: Almedina, 2014, p. 182.

Provas ilegais	
Provas ilícitas	**Provas ilegítimas**
Violação a direito material	Violação a direito processual
Ex: integridade física (confissão mediante tortura), inviolabilidade domiciliar (busca e apreensão sem mandado judicial ou flagrante)	Ex: testemunha não compromissada (art. 203 do CPP), interrogatório policial com negativa de acesso ao advogado constituído (art. 7º, XXI do EOAB)

Todavia, essa distinção acadêmica não encontra eco na legislação, porquanto tanto a Constituição quanto o CPP utilizam a terminologia *provas ilícitas* para se referir a todo tipo de prova violadora do ordenamento jurídico, abrangendo tanto a transgressão a direito material quanto a direito processual:

> CF, Art. 5°, LVI. São inadmissíveis, no processo, as provas obtidas por meios ilícitos.
>
> CPP, Art. 157. São inadmissíveis, devendo ser desentranhadas do processo, as provas ilícitas, assim entendidas as obtidas em violação a normas constitucionais ou legais.

Exclusão da ilicitude

É amplamente reconhecida a possibilidade de utilização da prova favorável ao investigado na persecução penal, mesmo que colhida com violação a direitos seus ou de terceiros, por aplicação do princípio da proporcionalidade. Trata-se da chamada prova ilícita *pro reo.*

Ora, se a vedação probatória consiste em limitação ao direito de punir do Estado, para que não haja imposição de sanções a qualquer custo, esse objetivo também será atingido quando um inocente deixar de ser punido, ainda que com base em prova ilícita. Afinal, o direito de defesa e o princípio da presunção de inocência merecem preponderância face ao direito de punir.

Nessa esteira, a prova *pro reo* é lícita ainda que acarrete violação a norma de direito material ou processual, possibilitando que o suspeito, em legítima defesa ou estado de necessidade, consiga demonstrar sua inocência e evitar grave injustiça.[2]

---

2. STF, RE 402.717, Rel. Min. Cezar Peluso, DJ 02/12/2018; STJ, REsp 1.026.605, Rel. Min. Rogério Schietti Cruz, DJ 13/05/2014.

Prova ilícita por derivação

Provas ilícitas por derivação são os meios probatórios que, apesar de produzidos validamente, decorreram de prova obtida de forma ilícita. Tais elementos angariados posteriormente são inadmissíveis, pois inquinados pelo vício da ilicitude originária, que a eles se transmite por relação de causa e efeito. Importante grifar que as provas ilícitas contaminam unicamente as evidências exclusivamente dela decorrentes.[3]

Esse raciocínio decorre da chamada teoria dos frutos da árvore envenenada, reconhecida pela jurisprudência[4] e positivada na legislação (arts. 157, §1º, 1ª parte e 573, §1º do CPP).

O art. 157 do Código de Processo Penal, em face das alterações trazidas pela Lei n. 13.964/2019, passa a contar com o § 5º, que prescreve que o juiz que conhecer do conteúdo da prova declarada inadmissível (porque reconhecida ilícita ou ilegítima) não poderá proferir sentença ou acórdão (essa expressão faz com que o dispositivo seja aplicável a órgãos colegiados). Esse instituto é nominado comumente como "descontaminação do julgado". Trata-se, a nosso pensar, de hipótese de impedimento (situação objetiva ligada ao processo). O desrespeito ao comando constante no novel dispositivo legal deve induzir nulidade absoluta.

Exclusão da ilicitude das provas derivadas

A ilicitude por derivação é uma construção que possui algumas limitações, chamadas de teorias, em que a prova ilícita não irradia reflexos nos dados probatórios ulteriores. São as principais: (a) fonte independente, (b) descoberta inevitável, (c) contaminação expurgada e (d) encontro fortuito.

A teoria da fonte independente estabelece que a prova superveniente autônoma não fica contaminada pela ilicitude originária da prova inicial. Em outros termos, inexistindo nexo causal entre a prova ilícita e ulterior, que não se encontra na mesma linha de desdobramento das informações obtidas, o sistema de contaminação não se efetiva. A fonte independente possui guarida na legislação, que estabelece que as provas derivadas das ilícitas são inadmissíveis "salvo quando não evidenciado o nexo de causalidade entre

3. STF, HC 72.588, Rel. Min. Maurício Corrêa, DJ 04/08/2000.
4. STF, HC 73.351, Rel. Min, Ilmar Galvão, DJ 19/03/1999; STF, HC 72.588, Rel. Min. Maurício Corrêa, DJ 04/08/2000.

umas e outras, ou quando as derivadas puderem ser obtidas por uma fonte independente das primeiras" (art. 157, §1º, 2ª parte do CPP).

A teoria da descoberta inevitável consagra que se a prova apenas circunstancialmente decorre de prova ilícita, pois seria obtida de qualquer maneira por atos de investigação válidos, não pode ser taxada de ilícita. A descoberta independente possui amparo legal, tendo o legislador se confundido, por mencionar a fonte independente mas trazer o conceito da descoberta inevitável.[5] Segundo o dispositivo legal, "considera-se fonte independente aquela que por si só, seguindo os trâmites típicos e de praxe, próprios da investigação ou instrução criminal, seria capaz de conduzir ao fato objeto da prova" (art. 157, §2º do CPP).

A teoria da contaminação expurgada, também conhecida como teoria da mancha purgada, assenta que se o nexo causal entre a prova primária e a secundária for muito tênue ou superficial, deve ser expurgado, limpando a prova derivada posterior. Nesse sentido, a contaminação pode ser atenuada pelo decurso do tempo ou por circunstâncias supervenientes, sendo possível o aproveitamento da prova inicialmente contaminada.

A teoria do encontro fortuito de provas também é chamada de serendipidade, e ocorre quando em diligência regularmente decretada para a investigação de determinado delito supostamente praticado por certo suspeito, é descoberta prova de crime diverso ou relacionada a outra pessoa. Não é raro o encontro fortuito durante o cumprimento de mandado de busca e apreensão ou de interceptação telefônica.

Prova ilícita	Violação a direito material ou processual
Exclusão da ilicitude	princípio da proporcionalidade (legítima defesa ou estado de necessidade – pro reo)
Prova ilícita por derivação	transmissão da ilicitude da prova originária para a prova derivada
Exclusão da ilicitude por derivação	teorias da fonte independente, descoberta inevitável, contaminação expurgada e encontro fortuito.

Verbos nucleares

O tipo penal criminaliza a conduta de *proceder à obtenção de prova*, que significa determinar a produção de prova ou executar essa ordem. A

5. STF, HC 91.867, Rel. Min. Gilmar Mendes, DJ 24/04/2012.

prova deve ser confeccionada por *meio manifestamente ilícito.* O elemento normativo *manifestamente* indica que a prova deve ser inequivocamente contrária à legislação. Considerando que não se admite o chamado *crime de hermenêutica* (art. 1º, §2º), não há que se falar em crime de abuso de autoridade na conduta do agente público que segue o entendimento da doutrina ou jurisprudência dominante para conseguir ou utilizar a prova. O fato é atípico se a ilicitude for excluída por legítima defesa ou estado de necessidade do investigado injustamente perseguido (princípio da proporcionalidade), afinal, a prova é lícita (e ainda que fosse ilícita, o parágrafo único do art. 25 fala uso da prova *em desfavor do investigado ou fiscalizado).*

O legislador utilizou o termo *ilícito* para se referir à prova, que certamente abrange toda prova ilegal (tanto a prova ilícita quanto a prova ilegítima). Isso porque a classificação doutrinária que divide as provas ilegais conforme violem direito material ou processual não encontra eco na legislação (art. 5°, LVI da CF e art. 157 do CPP), não havendo motivo razoável para supor que exclusivamente na Lei de Abuso de Autoridade o legislador quis contemplar essa diferença e excluir da incriminação a prova ilegítima. [6] Portanto, não se trata de analogia *in malam partem,* mas simplesmente interpretar a expressão em seu sentido mais preciso segundo uma leitura sistemática do ordenamento jurídico.

A ilicitude pode tanto se dar em prova originária quanto em prova derivada (sendo que a ilicitude se transmite), o que significa que também é crime produzir ou usar prova ilícita por derivação. O fato é atípico se a ilicitude for excluída em razão da incidência de alguma das teorias (fonte independente, descoberta inevitável, contaminação expurgada ou encontro fortuito).

Também pratica o crime quem *faz uso de prova*, ou seja, efetivamente a utiliza na persecução criminal. Deve o agente, nessa hipótese, ter *prévio conhecimento de sua ilicitude.* Não configura o delito usar a prova acreditando ser lícita, e posteriormente descobrir que viola o ordenamento jurídico. Exemplo: policial militar realiza a captura de suspeito e mente ao delegado sobre a origem das drogas apreendidas e como se deu a busca e apreensão na casa do suspeito; a autoridade policial que decide pela prisão em flagrante com base nessas provas, e depois toma conhecimento da ilicitude da prova

6. No mesmo sentido: AGI, Samer. *Comentários à nova Lei de Abuso de Autoridade.* Brasília: CPluris, 2019, p. 75. Em sentido contrário, de que foi criminalizada apenas a violação de direito material: LIMA, Renato Brasileiro de. *Legislação criminal especial comentada.* Salvador: Juspodivm, 2020, p. 156.

apenas quando o processo já está em curso. Diz o tipo penal, ainda, que o uso da prova deve ser feito *em desfavor do investigado ou fiscalizado.*

A obtenção ou utilização da prova ilícita deve ser dar em *procedimento de investigação ou fiscalização*, o que abrange o inquérito policial e outros procedimentos de apuração de crimes (tais quais termo circunstanciado de ocorrência e procedimento investigatório criminal), atos infracionais (boletim de ocorrência circunstanciado) e infrações extrapenais (a exemplo do inquérito civil). O texto legal não pune a produção e uso de prova ilícita no processo, não sendo possível suprir a omissão com analogia *in malam partem.*[7]

Curioso perceber que a prova pode ser verdadeira e ainda assim ser ilícita, pois o que importa para a tipificação do delito é sua obtenção violando as normas jurídicas. Nesse sentido, uma confissão mediante tortura é ilícita ainda que o interrogado tenha falado a verdade.

14.8. Conflito Aparente de Leis Penais

Obtenção ou utilização de prova ilícita	Interceptação telefônica ilícita	Captação ambiental ilícita	Quebra de sigilo financeiro ilícito
art. 25 da Lei 13.869/19	art. 10 da Lei 9.296/96	art. 10-A da Lei 9.296/96	art. 10 da Lei Complementar 105/01
obter ou utilizar prova ilícita	realizar interceptação telefônica sem autorização judicial	realizar captação ambiental sem autorização judicial	quebrar sigilo financeiro sem autorização judicial
sujeito ativo agente público	sujeito ativo qualquer pessoa	sujeito ativo qualquer pessoa	sujeito ativo qualquer pessoa
pena de 1 a 4 anos, e multa	pena de 2 a 4 anos, e multa	pena de 2 a 4 anos, e multa	pena de 1 a 4 anos, e multa

14.9. Elemento Subjetivo (Tipo Subjetivo)

O elemento subjetivo geral no abuso de autoridade é o dolo. Não há abuso de autoridade culposo.

---

7. Em debate sobre o crime de obstrução de Justiça da Lei de Organização Criminosa (art. 2º, §1º da Lei 12.850/13), a jurisprudência se posicionou em sentido diverso, entendendo que o termo *investigação* engloba também o processo penal: STJ, HC 487.962, Rel. Min. Joel Ilan Paciornik, DJ 28/05/2019. No mesmo sentido, com relação a este crime de abuso de autoridade: AGI, Samer. *Comentários à nova Lei de Abuso de Autoridade*. Brasília: CPIuris, 2019, p. 75.

Mas não basta o dolo de praticar a conduta típica de abuso, sendo preciso o animus abutendi. O agente público deve agir com a finalidade específica (elemento subjetivo especial) de, alternativamente (art. 1º, §1º): (a) prejudicar outrem; (b) beneficiar a si mesmo ou a terceiro; (c) por mero capricho; (d) por satisfação pessoal.

Claro que a presunção é de que o agente atua com boa-fé, cabendo a quem alega má-fé comprová-la com elementos concretos e não meras suposições. Portanto, não comete abuso de autoridade o agente que errar ou atuar com desídia.

Grife-se ainda que a divergência na interpretação de lei ou na avaliação de fatos e provas não configura abuso de autoridade (art. 1º, §2º), vedando-se crime de hermenêutica.

14.10. Consumação e Tentativa

A consumação se dá com a obtenção de prova ilícita, ou com o seu uso em desfavor do investigado ou fiscalizado.

Admite-se a tentativa, já que o crime é plurissubsistente, sendo possível fracionar o *iter criminis.*

14.11. Ação Penal, procedimento e competência

A ação penal é pública incondicionada, cabendo ação penal privada subsidiária da pública em caso de omissão do *parquet* (art. 3º), que deve ser manejada no prazo decadencial de 6 meses.

Trata-se de infração de médio potencial ofensivo (pena máxima de 4 anos), o que faz incidir o procedimento comum ordinário (arts. 394 a 405 do CPP). Isso quer dizer que cabe a prisão em flagrante (não bastando a indicação da conduta típica, sendo imprescindível a demonstração inequívoca do elemento subjetivo), com consequente instauração de inquérito policial.

Por se tratar de crime funcional afiançável, incide a defesa preliminar decorrente do procedimento especial de funcionário público (arts. 513 a 518 do CPP), exceto se o agente ostentar foro por prerrogativa de função ou se se tratar de infração de menor potencial ofensivo.

Considerando que a pena mínima é de 1 ano, admite-se o acordo de não persecução penal (art. 28-A do CPP), ou caso não proposto a suspensão condicional do processo (art. 89 da Lei 9.099/95).

A competência para o processo e julgamento é da Justiça Estadual, a menos que presente alguma das hipóteses do art. 109 da CF, quando a competência será da Justiça Federal. Havendo conexão ou continência entre crime estadual e federal, prevalece a Justiça Federal.[8]

14.12. Modelos de Peças Policiais

O reconhecimento da ilicitude de alguma prova, e o seu consequente não aproveitamento na investigação criminal, pode ser feito tanto em decisão à parte, como no bojo do relatório final do inquérito policial.

DECISÃO DE RECONHECIMENTO DE ILICITUDE DE PROVA

A Polícia Judiciária, por intermédio do delegado de polícia que ao final subscreve, no uso das atribuições conferidas pelo art. 144 da Constituição Federal e dos dispositivos do Código de Processo Penal, Lei 12.830/13 e demais diplomas legais correlatos, profere a seguinte decisão.

O presente procedimento policial apura a infração penal de crime, em tese praticada pelo suspeito nome contra a vítima nome.

É consabido que o direito à prova, assim como os demais direitos fundamentais, não é absoluto. Daí serem vedadas as provas produzidas com violação do ordenamento jurídico. Essa vedação probatória, de difícil entendimento para o leigo, evita que o Estado promova a persecução penal a qualquer custo e os fins justifiquem os meios.

Nessa linha, a Constituição Federal preconiza que *são inadmissíveis, no processo, as provas obtidas por meios ilícitos* (art. 5°, LVI da CF), devendo inclusive serem desentranhadas do processo (art. 157, *caput* do CPP).

Como se sabe, a legislação trata como *provas ilícitas* todo tipo de prova violadora do ordenamento jurídico, abrangendo tanto a transgressão a direito material quanto a direito processual.

No presente caso, constata-se que a prova espécie foi obtida por meio de forma, o que afronta norma de cunho material / processual, especificamente o dispositivo legal.

8. Súmula 122 do STJ: Compete à Justiça Federal o processo e julgamento unifi cado dos crimes conexos de competência federal e estadual, não se aplicando a regra do art. 78, II, a, do Código de Processo Penal.

Não se vislumbra qualquer hipótese de exclusão da ilicitude, a exemplo das teorias da fonte independente, descoberta inevitável, contaminação expurgada e encontro fortuito, ou mesmo de aplicação do princípio da proporcionalidade da chamada prova ilícita *pro reo*.

Sendo assim, é de rigor o reconhecimento da ilicitude da prova, e com isso o seu não uso em desfavor do investigado.

Destarte, a Polícia Judiciária, por meio do delegado de polícia signatário, mediante análise técnico-jurídica do fato, no exercício das funções de natureza jurídica, essenciais e exclusivas de Estado (art. 2º, *caput* da Lei 12.830/13), ante o reconhecimento da ilicitude da prova, deixa de considerá-la neste procedimento investigativo. Com a conclusão da investigação, será submetida à apreciação judicial, podendo ser desentranhada do processo.

Local, data

Nome

Delegado de Polícia

RELATÓRIO DE INQUÉRITO POLICIAL

A Polícia Judiciária, por intermédio do delegado de polícia que ao final subscreve, no uso das atribuições conferidas pelo art. 144 da Constituição Federal e dos dispositivos do Código de Processo Penal, Lei 12.830/13 e demais diplomas legais correlatos, confecciona o presente relatório de encerramento de inquérito policial.

O presente inquérito policial trouxe *notitia criminis* ao conhecimento desta autoridade policial informando que, na data, hora e local que constam do documento, o suspeito nome conduta praticada contra a vítima nome.

Houve captura e condução para audiência de apresentação sob a presidência da autoridade de Polícia Judiciária.

Instaurado o inquérito policial, a instrução ocorreu conforme indicado a seguir.

Ocorreu a apreensão de objetos e respectiva perícia / não houve apreensão de objetos.

A testemunha / o condutor nome narrou que relato.

A testemunha nome informou que relato.

A vítima nome asseverou que relato.

O suspeito nome permaneceu em silêncio / não foi inquirido em razão da ausência de seu advogado constituído / negou o crime / confessou o crime.

Com o boletim de ocorrência / oitiva dos envolvidos / laudo pericial ocorreu a confirmação da materialidade do crime.

Constatou-se que a prova espécie foi obtida por meio de forma, o que afronta norma de cunho material / processual, especificamente o dispositivo legal. Trata-se de inadmissível prova ilícita (art. 5°, LVI da CF e art. 157, *caput* do CPP). Não se vislumbra qualquer hipótese de exclusão da ilicitude, a exemplo das teorias da fonte independente, descoberta inevitável, contaminação expurgada e encontro fortuito, ou mesmo de aplicação do princípio da proporcionalidade da chamada prova ilícita *pro reo*.Sendo assim, é de rigor o reconhecimento da ilicitude da prova, e com isso o seu não uso em desfavor do investigado.

Sabe-se que o indiciamento retrata a transição do juízo de possibilidade para probabilidade, quando são angariados indícios suficientes. Com efeito, na regular presidência do inquérito policial, mediante análise técnico-jurídica do fato (art. 2º, §6º da Lei de Investigação Criminal), com base nos elementos de instrução já narrados, **indicio** nome pelo delito de crime**.** Comunique-se o Instituto de Identificação e junte-se pesquisa de vida pregressa.

Por meio desta investigação foi possível desvendar a autoria e materialidade, atingindo-se a verdade, finalidade da atuação imparcial da Polícia Judiciária.

Confeccionado o minucioso relatório (art. 10, §1º do CPP), e mediante análise técnico-jurídica do fato, no exercício das funções de natureza jurídica, essenciais e exclusivas de Estado (art. 2º, *caput* da Lei 12.830/13), encerro este inquérito policial e o encaminho para a culta análise do Poder Judiciário, bem como para a criteriosa apreciação do Ministério Público.

Local, data

Nome

Delegado de Polícia

Capítulo 15

Instauração ou requisição de investigação sem indícios

15.1. Dispositivo legal

Figura simples	Art. 27. Requisitar instauração ou instaurar procedimento investigatório de infração penal ou administrativa, em desfavor de alguém, à falta de qualquer indício da prática de crime, de ilícito funcional ou de infração administrativa: Pena - detenção, de 6 (seis) meses a 2 (dois) anos, e multa.
Cláusula de exclusão da ilicitude	Parágrafo único. Não há crime quando se tratar de sindicância ou investigação preliminar sumária, devidamente justificada.

15.2. Classificação

Crime de instauração ou requisição de investigação sem indícios	
crime próprio	crime formal (requisitar) ou material (instaurar)
crime unissubjetivo	crime de dano
Crime de ação múltipla alternativa	crime comissivo
crime de menor potencial ofensivo	

15.3. Bem Jurídico Tutelado

Assim como os demais delitos de abuso de autoridade, cuida-se de crime pluriofensivo, havendo 2 bens jurídicos protegidos.

De forma imediata ou principal temos a proteção dos direitos e garantias fundamentais das pessoas físicas e jurídicas, nesse caso especificamente a administração da Justiça (art. 5º, XXXV da CF).

O bem jurídico tutelado de maneira mediata ou secundária é a normalidade e a regularidade dos serviços públicos, isto é, o bom funcionamento do Estado.

15.4. Sujeito Ativo

Os crimes de abuso de autoridade, em regra, são classificados como próprios quanto ao sujeito ativo (arts. 1º e 2º). O tipo penal em análise não é exceção, pois só pode ser cometido por agente ou autoridade com atribuição para instaurar ou requisitar investigação penal, administrativa ou disciplinar.

A requisição tem caráter mandamental, o que não se confunde com um mero pedido de providências ou mesmo com a representação (condição de procedibilidade da ação penal pública condicionada) ou com o requerimento (condição da ação penal privada).

Vale ressaltar que a requisição do Ministro da Justiça (art. 100º, §1º, do CP) não é dotada de caráter mandamental. Trata-se de mera autorização para o início da persecução criminal em alguns delitos que a exigem, assumindo contornos de condição de procedibilidade da ação penal.

Pode responder criminalmente a autoridade policial que instaura sem elementos mínimos inquérito policial ou termo circunstanciado de ocorrência (para apurar infrações penais) ou boletim de ocorrência circunstanciado (para investigar ato infracional). Não há que se falar em crime na conduta do delegado que determina a verificação da procedência das informações (art. 5º, §3º do CPP), procedimento cuja finalidade é justamente colher um mínimo de indícios (juízo de possibilidade) que autorizem a instauração de IP, TCO ou BOC.

15.5. Sujeito Passivo

O crime de abuso de autoridade tem dupla subjetividade passiva.

O sujeito passivo imediato ou principal é a pessoa física ou jurídica que sofre a conduta abusiva.

O sujeito passivo mediato ou secundário é o Estado (que também pode ser chamado de Administração Pública).

15.6. Conduta (Tipo Objetivo)

Instauração de investigação: obrigatoriedade e justa causa

A evolução de uma bem sucedida persecução penal (desde sua primeira fase policial até sua segunda etapa judicial) se dá pela instauração do inquérito policial, passando pelo oferecimento da acusação e chegando à condenação. Ocorre de maneira gradual conforme os *standards* probatórios são alcançados, e se avança de um juízo de possibilidade (obtido com indícios mínimos) para um juízo de probabilidade (amparado em indícios suficientes), atingindo por fim a um juízo de certeza (calcado em provas robustas).[1]

***Standards* probatórios**		
Inquérito Policial	**Acusação**	**Condenação**
indícios mínimos	indícios suficientes	provas robustas
princípio de justa causa	justa causa	
juízo de possibilidade	juízo de probabilidade	juízo de certeza

O progresso na persecução é diretamente proporcional ao aumento do grau de convicção sobre materialidade e autoria delitivas. Quanto mais constrangedora a ação estatal contra o imputado (indiciamento, acusação ou condenação), maior o patamar de convencimento.

Curioso pontuar que nada obstante a jurisprudência e a doutrina falarem que a falta de justa causa autoriza o trancamento do inquérito policial, na verdade o que permite o encerramento anômalo do IP é a ausência de *princípio de justa causa* (indícios mínimos), pois a justa causa propriamente dita (indícios suficientes) será obtida justamente por meio da investigação policial para possibilitar o início da ação penal e, por conseguinte, o início do processo. Afirma a Suprema Corte:

> Assim como se admite o trancamento de inquérito policial, por falta de justa causa, diante da ausência de elementos indiciários mínimos demonstrativos da autoria e materialidade, há que se admitir que, no seu nascedouro, seja coarctada a instauração de procedimento investigativo, quando inexistentes base empírica para tanto idônea e indicação plausível do fato delituoso a ser apurado.[2]

1. STF, AP 470, Rel. Min. Joaquim Barbosa, DJ 22/04/2013; STF, AP 676, Rel. Min. Rosa Weber, DJ 17/10/2017; STF, HC 83.947, Rel. Min. Celso de Mello, DJ 07/08/2007.
2. STF, Inq 3.847 AgR, Rel. Min. Dias Toffoli, DJ 07/04/2015.

A instauração de inquérito policial exige, portanto, a verossimilhança do relato do crime e de seu autor, e ao menos a possibilidade da colheita de indícios iniciais de materialidade e autoria. São necessários indícios (ainda que mínimos), entendidos não como prova indireta, mas como elemento de convicção semipleno, de menor valor persuasivo, de percepção vertical rasa e cognição sumária.

Não há na lei, jurisprudência ou doutrina a definição taxativa de quais elementos configuram o princípio de justa causa. Todavia, os Tribunais Superiores já afirmaram que a denúncia anônima[3] por si só não autoriza a deflagração do inquérito policial e, de outro lado, são indícios mínimos a matéria jornalística,[4] a palavra isolada da vítima em crimes cometidos na clandestinidade,[5] a palavra do colaborador,[6] o relatório policial[7] ou os dados financeiros.[8]

Vale lembrar que a falta de justa causa não é a única hipótese que impõe a interrupção do inquérito policial. È cabível o seu trancamento nos seguintes casos:[9] (a) atipicidade, (b) falta de indícios mínimos de materialidade e autoria (justa causa), (c) excludente de punibilidade ou (d) ausência de condição da ação (representação ou requerimento da vítima).

Noutro giro, o fato de o inquérito policial não poder ser instaurado sem indícios mínimos não significa que o Estado-Investigação ficará de mãos atadas e que a persecução penal estará morta. A lei processual prevê o mecanismo de investigação preliminar com objetivo de se tentar atingir tais elementos básicos de convicção (art. 5º, §3º do CPP), exigindo que o inquérito seja instaurado após *verificada a procedência das informações*. Na dicção dos Tribunais Superiores:

> A autoridade policial, ao receber uma denúncia anônima, deve antes realizar diligências preliminares para averiguar se os fatos narrados

3. STF, HC 95.244, Rel. Min. Dias Toffoli, DP 30/04/2010; STJ, HC 199.086, Rel. Min. Jorge Mussi, DP 21/05/2014.
4. STF, RHC 98.056, Rel. Min. Antônio Saldanha Palheiro, DJ 04/06/2019.
5. STJ, HC 389.716, Rel. Min. Reynaldo Soares da Fonseca, DJ 06/06/2017.
6. STF, Inq 4.244, Rel. Min. Gilmar Mendes, DJ 20/11/2018.
7. STJ, AgRg no RHC 104.734, Rel. Min. Felix Fischer, DJ 11/04/2019.
8. STF, Inq 4.244, Rel. Min. Gilmar Mendes, DJ 20/11/2018.
9. STF, HC 132.170 AgR, Rel. Min. Teori Zavaski, DJ 16/02/2016; STJ, RHC 42.029, Rel Min. Lauritza Vaz, DJ 26/08/2014.

> nessa "denúncia" são materialmente verdadeiros, para, só então, iniciar as investigações.[10].
>
> A instauração de VPI (Verificação de Procedência das Informações) não constitui constrangimento ilegal, eis que tem por escopo investigar a origem de delatio criminis anônima, antes de dar causa à abertura de inquérito policial.[11]

Essa é a ferramenta criada pela legislação para averiguar a verossimilhança da *noticia criminis* e a viabilidade da investigação, e servir de barreira contra inquéritos policiais absurdos. Assim como o inquérito policial se qualifica como filtro contra acusações temerárias.

Se o indivíduo tem o direito de não ser submetido indevidamente ao constrangimento de um processo temerário (*strepitus judicii*), tampouco pode ser desarrazoadamente reprimido por inquérito policial indevido (*strepitus investigationem*).

De outro lado, sabe-se da existência do princípio da obrigatoriedade, do qual emana o dever de atuação dos órgãos estatais pra promover a investigação (art. 5º do CPP) e a ação penal (art. 24 do CPP) nos crimes de ação penal pública (que não exijam vontade da vítima). A regra, de fato, é a atuação compulsória da Polícia Judiciária e do Ministério Público.

Contudo, é preciso entender que não se trata de norma absoluta, encontrando limites:

> Não se olvida que o inquérito policial é regido quanto à instauração, pelo princípio da obrigatoriedade, o que significa que, em regra, a partir do recebimento da notitia criminis o delegado deve deflagrar o inquérito policial (ou termo circunstanciado de ocorrência ou boletim de ocorrência circunstanciada, conforme se tratar de infração penal de menor potencial ofensivo ou ato infracional). Todavia, essa regra é mitigada caso se esteja diante da ausência de um rudimento de justa causa.[12]
>
> Do ponto de vista da realidade judiciária, desde sempre delegados de Polícia não abrem inquérito policial para apurar crimes de origem desco-

10. STF, HC 95244, Rel. Min. Dias Toffoli, DP 30/04/2010; STJ, HC 199086, Rel. Min. Jorge Mussi, DP 21/05/2014.
11. STJ, HC 103566, Rel. Min. Jane Silva, DP 01/12/2008; STJ, RHC 14.434, Rel. Min. Jorge Scartezzini, DJ 01/04/2004.
12. HOFFMANN, Henrique; COSTA, Adriano Sousa. *Verificação da procedência das informações*. In: FONTES, Eduardo; HOFFMANN, Henrique (Org.). Temas Avançados de Polícia Judiciária. 3. ed. Salvador: Juspodivm, 2019, p. 83.

> nhecida ou que, por qualquer razão, se revelem totalmente sem interesse. Por exemplo, o relato do furto de um celular esquecido na prateleira de um supermercado, sem que se tenha nenhum dado da autoria, não será objeto de inquérito. Neste caso, não se trata de prevaricação da autoridade policial, mas sim de evitar-se perda de tempo e gastos inúteis. (...) Vamos continuar fingindo que o princípio da obrigatoriedade vige em sua plenitude, mesmo sabendo que não é praticado?[13]

Com efeito, havendo dúvidas sobre a existência de indícios mínimos de materialidade e autoria, não se deve instaurar o inquérito policial. E se for incerta a presença de indícios veementes do crime e de seu autor, o indiciamento e a acusação não devem ser feitas. E que não se alegue para sustentar o contrário a existência do polêmico princípio do *in dubio pro societate:*

> Percebe-se a lógica confusa e equivocada ocasionada pelo suposto "princípio in dubio pro societate", que, além de não encontrar qualquer amparo constitucional ou legal, acarreta o completo desvirtuamento das premissas racionais de valoração da prova.[14]
>
> Por mais que se queira propalar a máxima de que, no átrio da ação penal, teria força a máxima *in dubio pro societate*, em verdade, tal aforisma não possui amparo legal, nem decorre da lógica do nosso sistema processual penal, constitucionalmente orientado. A tão só sujeição ao juízo penal já representa, per se, um gravame, cuja magnitude Carnelutti já dimensionava como verdadeira sanção. Desta forma, é imperioso que haja razoável grau de convicção para a submissão do indivíduo aos rigores persecutórios. Trata-se de uma das fases do escalonamento da cognição, que se inicia pelo indiciamento, passa pelo recebimento da acusação e se ultima com a sentença, recebendo a pá de cal com o trânsito em julgado. [15]
>
> Que fique bem claro que a inexistência do princípio do in dubio pro societate não traduz a exigência de certeza para investigar, indiciar ou acusar, mas apenas a não admissibilidade da utilização da máxima como artimanha para camuflar o não atingimento do standard probatório.[16]

---

13. FREITAS, Vladimir Passos de. *O princípio da obrigatoriedade da ação e os acordos na esfera penal.* Revista Consultor Jurídico, mai 2019. Disponível em: <https://www.conjur.com.br/2019-mai-19/principio-obrigatoriedade-acao-acordos-esfera-penal>. Acesso em: 25 nov. 2019.
14. STF, ARE 1.067.392, Rel. Min. Gilmar Mendes, DJ 26/03/2019.
15. STJ, HC 175.639, Rel. Min Maria Thereza de Assis Moura, DJ 20/03/2012.
16. HOFFMANN, Henrique. *Investigação e acusação não são regidas pelo in dubio pro societate.* Revista Consultor Jurídico, set. 2019. Disponível em: <https://www.conjur.com.br/2019-set-25/academia-policia-investigacao-acusacao-nao-sao-regidas-in-dubio-pro-societate>. Acesso em: 25 nov. 2019.

Verbos nucleares

O texto da lei pune a conduta de *requisitar instauração ou instaurar procedimento investigatório de infração penal ou administrativa, em desfavor de alguém, à falta de qualquer indício da prática de crime, de ilícito funcional ou de infração administrativa.*

O núcleo *requisitar* significa exigir providência em razão da autoridade que o agente público se encontra investido. Já o verbo *instaurar* tem o sentido de formalizar o início de um procedimento. Reponde pelo crime tanto quem instaura a investigação (delegado) ou quem requisita a instauração (juiz ou promotor). Diferentemente do crime do art. 30 da Lei de Abuso de Autoridade, o tipo penal em análise não pune a conduta de *proceder* (prosseguir) com o procedimento. Portanto, este delito não alcança o delegado que assume a presidência de inquérito policial sem indícios mínimos instaurado por outra autoridade policial.

No que tange ao poder de requisição do MP, a criminalização de seu abuso não se trata de indevida restrição a essa prerrogativa constitucional:

> Se a própria Constituição Federal prevê que esse poder de requisição deve ser exercido com a indicação dos *fundamentos jurídicos de suas manifestações processuais*, dúvida não há no sentido de que tal poer não pode ser exercido de maneira abusiva, a exemplo do que ocorre quando o órgão ministerial requisita a deflagração de um inquérito policial para apurar condutas atípicas, prescritas, ou quando não há nenhum indício, mínimo que seja, indicando a verossimilhança da suspeita da prática de crime a demandar, portanto, o aprofundamento das investigações.[17]

Identificada eventual requisição infundada, será objeto de manifestação e retorno para reapreciação do requisitante, sob pena deste também incorrer na figura do art. 27 da Lei de Abuso de Autoridade[18].

Não há previsão típica para a conduta de *solicitar* investigação sem indícios, mas a representação leviana pode ensejar responsabilização criminal por comunicação falsa de crime (comunicar crime que não se verificou – art.

17. LIMA, Renato Brasileiro de. *Legislação criminal especial comentada*. Salvador: Juspodivm, 2020, p. 165.
18. LESSA, Marcelo de Lima; MORAES, Rafael Francisco Marcondes de; GIUDICE, Benedito Ignácio. *Nova Lei de Abuso de Autoridade (Lei 13.869/2019): diretrizes de atuaçao de Polícia Judiciária*. São Paulo: Academia de Polícia "Dr. Coriolano Nogueira Cobra", 2020, p. 125.

340 do CP), denunciação caluniosa (dar causa à instauração de investigação contra inocente - art. 339 do CP) ou calúnia (imputação falsa de crime - art. 138 do CP).

A requisição ou instauração recai sobre *procedimento investigatório de infração penal ou administrativa*, objeto material que abrange diversos procedimentos apuratórios, a exemplo do inquérito policial, termo circunstanciado de ocorrência, boletim de ocorrência circunstanciado, procedimento investigatório criminal, investigação de CPI e procedimento administrativo disciplinar.

Não é crime a instauração ou requisição da verificação de procedência de informações, que é justamente o mecanismo para possibilitar a colheita de indícios mínimos que somente então autorizam a deflagração do inquérito policial.

Esta infração penal só atinge a investigação (e não o processo), e mesmo assim apenas aqueles de natureza penal e administrativa (e não civil). Se a conduta recair sobre processo (penal administrativo ou civil), configura-se o tipo penal do art. 30 da Lei 13.869/19.

Para que o delito se aperfeiçoe, a lei exige a *falta de qualquer indício* da prática de crime, de ilícito funcional ou de infração administrativa. Isso significa que se a investigação for precedida de algum indício, ainda que mínimo e frágil, não se aplica este crime do art. 27.

Cláusula de exclusão da ilicitude

Afirma o parágrafo único deste tipo penal que *não há crime quando se tratar de sindicância ou investigação preliminar sumária, devidamente justificada.*

Nessa toada, no âmbito administrativo, a sindicância é o procedimento preliminar de investigação; na seara criminal, a investigação preliminar sumária representa a verificação da procedência das informações.

Não exclui a ilicitude o fato de, após instauração de investigação contra alguém sem qualquer indício, por mero capricho ou satisfação pessoal da autoridade, surgirem provas de que o indivíduo realmente praticou a infração penal apurada.[19] O raciocínio é o mesmo que se faz com a violação da casa sem fundadas razões: a sorte de se confirmar posteriormente a

19. AGI, Samer. *Comentários à nova Lei de Abuso de Autoridade*. Brasília: CPIuris, 2019, p. 78.

situação de flagrante delito não tem o condão de retroagir e sanar o vício em sua origem.[20]

15.7. Conflito Aparente de Leis Penais

Deflagração de persecução sem justa causa

Os crimes dos arts. 27 e 30 em muito se parecem. As diferenças estão nos detalhes. O art. 27 pune as condutas de instaurar ou requisitar (e não de proceder), enquanto o art. 30 tipifica a conduta de instaurar e proceder (e não de requisitar). Ambos os crimes pressupõem a falta de indícios mínimos da infração. O art. 27 abrange a investigação (penal ou administrativa); já o art. 30 engloba o processo (penal, administrativo ou civil).

A pena do art. 30 (2 a 4 anos) é o dobro da sanção penal do art. 27 (1 a 2 anos), o que se justifica ao entender que, apesar de uma investigação sem indícios mínimos ser lesiva à vítima, um processo sem justa causa é mais danoso - pois dele podem emergir sanções que atingem de maneira mais grave a esfera de direitos fundamentais do envolvido.

Instauração ou requisição de investigação sem indícios	Deflagração de persecução sem justa causa
art. 27 da Lei 13.869/19	art. 30 da Lei 13.869/19
instaurar ou requisitar a instauração (não abrange proceder)	dar início ou proceder (não enbloba requsitar)
à falta de qualquer indício	sem justa causa fundamentada
procedimento investigatório de infração penal ou administrativa (não abarca processo penal, administrativo ou civil, nem investigação civil)	persecução penal, administrativa ou civil (não engloba investigação)
pena de 6 meses a 2 anos, e multa	pena de 1 a 4 anos, e multa

Denunciação caluniosa

Quanto à conduta de instauração dos procedimentos investigatórios em desfavor de quem o sabe inocente, acreditamos ter caminhado mal o legislador, pois conferiu ao agente público tratamento mais benéfico do que a incidência do próprio art. 339 do Código Penal (denunciação caluniosa). Esse crime comina pena mínima e máxima quatro vezes maior do que as da presente infração penal.

20. STF, RE 603.616, Rel. Min. Gilmar Mendes, DJ 05/11/2015.

Instauração ou requisição de investigação sem indícios	Denunciação caluniosa
art. 27 da Lei 13.869/19	art. 339 do Código Penal
requisitar ou instaurar investigação contra alguém sem qualquer indício	dar causa à instauração de inquérito policial, de procedimento investigatório criminal, de processo judicial, de processo administrativo disciplinar, de inquérito civil ou de ação de improbidade administrativa contra alguém, imputando-lhe crime, infração ético-disciplinar ou ato ímprobo de que o sabe inocente (redação dada pela Lei n. 14.110/2020)
sujeito ativo agente público	sujeito ativo qualquer pessoa
pena de 6 meses a 2 anos, e multa	pena de 2 a 8 anos, e multa

15.8. Elemento Subjetivo (Tipo Subjetivo)

O elemento subjetivo geral no abuso de autoridade é o dolo. Não há abuso de autoridade culposo.

Mas não basta o dolo de praticar a conduta típica de abuso, sendo preciso o *animus abutendi*. O agente público deve agir com a finalidade específica (elemento subjetivo especial) de, alternativamente (art. 1º, §1º): (a) prejudicar outrem; (b) beneficiar a si mesmo ou a terceiro; (c) por mero capricho; (d) por satisfação pessoal.

Claro que a presunção é de que o agente atua com boa-fé, cabendo a quem alega má-fé comprová-la com elementos concretos e não meras suposições. Portanto, não comete abuso de autoridade o agente que errar ou atuar com desídia.

Grife-se ainda que a divergência na interpretação de lei ou na avaliação de fatos e provas não configura abuso de autoridade (art. 1º, §2º), vedando-se crime de hermenêutica.

15.9. Consumação e Tentativa

Na conduta *requisitar*, o crime é formal, de consumação antecipada ou de resultado cortado, consumando-se com o recebimento formal do ato de requisição. A efetiva instauração do procedimento constitui mero exaurimento do crime, a ser avaliado pelo juiz sentenciante por ocasião da dosimetria da pena.

Na conduta *instaurar*, o crime é material, aperfeiçoando-se quando da efetiva instauração do procedimento. No caso do inquérito policial, é essencial haver portaria inicial lavrada, registrada e autuada, por exemplo, não sendo suficiente o começo informal de diligências meramente preliminares.

Trata-se de crime instantâneo e de ação múltipla alternativa, de modo que haverá crime único na conduta do promotor de justiça que requisita a instauração de um inquérito policial visivelmente ilegal, mas diante da recusa fundamentada do delegado de polícia, vem a instaurar um procedimento investigatório no âmbito do MP.

A tentativa é admitida, já que o crime é plurissubsistente, sendo possível o fracionamento do *iter criminis.*

15.10. Ação Penal, procedimento e competência

A ação penal é pública incondicionada, cabendo ação penal privada subsidiária da pública em caso de omissão do *parquet* (art. 3º), que deve ser manejada no prazo decadencial de 6 meses.

Trata-se de infração de menor potencial ofensivo (pena máxima de 2 anos), incidindo o procedimento sumaríssimo do Juizado Especial Criminal e todas as medidas despenalizadoras da Lei 9.099/95. Não se aplica a defesa preliminar decorrente do procedimento especial de funcionário público (arts. 513 a 518 do CPP).

Não se admite o acordo de não persecução penal, porquanto cabível a transação penal (art. 28-A, § 2º, I do CPP). Considerando que a pena mínima é de 6 meses, admite-se a suspensão condicional do processo (art. 89 da Lei 9.099/95).

A competência para o processo e julgamento é do Juizado Especial Criminal Estadual, a menos que esteja presente alguma das hipóteses do art. 109 da CF, quando a competência será do Juizado Especial Criminal Federal. Havendo conexão ou continência entre crime estadual e federal, prevalece a Justiça Federal.[21]

21. Súmula 122 do STJ: Compete à Justiça Federal o processo e julgamento unifi cado dos crimes conexos de competência federal e estadual, não se aplicando a regra do art. 78, II, a, do Código de Processo Penal.

15.11. Modelos de Peças Policiais

DECISÃO DE DEVOLUÇÃO DE REQUISIÇÃO DE INSTAURAÇÃO DE INQUÉRITO POLICIAL

A Polícia Judiciária, por intermédio do delegado de polícia que ao final subscreve, no uso das atribuições conferidas pelo art. 144 da Constituição Federal e dos dispositivos do Código de Processo Penal, Lei 12.830/13 e demais diplomas legais correlatos, profere a seguinte decisão.

Trata-se de ofício enviado o pelo Ministério Público contendo requisição de instauração de inquérito policial contra nome pela infração penal de crime.

Contudo, o órgão ministerial não apontou quais seriam os indícios mínimos acerca da materialidade e autoria de crime, o que denota a ausência de justa causa e impede a deflagração do inquérito policial.

Como se sabe, a instauração de inquérito policial exige um início de justa causa, ou seja, indícios mínimos de materialidade e autoria. Não se trata de ato automático, mas decisão fundamentada que deve se amparar em um juízo de possibilidade.

Ou seja, sem um rudimento de justa causa não é possível submeter alguém temerariamente a um inquérito policial, sob pena de trancamento. Essa conclusão é extraída não só da legislação (art. 648, I do CPP) como também da jurisprudência das Cortes Superiores (STF, HC 106.314; STJ, RHC 9.852). Em outras palavras, é preciso um piso de informação para a instauração de inquérito policial.

Nessa linha, a instauração de inquérito policial exige a verossimilhança do relato do crime e de seu autor, e ao menos a possibilidade da colheita de indícios iniciais de materialidade e autoria.

Na dicção da Suprema Corte, "assim como se admite o trancamento de inquérito policial, por falta de justa causa, diante da ausência de elementos indiciários mínimos demonstrativos da autoria e materialidade, há que se admitir que, no seu nascedouro, seja coarctada a instauração de procedimento investigativo, quando inexistentes base empírica para tanto idônea e indicação plausível do fato delituoso a ser apurado" (STF, Inq 3.847).

Uma vez que não pode transigir com direitos fundamentais do cidadão, a autoridade policial não deve insistir numa investigação policial temerária. Assim agindo, impede que seja alçado à condição de autoridade coatora de habeas corpus e sujeito ativo de abuso de autoridade (art. 27 da Lei de Abuso de Autoridade), e ao mesmo tempo resguarda os direitos constitucionais do cidadão.

Sabe-se da existência do princípio da obrigatoriedade, do qual emana o dever de atuação dos órgãos estatais pra promover a investigação (art. 5º do CPP) nos crimes de ação penal pública. Todavia, essa regra é mitigada caso inexistam indícios mínimos, porquanto a deflagração da investigação criminal nessa hipótese configura inclusive crime.

O poder requisitório do Ministério Público para demandar a instauração de inquérito policial (art. 5º, II do CPP) não é absoluto, portanto. Por requisição entende-se a "exigência para a realização de algo, fundamentada em lei. Assim, não se deve confundir requisição com ordem, pois nem o representante do Ministério Público, nem tampouco o juiz, são superiores hierárquicos do delegado, motivo pelo qual não lhe podem dar ordens. Requisitar a instauração do inquérito significa um requerimento lastreado em lei, fazendo com que a autoridade policial cumpra a norma e não a vontade particular do promotor ou do magistrado". (NUCCI, Guilherme de Souza. Manual de processo penal e execução penal. Rio de Janeiro: Forense, 2016, p. 151). Nesse sentido, se a requisição for ilegal, não deve ser cumprida. Aliás, requisitar instauração de procedimento investigatório de infração penal, em desfavor de alguém, à falta de qualquer indício da prática de crime, configura delito de abuso de autoridade (art. 27 da Lei 13;869/19).

Por fim, vale ressaltar que "o livre convencimento técnico-jurídico do delegado de polícia deriva do fato de o inquérito policial ser um procedimento discricionário (CPP, art. 14). A isenção e imparcialidade, por sua vez, são consectários lógicos dos princípios da impessoalidade e moralidade, previstos expressamente no art. 37, *caput* da Constituição Federal" (LIMA, Renato Brasileiro de. Legislação criminal especial comentada. Salvador: Juspodivm, 2014, p. 180).

Destarte, a Polícia Judiciária, por meio do delegado de polícia signatário, mediante análise técnico-jurídica do fato, no exercício das funções de natureza jurídica, essenciais e exclusivas de Estado (art. 2º, *caput* da Lei 12.830/13), com a devida vênia ao posicionamento ministerial, determina o retorno dos autos ao Ministério Público.

Local, data

Nome

Delegado de Polícia

DECISÃO DE VERIFICAÇÃO DA PROCEDÊNCIA DAS INFORMAÇÕES

A Polícia Judiciária, por intermédio do delegado de polícia que ao final subscreve, no uso das atribuições conferidas pelo art. 144 da Constituição Federal e dos dispositivos do Código de Processo Penal, Lei 12.830/13 e demais diplomas legais correlatos, profere a seguinte decisão.

Trata-se de *notitia criminis* que chegou ao conhecimento desta autoridade policial informando que, na data, hora e local que constam do documento, o suspeito nome conduta praticada contra a vítima nome, o que configura, em tese, infração penal de crime.

Contudo, a informação se baseia em denúncia anônima, não se vislumbrando ainda os indícios mínimos acerca da materialidade e autoria de crime, o que denota a ausência de justa causa e impede a deflagração imediata do inquérito policial.

Como se sabe, a instauração de inquérito policial exige um início de justa causa, ou seja, indícios mínimos de materialidade e autoria. Não se trata de ato automático, mas decisão fundamentada que deve se amparar em um juízo de possibilidade.

Ou seja, sem um rudimento de justa causa não é possível submeter alguém temerariamente a um inquérito policial, sob pena de trancamento. Essa conclusão é extraída não só da legislação (art. 648, I do CPP) como também da jurisprudência das Cortes Superiores (STF, HC 106.314; STJ, RHC 9.852). Em outras palavras, é preciso um piso de informação para a instauração de inquérito policial.

Nessa linha, a instauração de inquérito policial exige a verossimilhança do relato do crime e de seu autor, e ao menos a possibilidade da colheita de indícios iniciais de materialidade e autoria.

Na dicção da Suprema Corte, "assim como se admite o trancamento de inquérito policial, por falta de justa causa, diante da ausência de elementos indiciários mínimos demonstrativos da autoria e materialidade, há que se admitir que, no seu nascedouro, seja coarctada a instauração de procedimento investigativo, quando inexistentes base empírica para tanto idônea e indicação plausível do fato delituoso a ser apurado" (STF, Inq 3.847).

Uma vez que não pode transigir com direitos fundamentais do cidadão, a autoridade policial não deve insistir numa investigação policial temerária. Assim agindo, impede que seja alçado à condição de autoridade coatora de habeas corpus e sujeito ativo de abuso de autoridade (art. 27 da Lei de Abuso de Autoridade), e ao mesmo tempo resguarda os direitos constitucionais do cidadão.

Sabe-se da existência do princípio da obrigatoriedade, do qual emana o dever de atuação dos órgãos estatais pra promover a investigação (art. 5º do CPP) nos crimes de ação penal pública. Todavia, essa regra é mitigada caso inexistam indícios mínimos, porquanto a deflagração da investigação criminal nessa hipótese configura inclusive crime.

Exatamente por isso o legislador criou uma opção para evitar a instauração descabida de inquéritos policiais, a saber, a verificação da procedência das informações. Tal providência encontra expresso amparo legal (art. 5º, §3º, 2ª parte do CPP).

A doutrina ensina: "O mecanismo criado pela legislação para averiguar a verossimilhança da noticia criminis e a viabilidade da investigação, e servir de barreira contra inquéritos policiais absurdos, é justamente a verificação da procedência das informações. Tal instrumento nada mais é do que uma investigação preliminar e simples, que possibilita a colheita de um piso de informação que justifique a deflagração do inquérito policial. Nessa esteira, o inquérito policial somente pode ser iniciado após a colheita de indícios mínimos, estabelecendo um juízo de possibilidade sobre a materialidade e autoria. Caso ainda inexistentes, devem ser perseguidos justamente por intermédio da VPI. Nesse momento embrionário as diligências são simples e devem ser documentadas em mero relatório ou boletim policial, sem o nível de complexidade do inquérito propriamente dito." (COSTA, Adriano Sousa; HOFFMANN, Henrique. Verificação da Procedência das Informações FONTES, Eduardo; HOFFMANN, Henrique (Org.). Temas Avançados de Polícia Judiciária. 3. ed. Salvador: Juspodivm, 2019, p. 81-90.)

A jurisprudência segue o mesmo rumo: "a autoridade policial, ao receber uma denúncia anônima, deve antes realizar diligências preliminares para averiguar se os fatos narrados nessa 'denúncia' são materialmente verdadeiros, para, só então, iniciar as investigações (STF, HC 95.244). "A instauração de VPI (Verificação de Procedência das Informações) não constitui constrangimento ilegal, eis que tem por escopo investigar a origem de delatio criminis anônima, antes de dar causa à abertura de inquérito policial" (STJ, HC 103.566).

A comunicação de infração penal marcada pela escassez de dados não justifica a imprudente instauração de inquérito policial, exigindo antes uma verificação preliminar das informações.

Por fim, vale ressaltar que "o livre convencimento técnico-jurídico do delegado de polícia deriva do fato de o inquérito policial ser um procedimento discricionário (CPP, art. 14). A isenção e imparcialidade, por sua vez, são consectários lógicos dos princípios da impessoalidade e moralidade, previstos expressamente no art. 37, *caput* da Constituição Federal" (LIMA, Renato Brasileiro de. Legislação criminal especial comentada. Salvador: Juspodivm, 2014, p. 180).

Destarte, a Polícia Judiciária, por meio do delegado de polícia signatário, mediante análise técnico-jurídica do fato, no exercício das funções de natureza jurídica, essenciais e exclusivas de Estado (art. 2º, *caput* da Lei 12.830/13), ante a ausência de indícios mínimos de autoria e materialidade de crime, resolve determinar a verificação da procedência das informações, de modo a colher pistas iniciais que possam construir um rudimento de justa causa, determinando:

- Junte-se o documento que noticiou o fato;

- Encaminhe-se o caso à equipe de investigações, servindo esta decisão como ordem de serviço, para investigação das circunstâncias e envolvidos no fato, a fim de se confirmar ou não a verossimilhança do relato da notícia de crime, com prazo de 30 dias para confecção de relatório;

- Após a apresentação do relatório, conclusos para ulteriores deliberações.

Local, data

Nome

Delegado de Polícia

PORTARIA DE INSTAURAÇÃO DE INQUÉRITO POLICIAL

A Polícia Judiciária, por intermédio do delegado de polícia que ao final subscreve, no uso das atribuições conferidas pelo art. 144 da Constituição Federal e dos dispositivos do Código de Processo Penal, Lei 12.830/13 e demais diplomas legais correlatos, confecciona a presente portaria de instauração de inquérito policial.

Trata-se de *notitia criminis* que chegou ao conhecimento desta autoridade policial informando que, na data, hora e local que constam do documento, o suspeito nome conduta praticada contra a vítima nome, o que configura, em tese, infração penal de crime.

Os indícios mínimos angariados nesse sentido consistem em palavra de testemunha / palavra da vítima / relato policial / documento / objeto.

Destarte, a Polícia Judiciária, por meio do delegado de polícia signatário, mediante análise técnico-jurídica do fato, no exercício das funções de natureza jurídica, essenciais e exclusivas de Estado (art. 2º, *caput* da Lei 12.830/13), resolve instaurar inquérito policial para apurar o fato e suas circunstâncias, determinando:

- Distribua-se o expediente para o escrivão secretariar o feito e o investigador atuar em diligências;

- Junte-se o documento que noticiou o fato;

- Formalize-se a apreensão caso haja bem que interesse ao procedimento, submetendo-o a eventual perícia;

- Providencie-se perícia de local de crime caso haja vestígios no local da infração penal;

- Proceda-se às intimações para oitivas de vítima (caso não se trate de crime vago, colhendo-se representação no caso de crime de ação penal pública condicionada) e testemunhas, com alerta de condução coercitiva em caso de descumprimento;

- Intime-se o suspeito para interrogatório, com aviso de direito a ser acompanhado por advogado e a não produzir prova contra si mesmo, sem alerta de condução coercitiva em caso de desatendimento;

- Requisite-se exame de corpo de delito se algum envolvido apresentar lesões;

- Expeça-se o necessário para a total elucidação do caso;

- Caso haja alguma alteração fática que enseje o não cumprimento de diligência desta portaria, certifique-se;

- Após, conclusos para ulteriores deliberações, não se olvidando do prazo legal para conclusão do feito, bem como do sigilo inerente ao procedimento.

Local, data

Nome
Delegado de Polícia

DECISÃO DE INSTAURAÇÃO DE TERMO CIRCUNSTANCIADO DE OCORRÊNCIA

A Polícia Judiciária, por intermédio do delegado de polícia que ao final subscreve, no uso das atribuições conferidas pelo art. 144 da Constituição Federal e dos dispositivos do Código de Processo Penal, Lei 12.830/13 e demais diplomas legais correlatos, confecciona a presente decisão de instauração de termo circunstanciado de ocorrência.

Trata-se de *noticia criminis* que chegou ao conhecimento desta autoridade policial informando que, na data, hora e local que constam do documento, o suspeito nome conduta praticada contra a vítima nome, o que configura, em tese, infração penal de menor potencial ofensivo de crime.

Os indícios mínimos angariados nesse sentido consistem em palavra de testemunha / palavra da vítima / relato policial / documento / objeto.

Destarte, a Polícia Judiciária, por meio do delegado de polícia signatário, mediante análise técnico-jurídica do fato, no exercício das funções de natureza jurídica, essenciais e exclusivas de Estado (art. 2º, *caput* da Lei 12.830/13), resolve instaurar termo circunstanciado de ocorrência para apurar o fato e suas circunstâncias, determinando:

- Distribua-se o expediente para o escrivão secretariar o feito e o investigador atuar em diligências;

- Junte-se o documento que noticiou o fato;

- Formalize-se a apreensão caso haja bem que interesse ao procedimento, submetendo-o a eventual perícia;

- Providencie-se o relato resumido dos fatos, bem como a qualificação dos envolvidos;

- Requisite-se exame de corpo de delito se algum envolvido apresentar lesões;

- Expeça-se termo de compromisso de comparecimento ao Juizado Especial Criminal;

- Após, remetam-se os autos ao Poder Judiciário.

Local, data

Nome

Delegado de Polícia

DECISÃO DE INSTAURAÇÃO DE BOLETIM DE OCORRÊNCIA CIRCUNSTANCIADA

A Polícia Judiciária, por intermédio do delegado de polícia que ao final subscreve, no uso das atribuições conferidas pelo art. 144 da Constituição Federal e dos dispositivos do Código de Processo Penal, Lei 12.830/13 e demais diplomas legais correlatos, confecciona a presente decisão de instauração de boletim de ocorrência circunstanciada.

Trata-se de notícia que chegou ao conhecimento desta autoridade policial informando que, na data, hora e local que constam do documento, o adolescente nome conduta praticada contra a vítima nome, o que configura, em tese, ato infracional de crime.

Os indícios mínimos angariados nesse sentido consistem em palavra de testemunha / palavra da vítima / relato policial / documento / objeto.

Cuida-se de infração cometida sem violência ou grave ameaça à pessoa (art. 173 do ECA).

Não se trata de ato infracional com repercussão social, que exigiria a permanência do adolescente sob internação para garantia de sua segurança pessoal ou manutenção da ordem pública (art. 174 do ECA).

Destarte, a Polícia Judiciária, por meio do delegado de polícia signatário, mediante análise técnico-jurídica do fato, no exercício das funções de natureza jurídica, essenciais e exclusivas de Estado (art. 2º, *caput* da Lei 12.830/13), resolve instaurar boletim de ocorrência circunstanciada para apurar o fato e suas circunstâncias, determinando:

- Distribua-se o expediente para o escrivão secretariar o feito e o investigador atuar em diligências;

- Junte-se o documento que noticiou o fato;

- Formalize-se a apreensão caso haja bem que interesse ao procedimento, submetendo-o a eventual perícia;

- Providencie-se o relato resumido dos fatos, bem como a qualificação dos envolvidos;

- Proceda-se à oitiva do infrator, dando-lhe ciência de seus direitos, na presença dos pais ou representante legal, expedindo-se termo de compromisso e responsabilidade de sua apresentação ao representante do

Ministério Público, no mesmo dia ou, sendo impossível, no primeiro dia útil imediato;

- Requisite-se exame de corpo de delito se algum envolvido apresentar lesões;

- Após, remetam-se os autos ao Ministério Público.

Local, data

Nome

Delegado de Polícia

Capítulo 16

Divulgação ilegal de gravação

16.1. Dispositivo legal

Figura simples	Art. 28. Divulgar gravação ou trecho de gravação sem relação com a prova que se pretenda produzir, expondo a intimidade ou a vida privada ou ferindo a honra ou a imagem do investigado ou acusado: Pena – detenção, de 1 (um) a 4 (quatro) anos, e multa.

16.2. Classificação

Crime de divulgação ilegal de gravação	
crime próprio	crime material
crime unissubjetivo	crime de dano
crime de forma livre	crime comissivo
crime de médio potencial ofensivo	

16.3. Bem Jurídico Tutelado

Como todo crime de abuso de autoridade, trata-se de crime pluriofensivo, existindo 2 bens jurídicos tutelados.

De forma imediata ou principal temos a proteção dos direitos e garantias fundamentais das pessoas físicas e jurídicas, nesse caso especificamente a intimidade e vida privada (art. 5º, X da CF).

O bem jurídico tutelado de maneira mediata ou secundária é a normalidade e a regularidade dos serviços públicos, isto é, o bom funcionamento do Estado.

16.4. Sujeito Ativo

Os crimes de abuso de autoridade, em regra, são classificados como próprios quanto ao sujeito ativo (arts. 1º e 2º). O tipo penal em análise não foge à regra, pois só pode ser cometido por agente ou autoridade que divulga gravação ou trecho de gravação sem relação com a prova que se pretendia produzir, expondo a intimidade ou a vida privada ou ferindo a honra ou a imagem do investigado ou acusado.

O presente tipo penal mira, principalmente, para o agente público que detém acesso a tais informações e que delas podem lançar mão, como magistrados, membros do MP, membros da Defensoria Pública, delegado de polícia, membros de CPI, mas sem descartar outros agentes públicos que têm acesso aos autos que contém a interceptação telefônica, como os funcionários da vara, o analista do MP que oficia nos autos, o escrivão de polícia, os agentes que realizam a análise das conversas etc.

Trata-se de crime próprio, mas não necessariamente de mão própria. O conluio entre agente público e órgão de imprensa, por exemplo, permite que ambos figurem como autores no contexto do presente tipo penal.

16.5. Sujeito Passivo

O crime de abuso de autoridade tem dupla subjetividade passiva.

O sujeito passivo imediato ou principal é a pessoa física ou jurídica que sofre a conduta abusiva.

O sujeito passivo mediato ou secundário é o Estado (que também pode ser chamado de Administração Pública).

16.6. Conduta (Tipo Objetivo)

Captação da comunicação, segredo de justiça e levantamento do sigilo

Como se sabe, a captação de conversa telefônica (por telefone) ou ambiental (pessoalmente) pode se dar basicamente de 3 modos: a) interceptação (por terceiro, sem o conhecimento dos interlocutores); b) escuta (por terceiro, com conhecimento de um dos interlocutores); ou c) gravação (por um dos interlocutores sem o conhecimento do outro).

A legislação assim dispõe:

> CF, Art. 5º, XII. É inviolável o sigilo da correspondência e das comunicações telegráficas, de dados e das comunicações telefônicas, salvo, no

> último caso, por ordem judicial, nas hipóteses e na forma que a lei estabelecer para fins de investigação criminal ou instrução processual penal.
>
> Lei 9.296/96, Art. 1º A interceptação de comunicações telefônicas, de qualquer natureza, para prova em investigação criminal e em instrução processual penal, observará o disposto nesta Lei e dependerá de ordem do juiz competente da ação principal, sob segredo de justiça.
>
> Art. 8º-A. Para investigação ou instrução criminal, poderá ser autorizada pelo juiz, a requerimento da autoridade policial ou do Ministério Público, a captação ambiental de sinais eletromagnéticos, ópticos ou acústicos (...)
>
> § 5º Aplicam-se subsidiariamente à captação ambiental as regras previstas na legislação específica para a interceptação telefônica e telemática.

Concretizada a captação da comunicação, deve haver a transcrição dos trechos importantes (aqueles a serem utilizados como prova) nos autos do inquérito ou processo (art. 6º, §1º da Lei 9.296/96). Não há necessidade de degravação integral do material, ignorando-se as conversas sem relação com a persecução.[1]

Tendo em vista que as conversas atingem a intimidade e vida privada (art. 5º, X da CF) do investigado e seus interlocutores, a legislação (arts. 8º e 9º da Lei de Interceptação Telefônica) ordena que a diligência *ocorrerá em autos apartados, preservando-se o sigilo das diligências, gravações e transcrições respectivas;* e que *a gravação que não interessar à prova será inutilizada por decisão judicial.* Finalizada a diligência, o segredo é levantado para se oportunizar o contraditório e a ampla defesa do investigado. A publicidade é interna (para os envolvidos), e não externa, inexistindo motivo para a divulgação de conteúdos sensíveis para curiosos.

Vale grifar que no caso excepcional de possibilitar o escrutínio público sobre a atuação dos órgãos de persecução criminal, notadamente quando se tratar de crime contra a Administração Pública cometido por autoridades que buscam agir às escondidas, o máximo que se admite é a divulgação externa de gravação que *constitua prova de crime.* Conversas sem relação com infrações penais, ainda que de conteúdo antiético, não devem ser divulgadas, no entendimento da Suprema Corte:

> Não há como conceber, portanto, a divulgação pública das conversações do modo como se operou, especialmente daquelas que sequer têm relação com o objeto da investigação criminal. É descabida a invocação do

1. STF, AP 508, Rel. Min. Marco Aurélio, DJ 06/02/2019.

interesse público da divulgação ou a condição de pessoas públicas dos interlocutores atingidos, como se essas autoridades, ou seus interlocutores, estivessem plenamente desprotegidas em sua intimidade e privacidade.[2]

Núcleos do tipo

A lei pune a conduta de *divulgar gravação ou trecho de gravação sem relação com a prova que se pretenda produzir, expondo a intimidade ou a vida privada ou ferindo a honra ou a imagem do investigado ou acusado.*

Divulgar é difundir, publicar. O tipo penal criminaliza o chamado *vazamento* de conversas, em que se tornam públicos diálogos sigilosos, geralmente por meio da imprensa.

O objeto material é a *gravação* que não tenha relação com a prova, o que acaba por expor indevidamente a intimidade, privacidade, honra ou imagem dos interlocutores. O tipo penal abrange não apenas a divulgação do áudio gravado, mas também sua transcrição caso já tenha sido feita. Se a divulgação da gravação tiver relação com a prova, o fato é atípico.

Em que pese existirem vozes alegando que o crime abrangeria tanto a captação telefônica quanto a ambiental,[3] o fato é que a divulgação de captação ambiental é criminalizada pelo art. 10-A, §2º da Lei 9.296/96, o que nos leva a concluir que o art. 28 da Lei 13.869/19 engloba apenas a publicização da captação telefônica. O que acarreta uma desproporcionalidade nas penas cominadas.

Crime do art. 28 da Lei 13.869/19	Crime do art. 10-A, §2º da Lei 9.296/96
- agente público revelar o conteúdo de interceptação telefônica	- agente público revelar o conteúdo de interceptação ambiental
pena de 1 a 4 anos, e multa	pena de 4 a 8 anos, e multa

A gravação pode ter ocorrido tanto em investigação quanto no processo, porquanto o legislador utilizou os termos *investigado ou acusado.*

Importante sublinhar que o tipo penal pressupõe que a captação tenha se dado de forma lícita (com autorização judicial). Caso contrário, aplica-se o crime de captação ilícita (arts. 10 e 10-A da Lei 9.296/96). De igual forma, se a gravação tiver relação com a prova produzida, incidem os crimes da Lei

2. STF, Rcl 23.457 MC, Rel. Min. Teori Zavascki, DJ 22/03/2016.
3. LIMA, Renato Brasileiro de. *Legislação criminal especial comentada*. Salvador: Juspodivm, 2020, p. 167

de Interceptação Telefônica, que punem as condutas de *quebrar segredo da Justiça* de captação telefônica (art. 10) e de *revelar o conteúdo das gravações* de captação ambiental (art. 10-A, §2º).[4]

Portanto, não há crime se a gravação divulgada tiver relação com a prova (por exemplo: divulgação de trecho de conversa telefônica em que os interlocutores combinam pagamento de propina), ou se não atingir o investigado ou acusado (mas exclusivamente terceira pessoa).[5]

16.7. Conflito Aparente de Leis Penais

Divulgação ilegal de gravação telefônica	Divulgação ilegal de gravação ambiental	Interceptação telefônica ilícita	Interceptação ambiental ilícita
art. 28 da Lei 13.869/19	art. 10-A, §2º da Lei 9.296/96	art. 10 da Lei 9.296/96	art. 10-A da Lei 9.296/96
divulgar gravação ou trecho de gravação sem relação com a prova	revelar o conteúdo das gravações	realizar interceptação telefônica sem autorização judicial	realizar captação ambiental sem autorização judicial
sujeito ativo agente público	sujeito ativo agente público	sujeito ativo qualquer pessoa	sujeito ativo qualquer pessoa
pena de 1 a 4 anos, e multa	pena de 2 a 4 anos, e multa (aplicada em dobro)	pena de 2 a 4 anos, e multa	pena de 2 a 4 anos, e multa

Divulgação ilegal de gravação	Violação de sigilo funcional
art. 28 da Lei 13.869/19	art. 325 do CP
divulgar gravação ou trecho de gravação sem relação com a prova	revelar fato de que tem ciência em razão do cargo e que deva permanecer em segredo, ou facilitar-lhe a revelação
pena de 1 a 4 anos, e multa	pena de 6 meses a 2 anos, ou multa

16.8. Elemento Subjetivo (Tipo Subjetivo)

O elemento subjetivo geral no abuso de autoridade é o dolo. Não há abuso de autoridade culposo. Mas não basta o dolo de praticar a conduta

4. LIMA, Renato Brasileiro de. *Legislação criminal especial comentada*. Salvador: Juspodivm, 2020, p. 167.
5. AGI, Samer. *Comentários à nova Lei de Abuso de Autoridade*. Brasília: CPIuris, 2019, p. 80.

típica de abuso, sendo preciso o *animus abutendi*. O agente público deve agir com a finalidade específica (elemento subjetivo especial) de, alternativamente (art. 1º, §1º): (a) prejudicar outrem; (b) beneficiar a si mesmo ou a terceiro; (c) por mero capricho; (d) por satisfação pessoal.

Por isso, a divulgação de gravações em grupos policiais, ou mesmo na mídia, com o fito de se descobrir outros elementos de provas ainda obscuros, não configura o referido tipo penal, vez que a finalidade especial exigida pela norma de extensão (art. 1º, §1º) não se faria presente.

Claro que a presunção é de que o agente atua com boa-fé, cabendo a quem alega má-fé comprová-la com elementos concretos e não meras suposições. Portanto, não comete abuso de autoridade o agente que errar ou atuar com desídia.

Grife-se ainda que a divergência na interpretação de lei ou na avaliação de fatos e provas não configura abuso de autoridade (art. 1º, §2º), vedando-se crime de hermenêutica.

16.9. Consumação e Tentativa

Ocorre com a divulgação da gravação ou do trecho de gravação, dispensando efetiva ofensa à intimidade, vida privada, honra ou imagem do investigado ou acusado.

A consumação ocorre mesmo que a divulgação se dê para uma única pessoa, pois a conduta abusiva já se revela suficiente para atingir a intimidade e a vida privada do investigado ou acusado, ferindo-lhe a honra objetiva ou a imagem.

Admite-se a tentativa, pois o crime é plurissubsistente, sendo fracionável o *iter criminis*.

16.10. Ação Penal, procedimento e competência

A ação penal é pública incondicionada, cabendo ação penal privada subsidiária da pública em caso de omissão do *parquet* (art. 3º), que deve ser manejada no prazo decadencial de 6 meses.

Trata-se de infração de médio potencial ofensivo (pena máxima de 4 anos), o que faz incidir o procedimento comum ordinário (arts. 394 a 405 do CPP). Isso quer dizer que cabe a prisão em flagrante (não bastando a indicação da conduta típica, sendo imprescindível a demonstração inequívoca do elemento subjetivo), com consequente instauração de inquérito policial.

Por se tratar de crime funcional afiançável, incide a defesa preliminar decorrente do procedimento especial de funcionário público (arts. 513 a 518 do CPP), exceto se o agente ostentar foro por prerrogativa de função ou se se tratar de infração de menor potencial ofensivo.

Considerando que a pena mínima é de 1 ano, admite-se o acordo de não persecução penal (art. 28-A do CPP), ou caso não proposto a suspensão condicional do processo (art. 89 da Lei 9.099/95).

A competência para o processo e julgamento é da Justiça Estadual, a menos que presente alguma das hipóteses do art. 109 da CF, quando a competência será da Justiça Federal. Havendo conexão ou continência entre crime estadual e federal, prevalece a Justiça Federal.[6]

6. Súmula 122 do STJ: Compete à Justiça Federal o processo e julgamento unificado dos crimes conexos de competência federal e estadual, não se aplicando a regra do art. 78, II, a, do Código de Processo Penal.

Capítulo 17

Falsa informação sobre procedimento

17.1. Dispositivo legal

Figura simples	Art. 29. Prestar informação falsa sobre procedimento judicial, policial, fiscal ou administrativo com o fim de prejudicar interesse de investigado: Pena – detenção, de 6 (seis) meses a 2 (dois) anos, e multa.

17.2. Classificação

Crime de falsa informação sobre procedimento	
crime próprio	crime formal
crime unissubjetivo	crime de dano
crime de forma livre	crime comissivo
crime de menor potencial ofensivo	

17.3. Veto

Foi vetada a figura equiparada do art. 29, parágrafo único, que criminalizava a conduta de *quem, com igual finalidade, omite dado ou informação sobre fato juridicamente relevante e não sigiloso*. Nas razões do veto, constou que "gera insegurança jurídica por encerrar tipo penal aberto e que comporta interpretação. Além disso, pode vir a conflitar com a Lei nº 12.527, de 2011, (Lei de Acesso à Informação), tendo em vista que pode conduzir ao entendimento pela possibilidade de divulgação de informações de caráter pessoal, as quais nem sempre são sigilosas, mas são protegidas por aquele normativo".

17.4. Bem Jurídico Tutelado

Assim como os demais delitos de abuso de autoridade, cuida-se de crime pluriofensivo, havendo 2 bens jurídicos protegidos.

De forma imediata ou principal temos a proteção dos direitos e garantias fundamentais das pessoas físicas e jurídicas, nesse caso especificamente a administração da Justiça (art. 5º, XXXV da CF).

O bem jurídico tutelado de maneira mediata ou secundária é a normalidade e a regularidade dos serviços públicos, isto é, o bom funcionamento do Estado.

17.5. Sujeito Ativo

De forma geral, o sujeito ativo do abuso de autoridade é o agente público, servidor ou não, da administração direta ou indireta de qualquer Poder (Executivo, Legislativo ou Judiciário) de qualquer ente federado (União, Estados, DF ou Municípios), no exercício de suas funções ou a pretexto de exercê-las (arts. 1º e 2º). Engloba todo aquele que exerce, ainda que transitoriamente ou sem remuneração, por eleição, nomeação, designação, contratação ou qualquer outra forma de investidura ou vínculo, mandato, cargo, emprego ou função (art. 2º, parágrafo único).

Trata-se de crime próprio, mas não necessariamente de mão própria. O tipo penal incide fundamentalmente sobre os agentes públicos que possuem acesso às informações e têm o dever de fornecê-las, a exemplo do delegado de polícia, quando é instado a prestar informações no bojo de um *habeas corpus* ou de um mandado de segurança.

O particular pode cometer abuso de autoridade, desde que em concurso de pessoas com um agente público e ciente da sua qualidade. Pode-se cogitar, por exemplo, a hipótese de um Promotor de Justiça que, em conluio com um jornalista, presta informações falsas para serem veiculadas em periódico de alcance nacional. Nesse episódio, ambos seriam coautores do abuso de autoridade.

17.6. Sujeito Passivo

O crime de abuso de autoridade tem dupla subjetividade passiva.

O sujeito passivo imediato ou principal é a pessoa física ou jurídica que sofre a conduta abusiva.

O sujeito passivo mediato ou secundário é o Estado (que também pode ser chamado de Administração Pública).

17.7. Conduta (Tipo Objetivo)

A lei pune a conduta de *prestar informação falsa sobre procedimento judicial, policial, fiscal ou administrativo com o fim de prejudicar interesse de investigado.*

Prestar informação falsa é narrar fato inverídico, mentir. O agente público falta com a verdade sobre algo que sabe.

O crime previsto no art. 29 da Lei de Abuso de Autoridade representa uma modalidade especial do delito de falsidade ideológica (art. 299 do CP). Mas em vez de punir a declaração falsa de alguém em documento público ou particular com o fim de atingir qualquer pessoa, o delito em análise criminaliza a informação falsa do agente público sobre procedimento judicial, policial, fiscal ou administrativo com o fim de prejudicar interesse de investigado.

A informação inverídica deve versar sobre: (a) procedimento judicial (processo judicial penal ou extrapenal), (b) procedimento policial (inquérito policial, termo circunstanciado de ocorrência, boletim de ocorrência circunstanciado, verificação da procedência das informações), (c) procedimento fiscal (processo administrativo fiscal) ou (d) procedimento administrativo (processo administrativo disciplinar). Se a mentira for relativa a tema extraprocedimental, o fato é atípico, por força do princípio da taxatividade.

O crime é de forma livre, admitindo qualquer meio de execução. Assim, a conduta criminosa não precisa, necessariamente, se dar por meio de documentos oficiais, podendo ser praticado por meio da imprensa, por exemplo.

17.8. Elemento Subjetivo (Tipo Subjetivo)

O elemento subjetivo geral no abuso de autoridade é o dolo. Se a informação é falsa, mas o agente público acredita se tratar de conteúdo verídico, não há crime. Não há abuso de autoridade culposo. Mas não basta o dolo de praticar a conduta típica de abuso, sendo imprescindível o *animus abutendi*. O agente público deve agir com a finalidade específica (elemento subjetivo especial) de, alternativamente (art. 1º, §1º): (a) prejudicar outrem; (b) beneficiar a si mesmo ou a terceiro; (c) por mero capricho; (d) por satisfação pessoal.

Claro que a presunção é de que o agente atua com boa-fé, cabendo a quem alega má-fé comprová-la com elementos concretos e não meras suposições. Portanto, não comete abuso de autoridade o agente que errar ou atuar com desídia.

O legislador optou por não manter a mesma regra do crime de falsidade ideológica (art. 299 do Código Penal) e prever como elementos subjetivos especiais o fim de *prejudicar direito, criar obrigação ou alterar a verdade sobre fato juridicamente relevante*, o que pareceria adequado aqui. Neste crime de abuso de autoridade o legislador restringiu o alcance do tipo, exigindo um único elemento subjetivo específico: *prejudicar interesse de investigado.*

Na eventualidade de a conduta ser praticada com finalidade diversa, por exemplo, a de *beneficiar o investigado* (por exemplo: informação falsa prestada pelo agente público em decorrência de amizade com ele), não há que se falar em abuso de autoridade, subsistindo, todavia, a depender do caso concreto, o delito de prevaricação (CP, art. 319).

Grife-se ainda que a divergência na interpretação de lei ou na avaliação de fatos e provas não configura abuso de autoridade (art. 1º, §2º), vedando-se crime de hermenêutica.

17.9. Consumação e Tentativa

O crime é formal, pois a consumação ocorre com a apresentação de informação falsa sobre procedimento judicial, policial, fiscal ou administrativo. Não se exige que o interesse do investigado seja efetivamente prejudicado, bastando a demonstração dessa finalidade especial.

Admite-se a tentativa, tendo em vista tratar-se de delito plurissubsistente, permitindo o fracionamento do *iter criminis.*

17.10. Ação Penal, procedimento e competência

A ação penal é pública incondicionada, cabendo ação penal privada subsidiária da pública em caso de omissão do *parquet* (art. 3º), que deve ser manejada no prazo decadencial de 6 meses.

Trata-se de infração de menor potencial ofensivo (pena máxima de 2 anos), incidindo o procedimento sumaríssimo do Juizado Especial Criminal e todas as medidas despenalizadoras da Lei 9.099/95. Não se aplica a defesa preliminar decorrente do procedimento especial de funcionário público (arts. 513 a 518 do CPP).

Não se admite o acordo de não persecução penal, porquanto cabível a transação penal (art. 28-A, § 2º, I do CPP). Considerando que a pena mínima é de 6 meses, admite-se a suspensão condicional do processo (art. 89 da Lei 9.099/95).

A competência para o processo e julgamento é do Juizado Especial Criminal Estadual, a menos que esteja presente alguma das hipóteses do art. 109 da CF, quando a competência será do Juizado Especial Criminal Federal. Havendo conexão ou continência entre crime estadual e federal, prevalece a Justiça Federal.[1]

1. Súmula 122 do STJ: Compete à Justiça Federal o processo e julgamento unifi cado dos crimes conexos de competência federal e estadual, não se aplicando a regra do art. 78, II, a, do Código de Processo Penal.

Capítulo 18

Deflagração de persecução sem justa causa

18.1. Dispositivo legal

Figura simples	Art. 30. Dar início ou proceder à persecução penal, civil ou administrativa sem justa causa fundamentada ou contra quem sabe inocente: Pena – detenção, de 1 (um) a 4 (quatro) anos, e multa.

18.2. Classificação

Crime de deflagração de persecução sem justa causa	
crime de mão própria	crime material
crime unissubjetivo	crime de dano
crime instantâneo (dar início) e crime permanente (proceder)	crime comissivo
crime de médio potencial ofensivo	

18.3. Constitucionalidade e veto derrubado

Em uma análise global, a Lei de Abuso de Autoridade é questionável por ter sido feita a toque de caixa, com votação simbólica (e não nominal) e em regime de urgência, com parco debate (exatamente o oposto que deve ocorrer no devido processo legislativo), e também por ter o legislador escolhido alvos preferenciais para sofrer incidência dos tipos penais (o que não se coaduna com o princípio da impessoalidade – art. 37 da CF – e pode configurar abuso do poder de legislar). Mas também merece registro análise específica quanto a este delito.

Causa estranheza a pena máxima de 4 anos para quem prossegue com persecução penal, civil ou administrativa sem justa causa fundamentada, sabendo que quem mata alguém culposamente merece pena máxima de 3 anos (art. 121, §4º do CP). O legislador deve obediência ao princípio da proporcionalidade (art. 5º, LIV da CF), que lhe proíbe o excesso.

O presente dispositivo havia sido vetado, sob alegação de contrariar o interesse público pois, além de gerar insegurança jurídica, põe em risco o instituto da delação anônima (a exemplo do disque-denúncia); em contraposição ao entendimento consolidado no âmbito da Administração Pública e do Supremo Tribunal Federal (INQ. 1957) de que é possível a apuração de denúncia anônima, por intermédio de apuração preliminar, inquérito policial e demais medidas sumárias de verificação do ilícito, e se esta revelar indícios da ocorrência do noticiado na denúncia, promover a formal instauração da ação penal. Todavia, o veto foi derrubado pelo Congresso Nacional.

18.4. Bem Jurídico Tutelado

Como todo crime de abuso de autoridade, trata-se de crime pluriofensivo, existindo 2 bens jurídicos tutelados.

De forma imediata ou principal temos a proteção dos direitos e garantias fundamentais das pessoas físicas e jurídicas, nesse caso especificamente a administração da Justiça (art. 5º, XXXV da CF).

O bem jurídico tutelado de maneira mediata ou secundária é a normalidade e a regularidade dos serviços públicos, isto é, o bom funcionamento do Estado.

18.5. Sujeito Ativo

Os crimes de abuso de autoridade, em regra, são classificados como próprios quanto ao sujeito ativo (arts. 1º e 2º). O tipo penal em análise não é exceção, pois só pode ser cometido por autoridade que dá início ou procede à persecução penal, civil ou administrativa sem justa causa fundamentada ou contra quem sabe inocente.

Trata-se de crime de mão própria. Só o agente público com atribuições para dar início à persecução penal, civil ou administrativa pode ser autor do crime, a exemplo do membro do MP que oferece denúncia sem justa causa. O analista ou técnico que apenas cumpre a ordem não manifestamente ilegal não responde criminalmente pela prática de atos de expediente que concretizem a decisão da autoridade.

Em se tratando de crime de ação penal privada, não há como imputar a referida infração penal em desfavor da vítima (ou de seu representante) que o intenta, tampouco ao advogado que subscreve a inicial acusatória, pois nenhum deles ostenta a qualidade de agente público. O particular só pode cometer esse crime de abuso de autoridade se estiver em concurso com uma autoridade e ciente dessa sua condição.

No caso da ação penal privada subsidiária da pública, inviável que se impute o presente tipo penal ao querelante. O fato de o ofendido substituir o Ministério Público em face de sua inércia funcional, não o torna agente público nos termos dessa lei. Óbvio que, em reassumindo tal tarefa e deixando de por fim na persecução penal em desfavor de alguém que sabe inocente, é possível imputar tal infração penal ao Promotor (na modalidade proceder).

De igual forma, podem incorrer neste delito as autoridades que deflagrarem ou prosseguirem com processo administrativo disciplinar (persecução administrativa) ou ação civil (persecução civil) sem elementos mínimos.

É importante que a autoridade indique na peça de instauração ou prosseguimento da persecução a motivação contendo os elementos mínimos que justificam a atuação estatal.

18.6. Sujeito Passivo

O crime de abuso de autoridade tem dupla subjetividade passiva.

O sujeito passivo imediato ou principal é a pessoa física ou jurídica que sofre a conduta abusiva.

O sujeito passivo mediato ou secundário é o Estado (que também pode ser chamado de Administração Pública).

18.7. Conduta (Tipo Objetivo)

Núcleos do tipo

O crime pune a conduta de *dar início ou proceder à persecução penal, civil ou administrativa sem justa causa fundamentada ou contra quem sabe inocente.*

Dar início significa instaurar, deflagrar, promover a persecução, seja penal, civil ou administrativa, ciente da ausência de justa causa ou da inocência da pessoa investigada.

O núcleo *proceder* refere-se à conduta da autoridade que prossegue com persecução já instaurada. Seja aquele que, de boa fé, deu início à persecução, mas durante o seu curso descobriu inexistir justa causa (carência superveniente da ação) ou a inocência do investigado e, ainda assim, insistiu com a persecução. Seja aquele que desde o começo sabia da abusividade da persecução.

Diferentemente do crime do art. 27 da Lei de Abuso de Autoridade, o tipo penal em análise não pune a conduta de *requisitar* a instauração do procedimento.

O objeto material é a *persecução penal, civil ou administrativa,* expressão infeliz do legislador pelo fato de o termo *persecução* ser consagrado para uso na seara penal. Não se desconhece que tradicionalmente quando se fala em persecução penal, estão abrangidas tanto a investigação quanto o processo. Todavia, se o art. 27 já pune requisitar ou instaurar investigação, não faria sentido a mesma lei punir novamente a mesma conduta 3 artigos adiante. Justamente por esse motivo apenas o art. 27 (e não o art. 30) criminalizou a conduta de requisitar, pois o que o juiz ou o promotor requisitam é a instauração de investigação, e não diretamente de processo. Portanto, a melhor hermenêutica indica que o art. 30, quando fala em persecução, quer dizer processo. Quisesse o legislador abranger a investigação, teria usado expressamente esse termo, como fez não apenas no art. 27 da Lei de Abuso de Autoridade, mas no próprio art. 339 do CP.

Esta infração penal atinge o processo não somente de natureza penal e administrativa, como também civil.

Para a configuração do crime, é preciso que o início ou continuidade da persecução ocorra *sem justa causa fundamentada ou contra quem sabe inocente.*

Justa causa é o lastro probatório mínimo que justifica a deflagração e prosseguimento do procedimento. Consiste no mínimo suporte fático, aquele início de prova (mesmo que indiciária).[1] Essa exigência evita a instauração de procedimentos temerários, preservando a dignidade da pessoa humana. Tal suporte de provas deve ser apontado de forma fundamentada.

Também se concretiza a infração penal quando o agente persegue alguém que sabe inocente. Não há necessidade de se aguardar a absolvição do imputado para que o delito ocorra, pois a sentença absolutória não é condição objetiva de punibilidade desse crime. A terminologia *que sabe inocente*

1. GRECO, Rogério; CUNHA, Rogério Sanches. *Abuso de autoridade*. Salvador: Juspodivm, 2019, p. 263.

limita o elemento subjetivo apenas ao dolo direto (assim como ocorre no crime do art. 339 do CP). Todavia, diversamente do crime de denunciação caluniosa, o abuso de autoridade não demanda a imputação ostensiva de crime, sendo suficiente a instauração ou continuidade da persecução.

18.8. Conflito Aparente de Leis Penais

Instauração ou requisição de investigação sem indícios

Os crimes dos arts. 27 e 30 em muito se parecem. As diferenças estão nos detalhes. O art. 27 pune as condutas de instautar ou requisitar (e não de proceder), enquanto o art. 30 tipifica a conduta de instaurar e proceder (e não de requisitar). Ambos os crimes pressupõem a falta de indícios mínimos da infração. O art. 27 abrange a investigação (penal ou administrativa); já o art. 30 engloba o processo (penal, administrativo ou civil).

A pena do art. 30 (2 a 4 anos) é o dobro da sanção penal do art. 27 (1 a 2 anos), o que se justifica ao entender que, apesar de uma investigação sem indícios mínimos ser lesiva à vítima, um processo sem justa causa é mais danoso – pois dele podem emergir sanções que atingem de maneira mais grave a esfera de direitos fundamentais do envolvido.

Deflagração de persecução sem justa causa	Instauração ou requisição de investigação sem indícios
art. 30 da Lei 13.869/19	art. 27 da Lei 13.869/19
dar início ou proceder (não engloba requisitar)	instaurar ou requisitar a instauração (não abrange proceder)
sem justa causa fundamentada	à falta de qualquer indício
persecução penal, administrativa ou civil (não engloba investigação)	procedimento investigatório de infração penal ou administrativa (não abarca processo penal, administrativo ou civil, nem investigação civil)
pena de 1 a 4 anos, e multa	pena de 6 meses a 2 anos, e multa

Denunciação caluniosa

Quanto à conduta de instauração dos procedimentos em desfavor de quem o sabe inocente, acreditamos ter caminhado mal o legislador, pois conferiu ao agente público tratamento mais benéfico do que a incidência do próprio art. 339 do Código Penal (denunciação caluniosa). Esse crime comina pena mínima e máxima duas vezes maior do que as da presente infração penal. Vejamos:

Deflagração de persecução sem justa causa	Denunciação caluniosa
art. 30 da Lei 13.869/19	Art. 339 do Código Penal
dar início ou proceder à persecução penal, civil ou administrativa sem justa causa fundamentada ou contra quem sabe inocente	dar causa à instauração de inquérito policial, de procedimento investigatório criminal, de processo judicial, de processo administrativo disciplinar, de inquérito civil ou de ação de improbidade administrativa contra alguém, imputando-lhe crime, infração ético-disciplinar ou ato ímprobo de que o sabe inocente
sujeito ativo agente público	sujeito ativo qualquer pessoa
pena de 1 a 4 anos, e multa	pena de 2 a 8 anos, e multa

18.9. Elemento Subjetivo (Tipo Subjetivo)

O elemento subjetivo geral no abuso de autoridade é o dolo. A terminologia *que sabe inocente* limita o elemento subjetivo apenas ao dolo direto. Não há abuso de autoridade culposo. Mas não basta o dolo de praticar a conduta típica de abuso, sendo preciso o *animus abutendi*. O agente público deve agir com a finalidade específica (elemento subjetivo especial) de, alternativamente (art. 1º, §1º): (a) prejudicar outrem; (b) beneficiar a si mesmo ou a terceiro; (c) por mero capricho; (d) por satisfação pessoal.

Claro que a presunção é de que o agente atua com boa-fé, cabendo a quem alega má-fé comprová-la com elementos concretos e não meras suposições. Portanto, não comete abuso de autoridade o agente que errar ou atuar com desídia.

Grife-se ainda que a divergência na interpretação de lei ou na avaliação de fatos e provas não configura abuso de autoridade (art. 1º, §2º), vedando-se crime de hermenêutica.

18.10. Consumação e Tentativa

Na conduta *iniciar*, consuma-se o delito no instante em que a autoridade deflagra a indevida persecução penal, civil ou administrativa, confeccionando a peça de instauração que terá como consequência a autuação e registro do feito. Trata-se de crime instantâneo.

No núcleo *proceder*, o delito se aperfeiçoa quando o agente público, após tomar conhecimento de que a persecução iniciada é abusiva, insiste na mesma. Aqui, o delito é permanente.

Admite-se a tentativa, pois o crime é plurissubsistente, sendo fracionável a sua execução. Exemplo: promotor de sustiça que, movido por satisfação pessoal, oferece denúncia sem justa causa, a qual é rejeitada pelo magistrado.

18.11. Ação Penal, procedimento e competência

A ação penal é pública incondicionada, cabendo ação penal privada subsidiária da pública em caso de omissão do *parquet* (art. 3º), que deve ser manejada no prazo decadencial de 6 meses.

Trata-se de infração de médio potencial ofensivo (pena máxima de 4 anos), o que faz incidir o procedimento comum ordinário (arts. 394 a 405 do CPP). Isso quer dizer que cabe a prisão em flagrante (não bastando a indicação da conduta típica, sendo imprescindível a demonstração inequívoca do elemento subjetivo), com consequente instauração de inquérito policial.

Por se tratar de crime funcional afiançável, incide a defesa preliminar decorrente do procedimento especial de funcionário público (arts. 513 a 518 do CPP), exceto se o agente ostentar foro por prerrogativa de função ou se se tratar de infração de menor potencial ofensivo.

Considerando que a pena mínima é de 1 ano, admite-se o acordo de não persecução penal (art. 28-A do CPP), ou caso não proposto a suspensão condicional do processo (art. 89 da Lei 9.099/95).

A competência para o processo e julgamento é da Justiça Estadual, a menos que presente alguma das hipóteses do art. 109 da CF, quando a competência será da Justiça Federal. Havendo conexão ou continência entre crime estadual e federal, prevalece a Justiça Federal.[2]

18.12. Modelo de Peça Policial

A conduta de instaurar investigação criminal sem justa causa foi criminalizada pelo art. 27 (e não o art. 30).

Todavia, para a eventualidade de se entender que o art. 30 também pune a conduta de deflagrar inquérito policial sem indícios mínimos, remete-se o leitor aos modelos de peças policiais constantes do item 15.11.

2. Súmula 122 do STJ: Compete à Justiça Federal o processo e julgamento unifi cado dos crimes conexos de competência federal e estadual, não se aplicando a regra do art. 78, II, a, do Código de Processo Penal.

Capítulo 19

Procrastinação injustificada de investigação

19.1. Dispositivo legal

Figura simples	Art. 31. Estender injustificadamente a investigação, procrastinando-a em prejuízo do investigado ou fiscalizado: Pena – detenção, de 6 (seis) meses a 2 (dois) anos, e multa.
Figura equiparada	Parágrafo único. Incorre na mesma pena quem, inexistindo prazo para execução ou conclusão de procedimento, o estende de forma imotivada, procrastinando-o em prejuízo do investigado ou do fiscalizado.

19.2. Classificação

Crime de procrastinação injustificada de investigação	
crime próprio	crime material
crime unissubjetivo	crime de dano
crime permanente	crime comissivo (regra) ou omissivo (exceção)
crime de menor potencial ofensivo	

19.3. Bem Jurídico Tutelado

Assim como os demais delitos de abuso de autoridade, cuida-se de crime pluriofensivo, havendo 2 bens jurídicos protegidos.

De forma imediata ou principal temos a proteção dos direitos e garantias fundamentais das pessoas físicas e jurídicas, nesse caso especificamente a administração da Justiça (art. 5º, XXXV da CF).

O bem jurídico tutelado de maneira mediata ou secundária é a normalidade e a regularidade dos serviços públicos, isto é, o bom funcionamento do Estado.

19.4. Sujeito Ativo

Os crimes de abuso de autoridade, em regra, são classificados como próprios quanto ao sujeito ativo (arts. 1º e 2º). O tipo penal em análise não é exceção, pois só pode ser cometido por autoridade que estende injustificadamente a investigação, procrastinando-a em prejuízo do investigado ou fiscalizado.

Trata-se de crime próprio, mas não necessariamente de mão própria. O agente público com atribuições para dar início à investigação e à fiscalização (bem como conduzi-las) é o principal sujeito ativo do crime. Isso não indica que outros intervenientes não possam retardá-la, a exemplo de um perito criminal que, propositadamente, demora para remeter determinado laudo.

Um particular também pode cometer o crime em concurso com o agente público e desde que ciente de sua condição funcional. Exemplo: gerente de banco privado que, em conluio com o responsável pela investigação policial, visando prejudicar um desafeto em comum, retarda demasiadamente a remessa de documentos necessários para a finalização da investigação, com o fito de postergá-la injustificadamente. Ambos podem ser considerados coautores da referida infração penal.

19.5. Sujeito Passivo

O crime de abuso de autoridade tem dupla subjetividade passiva.

O sujeito passivo imediato ou principal é a pessoa física ou jurídica que sofre a conduta abusiva.

O sujeito passivo mediato ou secundário é o Estado (que também pode ser chamado de Administração Pública).

19.6. Conduta (Tipo Objetivo)

Razoável duração da investigação

A Constituição estabelece o princípio da razoável duração do processo:

> Art. 5º, LXXVIII. A todos, no âmbito judicial e administrativo, são assegurados a razoável duração do processo e os meios que garantam a celeridade de sua tramitação.

É certo que de um lado a segurança pública é um direito fundamental a ser garantido pelo Estado, por meio do poder punitivo. Mas de outro vértice existe a garantia da investigação em prazo razoável. Ninguém pode ser submetido indefinidamente à ação persecutória do Estado, permanecendo *ad eternum* com uma espada de Dâmocles sob sua cabeça e sofrendo o constrangimento (*strepitus*) de figurar como imputado de maneira indeterminada no tempo.[1]

Em que pese o constituinte ter utilizado a palavra *processo*, a temporariedade da persecução se aplica não somente ao processo em sentido estrito, mas também à investigação.[2]

> Não é possível aceitar que o procedimento investigatório dure além do razoável, notadamente quando as suas diligências não resultem em obtenção de elementos capazes de justificar sua continuidade em detrimento dos direitos da personalidade, contrastados com o abalo moral, econômico e financeiro que o inquérito policial causa aos investigados.[3]
>
> Mostra-se inadmissível que, no panorama atual, em que o ordenamento jurídico pátrio é norteado pela razoável duração do processo (no âmbito judicial e administrativo), (...) um cidadão seja indefinidamente investigado, transmutando a investigação do fato para a investigação da pessoa.[4]
>
> Não se admite que alguém seja objeto de investigação eterna, notadamente, porque essa é uma situação que conduz a um evidente constrangimento, seja ele moral, ou, até mesmo financeiro e econômico.[5]

A investigação e o processo devem ser finalizados em tempo razoável, consistente no lapso temporal necessário para finalizar as diligências estatais (o que varia de acordo com as circunstâncias, como a complexidade do crime e a quantidade de envolvidos). Por isso mesmo a legislação define diferentes prazos para a conclusão do inquérito policial:

---

1. LOPPES JR, Aury; BADARÓ, Gustavo Henrique. *Direito ao processo penal no prazo razoável*. Lumen Juris, 2009, p. 91
2. STF, Inq 4.420, Rel. Min. Gilmar Mendes, DJ 21/08/2018.
3. STJ, RHC 58.138, Rel. Min. Gurgel de Faria, DJ 15/12/2015.
4. STJ, RHC 61.451, Rel. Min. Sebastião Reis Júnior, DJ 14/02/2017.
5. STJ, RHC 82.559, Rel. Min. Nefi Cordeiro, DJ 05/12/2017.

	Investigado Preso	Investigado Solto
Regra Geral (art. 10 do CPP)	10 (prorrogável por 15 dias)	30 (prorrogável)
Federal (art. 66 da Lei 5.010/66)	15 (prorrogável por 15)	30 (prorrogável)
Militar (art. 20 do CPPM)	20	40 (prorrogável por 20)
Drogas (art. 51 da Lei 11.343/06)	30 (prorrogável por 30)	90 (prorrogável por 90)
Economia Popular (art. 10, §2º da Lei 1.521/51)	10	10
Hediondos (art. 2º, §4º da Lei 8.072/90)	30 (prorrogável por 30)	

Contudo, com frequência os prazos são prorrogados sucessivas vezes com a investigação paralisada (sem realização de novas dilgiências), não produzindo o Estado-Investigação algo de efetivo para esclarecer o fato. Nessa situação, perde-se o foco dos motivos que ensejaram a instauração da investigação, pois a realização de medidas cautelares como busca e apreensão domiciliar e quebra de sigilo de dados serviria mais para identificar fatos recentes do que aqueles que ensejaram a abertura do procedimento policial (transforma-se investigação do fato em investigação da pessoa). Assim sendo, o decurso exagerado do tempo sem a realização de diligências que possam elucidar a suspeita acarreta excesso de prazo que configura constrangimento ilegal, apto a ensejar o trancamento do inquérito policial.

O que não impede o futuro desarquivamento ante o surgimento de provas novas (já que não se forma coisa julgada material nessa hipótese),[6] desde que a prova seja nova tanto formalmente (novo fato anteriormente desconhecido) como substancialmente (idoneidade para alterar a convicção anterior).[7]

Conquanto seja pacífica a vedação da irrazoável duração da investigação, não existe a definição de um único termo final, variando conforme o

6. Súmula 524 do STF: Arquivado o inquérito policial, por despacho do juiz, a requerimento do promotor de justiça, não pode a ação penal ser iniciada, sem novas provas.
7. STJ, RHC 18.561, Rel. Min. Hélio Quaglia Barbosa, DJ 11/04/2006.

caso concreto. Os Tribunais Superiores já reconheceram ou não excesso de prazo em investigações pelo decurso de diferentes lapsos temporais:

Razoável duração da investigação criminal	
Excesso de Prazo	**Prazo Razoável**
- 6 meses[8] - 1 ano[9] - 4 anos[10] - 6 anos[11] - 8 anos[12] - 12 anos[13]	- 8 anos[14] - 10 anos[15] OBS: fato com grande complexidade, tendo o Tribunal estabelecido prazo adicional de 6 meses para o encerramento das investigações

Adote-se um prazo maior ou menor, o fato é que nunca pode ser superior ao prazo prescricional do delito apurado, pois não faz sentido apurar um fato não punível. Por isso mesmo a existência de excludente da punibilidade é um dos motivos que autorizam o trancamento do inquérito policial.[16] Aliás, o termo final deve ser exatamente o da prescrição quando o investigado estive solto.[17]

Núcleos do tipo

A lei tipifica penalmente a conduta de *estender injustificadamente a investigação, procrastinando-a em prejuízo do investigado ou fiscalizado.*

É alcançado pela conduta equiparada *quem, inexistindo prazo para execução ou conclusão de procedimento, o estende de forma imotivada, procrastinando-o em prejuízo do investigado ou do fiscalizado.*

As condutas do *caput* e do parágrafo único não se confundem. No *caput* o legislador pune o comportamento do agente público que, de forma

8. STJ, HC 44.604, Rel. Min. Hamilton Carvalhido, DJ 09/12/2005.
9. STF, Inq 4.420, Rel. Min. Gilmar Mendes, DJ 21/08/2018.
10. STJ, HC 21.006, Rel. Min. Maria Thereza de Assis Moura, DJ 18/08/2010.
11. STJ, RHC 82.559, Rel. Min. Nefi Cordeiro, DJ 05/12/2017.
12. STJ, RHC 58.138, Rel. Min. Gurgel de Faria, DJ 15/12/2015.
13. STJ, Rcl 35.862, Rel. Min. Jorge Mussi, DJ 10/10/2018.
14. STJ, RHC 74.078, Rel. Min. Sebastião Reis Júnior, DJ 05/02/2019.
15. STJ, HC 283.521, Rel. Min. Jorge Mussi, DJ 07/08/2014.
16. STF, HC 132.170 AgR, Rel. Min. Teori Zavaski, DJ 16/02/2016; STJ, RHC 42.029, Rel Min. Lauritza Vaz, DJ 26/08/2014.
17. STJ, Pet no Inq 583, Rel. Min. Maria Thereza de Assis Moura, DJ 04/11/2015; STJ, RHC 74.078, Rel. Min. Sebastião Reis Júnior, DJ 05/02/2019.

injustificada, *estende* a investigação, procrastinando-a em desfavor do investigado ou fiscalizado. *Estender* aqui tem o sentido de extrapolar, ultrapassar o *prazo legalmente estabelecido,* a exemplo daquele estipulado para a conclusão do inquérito policial. Por outro lado, o parágrafo único pune a mesma conduta (figura equiparada), porém, envolve procedimentos que não possuem prazo legal para sua conclusão, como ocorre, por exemplo, com as verificações de procedência de informações (VPI).

A demora na conclusão da investigação só caracteriza a infração penal se a conduta for *injustificada* ou *imotivada.* É dizer, caso o agente público prorrogue a apuração por justo motivo, como nas circunstâncias de (a) crime de grande complexidade, (b) pluralidade de envolvidos (investigados, testemunhas ou vítimas), (c) falta de recursos humanos ou materiais do Estado para concluir as diligências, ou (d) excesso de requerimentos protelatórios da defesa, o fato é atípico. Por isso mesmo a lei processual admite a dilação do prazo do inquérito policial *quando o fato for de difícil elucidação* (art. 10, §3º do CPP). Destarte, o excesso de prazo na instrução do procedimento investigatório não pode resultar de simples operação aritmética.[18]

Importante destacar que inexiste delito ainda que não se concorde com a fundamentação indicada para a prorrogação de prazo, porquanto *a divergência na interpretação de lei ou na avaliação de fatos e provas não configura abuso de autoridade* (art. 1º, §2º da Lei de Abuso de Autoridade). Assim, o fato de o promotor de justiça não concordar com o pedido de dilação de prazo feito pelo delegado não tem o condão de autorizar a imputação de crime à autoridade policial.

Como o legislador empregou os vocábulos *investigado* ou *fiscalizado*, tanto no *caput* como no parágrafo único, somente haverá abuso de autoridade na demora injustificada ocorrida na fase investigativa, penal ou extrapenal (como a investigação de infração disciplinar ou fiscal). Para evitar a analogia *in malam partem*, a interpretação aqui não pode alcançar os processos judiciais ou administrativos.

Providências práticas

A fim de evitar a alegação de uma demora intencional e abusiva daquele que está à frente das investigações, sugere-se que o delegado de polícia, no despacho de solicitação de novo prazo para a conclusão das investigações,

---

18. GRECO, Rogério; CUNHA, Rogério Sanches. *Abuso de autoridade.* Salvador: Juspodivm, 2019, p. 269.

exponha as razões que o impediram de concluir o inquérito policial naquela oportunidade, em que pese o esforço empregado pela equipe policial. As causas mais comuns são a insuficiência de recursos materiais e a escassez de recursos humanos, a provocar invencível acúmulo de serviço. Em se tratando de eventos adversos alheios à vontade das autoridades policiais ou seus agentes subordinados, a indicação de tais percalços não intencionais justifica a dilação do lapso temporal da investigação[19]. Também é de bom alvitre certificar-se de que foram listadas as diligências para a ultimação do feito (seja na portaria, seja no despacho saneador), sendo dispensáveis aquelas que não forem imprescindíveis para a acusação (art. 16 do CPP).

Dentro desse espírito (evitar dilações indevidas), é fundamental que nas verificações de procedência das informações (VPI), em que não há prazo legal estabelecido[20], o delegado de polícia fixe um tempo razoável para a conclusão das diligências determinadas aos policiais.

Em adição, não se ignora que os membros do Ministério Público, pelos mais variados motivos (carência de pessoal e ausência de recursos materiais, por exemplo), possuem dificuldades para cumprir o prazo para oferecimento de denúncia estando solto o indiciado (15 dias, conforme art. 46 do CPP). Nesse caso, a providência correta é informar os motivos que levaram ao atraso não intencional.

Contudo, não raras vezes, para evitar qualquer alegação de omissão funcional, os agentes ministeriais devolvem o inquérito policial já relatado à origem, contendo cotas nitidamente protelatórias (requisitando diligência não imprescindível para o oferecimento da denúncia) para serem cumpridas pelo delegado. Por exemplo: inquirir outra testemunha para confirmar o fato, sendo que já existe nos autos depoimento suficiente e sem contradições.

Agora, com a previsão desse tipo penal, os membros do Ministério Público precisam ter cautela: se há remessa injustificada da investigação para a delegacia, procrastinando-a, podem ser responsabilizados pelo art. 31 da Lei de Abuso de Autoridade; se não se cercam de todos os lados para ofertar a peça inicial (justa causa fundamentada), podem incidir no crime previsto no art. 30 desta lei.

---

19. LESSA, Marcelo de Lima; MORAES, Rafael Francisco Marcondes de; GIUDICE, Benedito Ignácio. Nova Lei de Abuso de Autoridade (Lei 13.869/2019): diretrizes de atuação de Polícia Judiciária. São Paulo: Academia de Polícia "Dr. Coriolano Nogueira Cobra", 2020, p. 152.

20. Em algumas unidades da Federação, as Polícias Judiciárias regulamentaram internamente a VPI.

19.7. Elemento Subjetivo (Tipo Subjetivo)

O elemento subjetivo geral no abuso de autoridade é o dolo. Não há abuso de autoridade culposo. Mas não basta o dolo de praticar a conduta típica de abuso, sendo preciso o *animus abutendi*. Assim, o agente público deve agir com a finalidade específica (elemento subjetivo especial) de, alternativamente (art. 1º, §1º): (a) prejudicar outrem; (b) beneficiar a si mesmo ou a terceiro; (c) por mero capricho; (d) por satisfação pessoal.

No entanto, no crime em análise, o legislador optou por restringir ainda mais o alcance do tipo, exigindo uma única finalidade especial do agente: *prejudicar interesse do investigado ou do fiscalizado.*

Nesses moldes, a conduta do delegado de polícia de retardar a conclusão de uma investigação para beneficiar o investigado não se ajusta a esse tipo penal, podendo caracterizar, a depender do caso concreto, o delito de prevaricação (art. 319, CP).

A perda do prazo de remessa de inquérito não conduz automaticamente à incidência do tipo penal em análise, afinal, o direito penal não serve para corrigir esse tipo de falta funcional (princípio da intervenção mínima do Direito Penal). É preciso demonstrar um prazo muito mais significativo de atraso para que se possa cogitar na referida infração penal.

19.8. Consumação e Tentativa

Ocorre a consumação com o injustificado ou imotivado desatendimento do prazo razoável para o desfecho das investigações ou fiscalizações. Trata-se de crime permanente, sendo possível a prisão em flagrante enquanto não cessar a conduta abusiva.

Admite-se a tentativa quando o crime for praticado na modalidade comissiva, pois aqui ele se torna plurissubsistente, sendo fracionável o *iter criminis*. A conduta omissiva (v.g., *engavetar* a investigação) é incompatível com o *conatus*.

19.9. Ação Penal, procedimento e competência

A ação penal é pública incondicionada, cabendo ação penal privada subsidiária da pública em caso de omissão do *parquet* (art. 3º), que deve ser manejada no prazo decadencial de 6 meses.

Trata-se de infração de menor potencial ofensivo (pena máxima de 2 anos), incidindo o procedimento sumaríssimo do Juizado Especial Criminal e todas as medidas despenalizadoras da Lei 9.099/95. Não se aplica a defesa preliminar decorrente do procedimento especial de funcionário público (arts. 513 a 518 do CPP).

Não se admite o acordo de não persecução penal, porquanto cabível a transação penal (art. 28-A, § 2º, I do CPP). Considerando que a pena mínima é de 6 meses, admite-se a suspensão condicional do processo (art. 89 da Lei 9.099/95).

A competência para o processo e julgamento é do Juizado Especial Criminal Estadual, a menos que esteja presente alguma das hipóteses do art. 109 da CF, quando a competência será do Juizado Especial Criminal Federal. Havendo conexão ou continência entre crime estadual e federal, prevalece a Justiça Federal.[21]

19.10. Modelos de Peças Policiais

DESPACHO DE DILAÇÃO DE PRAZO

A Polícia Judiciária, por intermédio do delegado de polícia que ao final subscreve, no uso das atribuições conferidas pelo art. 144 da Constituição Federal e dos dispositivos do Código de Processo Penal, Lei 12.830/13 e demais diplomas legais correlatos, profere a seguinte decisão.

O presente procedimento policial apura a infração penal de crime, em tese praticada pelo suspeito nome contra a vítima nome.

Analisando a certidão confeccionada pelo escrivão de polícia, nota-se que os presentes autos se encontram com prazo esgotado em cartório.

Não se desconhece que a conduta de estender injustificadamente a investigação, procrastinando-a em prejuízo do investigado, pode até mesmo caracterizar abuso de autoridade se presente finalidade específica de prejudicar outrem ou beneficiar a si mesmo ou a terceiro, ou, ainda, por mero capricho ou satisfação pessoal (art. 31 da Lei 13.869/19).

Porém, o mero decurso do lapso temporal desse prazo impróprio não caracteriza automaticamente atuação abusiva.

Esse "excesso de prazo na instrução do procedimento investigatório não deve resultar de simples operação aritmética, impondo-se considerar

21. Súmula 122 do STJ: Compete à Justiça Federal o processo e julgamento unificado dos crimes conexos de competência federal e estadual, não se aplicando a regra do art. 78, II, a, do Código de Processo Penal.

a complexidade do feito, atos procrastinatórios muitas vezes atribuídos à defesa e número de pessoas envolvidas na apuração" (GRECO, Rogério; CUNHA, Rogério Sanches. Abuso de autoridade. Salvador: Juspodivm, 2019, P. 269). Na mesma linha o enunciado 21 do Conselho Nacional de Procuradores-Gerais dos Ministérios Públicos dos Estados e da União (CNPG). Acrescente-se ainda como possíveis justificativas para a demora a falta de recursos humanos ou materiais do Estado para concluir as diligências.

É justamente o que se vislumbra no presente caso, ante a constatação de falta de recursos humanos ou materiais do Estado / crime de grande complexidade / pluralidade de envolvidos / excesso de requerimentos protelatórios da defesa.

Em que pese o esforço empregado pela equipe policial, operou-se o exaurimento do prazo sem que tenha sido possível cumprir todas as diligências determinadas por esta autoridade policial

Destarte, a Polícia Judiciária, por meio do delegado de polícia signatário, mediante análise técnico-jurídica do fato, no exercício das funções de natureza jurídica, essenciais e exclusivas de Estado (art. 2º, *caput* da Lei 12.830/13), com fulcro na justificativa apresentada, solicita a dilação de prazo para sua devida conclusão art. 10, §3º do CPP), pois restam diligencias a serem efetuadas.

Local, data

Nome

Delegado de Polícia

DECISÃO DE DEVOLUÇÃO DE REQUISIÇÃO DE DILIGÊNCIAS

A Polícia Judiciária, por intermédio do delegado de polícia que ao final subscreve, no uso das atribuições conferidas pelo art. 144 da Constituição Federal e dos dispositivos do Código de Processo Penal, Lei 12.830/13 e demais diplomas legais correlatos, profere a seguinte decisão.

Trata-se de ofício enviado pelo Ministério Público contendo requisição de diligências no bojo de inquérito policial número.

Como se sabe, uma investigação policial deve ser devolvida pelo Ministério Público para diligências complementares apenas quando não existirem elementos mínimos a embasar uma ação penal. É a expressa dicção do art. 16 do CPP, que só permite ao Ministério Público requerer a devolução do inquérito à autoridade policial "senão para novas diligências, imprescindíveis ao oferecimento da denúncia".

A fase pré-judicial não deve ser pautada por diligências exaurientes, restringindo-se à apuração dos fatos por meio de indícios. A certeza só haverá na sentença condenatória – tudo o que é apurado antes se baseia em juízos de possibilidade e probabilidade.

A desnecessidade de inquéritos policiais de cognição exaustiva também está posta no art. 10, §2° do CPP, segundo o qual a autoridade pode indicar, no relatório final, testemunhas que não tiverem sido inquiridas. Com essa medida simples, muitos casos de prescrição podem ser evitados e poupada a repetição de diligências, como depoimentos de pessoas que se limitam a confirmar o que foi dito perante a autoridade policial.

De mais a mais, a requisição de diligências prescindíveis, por representar a própria condução do inquérito policial, equivale à subtração da presidência da investigação das mãos do delegado de polícia, em frontal violação ao art. 144, §4° da CF e em especial ao art. 2°, §1° da Lei 12.830/13.

Daí a lição doutrinária de que "O delegado de polícia conduz as investigações da forma que melhor lhe aprouver. O rumo das diligências está a cargo do delegado, e os arts. 6° e 7° do CPP indicam diligências que podem ou devem ser desenvolvidas por ele" (ALENCAR, Rosmar Rodrigues; TÁVORA, Nestor. Curso de direito processual penal. Salvador: Juspodivm, 2014, p. 116).

Obviamente, o membro do MP possui livre convicção para formar sua *opinio delicti*, não se vinculando à análise técnico-jurídica do delegado de polícia, assim como o juiz de direito não se atrela à opinião exarada pelo promotor.

Entretanto, caso o *Parquet* entenda como necessária outra medida, a providência pode ser feita diretamente pelo próprio, só devendo terceirizar a medida se demonstrada a incapacidade de sua realização por meios próprios, demostrando os empecilhos, segundo entendimento da jurisprudência (STJ, REsp 674.336).

Em sentido idêntico o Manual do Ministério Público do Paraná afirma no item 93 ("Diligências imprescindíveis – notificações e requisições") que "as diligências imprescindíveis ao oferecimento da denúncia poderão ser realizadas diretamente pelo próprio Promotor de Justiça, valendo-se, para tanto, de suas atribuições legais de expedir notificações e formular requisições".

O poder requisitório do Ministério Público para demandar a realização de diligências (art. 13, II do CPP) não é absoluto, portanto. Por requisição entende-se a "exigência para a realização de algo, fundamentada em lei. Assim, não se deve confundir requisição com ordem, pois nem o representante do Ministério Público, nem tampouco o juiz, são superiores hierárquicos do delegado, motivo pelo qual não lhe podem dar ordens". (NUCCI, Guilherme de Souza. Manual de processo penal e execução penal. Rio de Janeiro: Forense, 2016, p. 151). Nesse sentido, se a requisição for ilegal, não deve ser cumprida. Aliás, estender injustificadamente a investigação, procrastinando-a em prejuízo do investigado, configura crime de abuso de autoridade (art. 31 da Lei 13.869/19).

Por fim, vale ressaltar que "o livre convencimento técnico-jurídico do delegado de polícia deriva do fato de o inquérito policial ser um procedimento discricionário (CPP, art. 14). A isenção e imparcialidade, por sua vez, são consectários lógicos dos princípios da impessoalidade e moralidade, previstos expressamente no art. 37, *caput* da Constituição Federal" (LIMA, Renato Brasileiro de. Legislação criminal especial comentada. Salvador: Juspodivm, 2014, p. 180).

Destarte, a Polícia Judiciária, por meio do delegado de polícia signatário, mediante análise técnico-jurídica do fato, no exercício das funções de natureza jurídica, essenciais e exclusivas de Estado (art. 2º, *caput* da Lei 12.830/13), com a devida vênia ao posicionamento ministerial, determina o retorno dos autos ao Ministério Público.

Local, data

Nome

Delegado de Polícia

Capítulo 20

Negativa de acesso a investigação

20.1. Dispositivo legal

Figura simples	Art. 32. Negar ao interessado, seu defensor ou advogado acesso aos autos de investigação preliminar, ao termo circunstanciado, ao inquérito ou a qualquer outro procedimento investigatório de infração penal, civil ou administrativa, assim como impedir a obtenção de cópias, ressalvado o acesso a peças relativas a diligências em curso, ou que indiquem a realização de diligências futuras, cujo sigilo seja imprescindível: Pena – detenção, de 6 (seis) meses a 2 (dois) anos, e multa.

20.2. Classificação

Crime de negativa de acesso a investigação	
crime próprio	crime formal
crime unissubjetivo	crime de dano
crime de forma livre	crime comissivo (regra) ou omissivo (exceção)
crime de menor potencial ofensivo	

20.3. Constitucionalidade

Em uma análise global, a Lei de Abuso de Autoridade é questionável por ter sido feita a toque de caixa, com votação simbólica (e não nominal) e em regime de urgência, com parco debate (exatamente o oposto que deve ocorrer no devido processo legislativo), e também por ter o legislador escolhido alvos preferenciais para sofrer incidência dos tipos penais (o que não se coaduna com o princípio da impessoalidade – art. 37 da CF – e pode configurar abuso do poder de legislar). Mas também merece registro análise específica quanto a este delito.

O princípio da intervenção mínima ficou sob risco. Impedir a obtenção de cópias pelo investigado, sem qualquer violência ou grave ameaça, deveria gerar repercussão apenas no Direito Administrativo Disciplinar. O Direito Penal somente deve ser utilizado como forma de controle quando os demais instrumentos menos gravosos tenham sido esgotados. Transformar infração disciplinar em crime, sob pena de prisão, não é salutar. Vale ressaltar que apenas o militarismo, por suas circunstâncias bem específicas (atuação na guerra) admite prisão por infração disciplinar, sanção esta abolida mesmo para os militares estaduais (art. 18, VII do Decreto-Lei 667/69).

20.4. Constitucionalidade e veto derrubado

O presente dispositivo havia sido vetado, por gerar insegurança jurídica, pois o direito de acesso aos autos possui várias nuances e pode ser mitigado, notadamente, em face de atos que, por sua natureza, impõem o sigilo para garantir a eficácia da instrução criminal. Ademais, a matéria já se encontra parametrizada pelo Supremo Tribunal Federal, nos termos da Súmula Vinculante nº 14. Todavia, o veto foi derrubado pelo Congresso Nacional.

20.5. Bem Jurídico Tutelado

Como todo crime de abuso de autoridade, trata-se de crime pluriofensivo, existindo 2 bens jurídicos tutelados.

De forma imediata ou principal temos a proteção dos direitos e garantias fundamentais das pessoas físicas e jurídicas, nesse caso especificamente o direito de assistência de advogado (art. 5º, LXII da CF).

O bem jurídico tutelado de maneira mediata ou secundária é a normalidade e a regularidade dos serviços públicos, isto é, o bom funcionamento do Estado.

20.6. Sujeito Ativo

Os crimes de abuso de autoridade, em regra, são classificados como próprios quanto ao sujeito ativo (arts. 1º e 2º). O tipo penal em análise não foge à regra, pois só pode ser cometido por autoridade com atribuição ou competência para presidir investigação preliminar, termo circunstanciado, inquérito ou a qualquer outro procedimento investigatório de infração penal, civil ou administrativa. Aqueles que guardam os autos em nome e sob as ordens das autoridades que presidem o feito podem ser partícipes da infração penal.

20.7. Sujeito Passivo

O crime de abuso de autoridade tem dupla subjetividade passiva.

O sujeito passivo imediato ou principal é a pessoa física ou jurídica que tem negado acesso à investigação, bem como seu advogado.

O sujeito passivo mediato ou secundário é o Estado (que também pode ser chamado de Administração Pública).

20.8. Conduta (Tipo Objetivo)

Acesso do advogado à investigação (publicidade interna e mitigação do sigilo)

É amplamente difundido que o inquérito policial tem como uma de suas características a sigilosidade. O segredo é plenamente justificável. Ao praticar o delito, em geral o criminoso toma certas precauções para subtrair-se à ação da Justiça, colocando a vítima e o Estado em posição de desvantagem. Para restabelecer a igualdade, tendo em vista esse desnível provocado pelo próprio criminoso, é preciso que o Estado tenha alguma primazia no início da persecução penal a fim de que possam ser colhidos os vestígios do crime e os indícios de autoria.[1] Nada mais correto. Afinal, fossem as diligências precedidas de prévio aviso ao investigado e os atos investigativos acessíveis a qualquer tempo, permitindo que o suspeito se antecipasse à ação persecutória estatal, seriam inviáveis a localização de fontes de prova e a colheita dos elementos probatórios, impedindo a regular atuação do aparato policial.

Daí afirmar a lei processual penal que *a autoridade assegurará no inquérito o sigilo necessário à elucidação do fato ou exigido pelo interesse da sociedade* (art. 20 do CPP). Esse dispositivo, apesar de assegurar o sigilo da investigação, permitia a interpretação de que seria um segredo absoluto, em relação a terceiras pessoas e ao próprio investigado. Relativizando o sigilo, a jurisprudência e a legislação evoluíram para um meio termo que concilie sigilo com publicidade, garantindo a efetividade da investigação criminal sem tratar o investigado como objeto e exterminar suas garantias, impedindo tanto a ausência de defesa quanto a indevida perturbação da investigação.[2]

1. FERNANDES, Antonio Scarance. *Processo penal constitucional*. São Paulo: RT, 1999, p. 51.
2. ALMEIDA, Joaquim Canuto Mendes de. *Princípios fundamentais do processo penal*. São Paulo, Revista dos Tribunais, 1973, p. 217; LOPES JR., Aury; GLOECKNER, Ricardo Jacobsen. *Investigação preliminar no processo penal*. São Paulo: Saraiva, 2013, p. 470.

A Suprema Corte se posicionou por meio da súmula vinculante 14 no sentido de que é direito do defensor (no interesse do representado) ter acesso aos elementos já documentados na investigação.

Em igual sentido, o Estatuto da OAB assegura (art. 7º, XIV e §§10, 11 e 12) o direito de o advogado examinar os autos de investigação, finalizadas ou em andamento, podendo, contudo, a autoridade proibir o acesso às diligências em andamento e ainda não documentados nos autos.

Na mesma linha o dispositivo inserido no Código de Processo Penal (art. 3º-B, VX) permite que o juiz de garantias assegure, quando se fizer necessário, o direito do investigado e seu defensor de acesso a todos os elementos informativos e provas produzidos da investigação criminal, salvo no às diligências em andamento.

Outrossim, é direito do investigado (pessoalmente ou por meio de seu defensor) ter acesso às diligências já documentadas nos autos (ou seja, devidamente concluídas), momento em que não há mais risco de ineficácia da colheita de elementos e não mais se justifica o sigilo interno (em relação ao suspeito). Continua existindo somente o sigilo externo (em relação a terceiras pessoas).

Nesse sentido, no inquérito policial, em regra, a participação da defesa não se dá de forma contemporânea. Somente após a conclusão das diligências policiais e sua juntada nos autos do inquérito policial é que o defensor pode ter acesso aos documentos.

Convém lembrar que não precisa a autoridade policial nomear defensor para o investigado, porquanto a defesa técnica no inquérito policial é facultativa, e não obrigatória.

Registre-se que o pedido de vista aos autos é feito para o delegado de polícia, presidente do inquérito policial; se a autoridade policial negar indevidamente o acesso, a providência pode ser solicitada ao juiz de garantias (art. 3º-B, XV). Excepcionalmente se houver sigilo judicial decretado sobre a investigação, o próprio magistrado deve autorizar o acesso aos autos (art. 23 da Lei 12.850/13).

Por fim, fundamental lembrar que o documento de identidade profissional do advogado é de uso obrigatório no exercício das suas funções (art. 13 da do Estatuto da OAB). Destarte, deve ser solicitado o documento ao causídico para que tenha acesso aos autos, possibilitando a comprovação de que ostenta a qualidade de advogado e que não está suspendo dos quadros da OAB.

Núcleos do tipo

O tipo penal criminaliza a conduta de *negar ao interessado, seu defensor ou advogado acesso aos autos de investigação preliminar, ao termo circunstanciado, ao inquérito ou a qualquer outro procedimento investigatório de infração penal, civil ou administrativa, assim como impedir a obtenção de cópias, ressalvado o acesso a peças relativas a diligências em curso, ou que indiquem a realização de diligências futuras, cujo sigilo seja imprescindível.*

O objeto material do crime é a *investigação preliminar, termo circunstanciado, inquérito ou qualquer outro procedimento investigatório de infração penal, civil ou administrativa.* A lei criminaliza a violação do direito de acesso, cuja finalidade é possibilitar a defesa. Portanto, o delito pressupõe que a negativa de vista diga respeito a investigação em trâmite, excepcionando-se as já arquivadas.

Negar significa recusar, rejeitar o direito acesso aos autos de procedimento de caráter investigativo, penal ou extrapenal. *Impedir* tem o sentido de embaraçar, obstar, tolher o direito à obtenção de cópias relativas a tais procedimentos. O tipo penal criminaliza tanto a negativa completa de acesso, quanto o impedimento de obtenção de cópias.

A negativa de acesso aos autos não pode ser confundida com a sua restrição, como é o caso de imposição de horário para ter vista do procedimento, sobretudo quando houver uma multiplicidade de investigados que desejam acessá-los.

A obtenção cópia dos autos não precisa se dar exclusivamente por meio de fotocópias impressas, sendo perfeitamente possível seja facultada cópia digital do procedimento, o que afasta a incidência do tipo penal. Aliás, o que restou assegurado foi a *obtenção* de cópias ao advogado ou interessado, o que não deve ocorrer às expensas da instituição pública.

Como o direito de acesso à investigação restringe-se às diligências finalizadas e documentadas nos autos (súmula vinculante 14 do STF, art. 7º, §11 do Estatuto da OAB e art. 3º-B, XV do CPP), não é crime a negativa de acesso a diligências em curso. Consideram-se em curso diligências interdependentes quando não estiverem todas concluídas, ainda que a primeira delas tenha se concretizado. Por isso, é perfeitamente possível vedar o acesso às oitivas de testemunhas que nortearão os mandados de busca e apreensão ainda não requeridos ou cumpridos. O delegado tampouco é obrigado a conceder acesso aos autos de interceptação telefônica em curso, ou informar sobre mandado de prisão ou de outra medida cautelar em aberto.[3]

A negativa ou impedimento prejudica o *interessado, seu defensor ou advogado*. Isto é, o sujeito passivo desse delito pode ser não apenas o investigado, mas também seu defensor público ou particular. Quanto ao investigado, só é considerado como tal se houver contra ele algum ato concreto de investigação.[4] Não é todo e qualquer envolvido na investigação que possui o direito de acessar os autos: vítimas, testemunhas e terceiros não se encaixam no conceito de *interessados*, de modo que a negativa do acesso a tais pessoas não caracteriza abuso de autoridade.

Importante destacar que a própria Lei 8.906/94 estabelece (art. 7º, §12) que a inobservância do direito de acesso do advogado à investigação, o fornecimento incompleto de autos ou o fornecimento de autos em que houve a retirada de peças já incluídas implica responsabilização criminal e funcional por abuso de autoridade. A criminalização é promovida justamente pelo art. 32 da Lei de Abuso de Autoridade, aqui analisado.

Recomenda-se que o delegado, ao abrir vista ao causídico ou ao interessado, o faça de maneira formal e mediante termo, a fim de que o exame fique documentado, inclusive acerca de horário, local e data[5].

Por fim, curioso notar que quando a prerrogativa do advogado violada não for o direito de acessar os autos da investigação, mas de acompanhar o interrogatório do cliente ou realizar a entrevista pessoal reservada, incidem outros crimes, conforme indicado a seguir:

Prerrogativa violada	Crime	Observação
entrevista pessoal e reservada com cliente (art. 7º, III do EOAB)	art. 7º-B do Estatuto da OAB (Lei 8.906/94)	entrevista com cliente *solto* antes de audiência policial, ou qualquer outra comunicação com preso ou solto (como em penitenciária)

3. No mesmo sentido: LIMA, Renato Brasileiro de. *Legislação criminal especial comentada*. Salvador: Juspodivm, 2020, p. 178.
4. STF, Rcl 9.789, Rel. Min. Ellen Gracie, DJ 18/08/2010.
5. LESSA, Marcelo de Lima; MORAES, Rafael Francisco Marcondes de; GIUDICE, Benedito Ignácio. Nova Lei de Abuso de Autoridade (Lei 13.869/2019): diretrizes de atuação de Polícia Judiciária. São Paulo: Academia de Polícia "Dr. Coriolano Nogueira Cobra", 2020, p. 141.

Prerrogativa violada	Crime	Observação
entrevista pessoal e reservada com cliente (art. 7º, III do EOAB)	art. 20 da Lei 13.869/19 (Lei de Abuso de Autoridade)	entrevista com cliente *preso* antes de audiência policial ou judicial, ou com cliente *solto* antes de audiência judicial
direito de acompanhar interrogatório do cliente (art. 7º, XXI do EOAB)	art. 15, II da Lei 13.869/19 (Lei de Abuso de Autoridade)	
direito de acessar autos de investigação (art. 7º, XIV do EOAB)	art. 32 da Lei 13.869/19 (Lei de Abuso de Autoridade)	

20.9. Elemento Subjetivo (Tipo Subjetivo)

O elemento subjetivo geral no abuso de autoridade é o dolo. Não há abuso de autoridade culposo. Mas não basta o dolo de praticar a conduta típica de abuso, sendo preciso o *animus abutendi*. O agente público deve agir com a finalidade específica (elemento subjetivo especial) de, alternativamente (art. 1º, §1º): (a) prejudicar outrem; (b) beneficiar a si mesmo ou a terceiro; (c) por mero capricho; (d) por satisfação pessoal.

Claro que a presunção é de que o agente atua com boa-fé, cabendo a quem alega má-fé comprová-la com elementos concretos e não meras suposições. Portanto, não comete abuso de autoridade o agente que errar ou atuar com desídia.

Grife-se ainda que a divergência na interpretação de lei ou na avaliação de fatos e provas não configura abuso de autoridade (art. 1º, §2º), vedando-se crime de hermenêutica.

20.10. Consumação e Tentativa

Esse delito de abuso de autoridade se consuma com a negativa peremptória, ao advogado ou interessado, de acesso aos autos ou o impedimento de obtenção de cópias, não sendo suficiente uma mera negativa circunstancial. A título de exemplo, não há que se falar em abuso de autoridade se houver a necessidade de se agendar um horário para que os advogados tenham acesso aos autos em virtude da grande quantidade de investigados e de defensores que desejam obter cópias ou manuseá-los.

Admite-se a tentativa, pois o delito é plurissubsistente, admitindo o fracionamento do *iter criminis*.

20.11. Ação Penal, procedimento e competência

A ação penal é pública incondicionada, cabendo ação penal privada subsidiária da pública em caso de omissão do *parquet* (art. 3º), que deve ser manejada no prazo decadencial de 6 meses.

Trata-se de infração de menor potencial ofensivo (pena máxima de 2 anos), incidindo o procedimento sumaríssimo do Juizado Especial Criminal e todas as medidas despenalizadoras da Lei 9.099/95. Não se aplica a defesa preliminar decorrente do procedimento especial de funcionário público (arts. 513 a 518 do CPP).

Não se admite o acordo de não persecução penal, porquanto cabível a transação penal (art. 28-A, § 2º, I do CPP). Considerando que a pena mínima é de 6 meses, admite-se a suspensão condicional do processo (art. 89 da Lei 9.099/95).

A competência para o processo e julgamento é do Juizado Especial Criminal Estadual, a menos que esteja presente alguma das hipóteses do art. 109 da CF, quando a competência será do Juizado Especial Criminal Federal. Havendo conexão ou continência entre crime estadual e federal, prevalece a Justiça Federal.[6]

20.12. Modelo de Peça Policial

DECISÃO DE INDEFERIMENTO DE ACESSO DE ADVOGADO A DILIGÊNCIAS EM CURSO

A Polícia Judiciária, por intermédio do delegado de polícia que ao final subscreve, no uso das atribuições conferidas pelo art. 144 da Constituição Federal, e dos dispositivos do Código de Processo Penal, Lei 12.830/13 e demais diplomas legais correlatos, profere a seguinte decisão.

Trata-se de pedido, formulado pelo advogado nome e OAB, representando o suspeito nome, para acessar as diligências de espécie, no bojo de inquérito policial número.

6. Súmula 122 do STJ: Compete à Justiça Federal o processo e julgamento unificado dos crimes conexos de competência federal e estadual, não se aplicando a regra do art. 78, II, a, do Código de Processo Penal.

É indubitável que o advogado possui direito a ter acesso aos elementos produzidos no inquérito policial. Todavia, não se trata de direito absoluto, não abrangendo aqueles relativos a diligências em andamento e ainda não documentadas nos autos.

É a lição do Supremo Tribunal Federal: "Súmula Vinculante 14: É direito do defensor, no interesse do representado, ter acesso amplo aos elementos de prova que, *já documentados* em procedimento investigatório realizado por órgão com competência de Polícia Judiciária, digam respeito ao exercício do direito de defesa".

Na mesma linha o Estatuto da OAB: "Art. 7º. (...) § 11. No caso previsto no inciso XIV, a autoridade competente poderá delimitar o acesso do advogado aos elementos de prova relacionados a diligências em andamento e ainda não documentados nos autos, quando houver risco de comprometimento da eficiência, da eficácia ou da finalidade das diligências".

O próprio crime de abuso de autoridade, ao tipificar a conduta de negar ao interessado, seu defensor ou advogado acesso aos autos de procedimento investigatório de infração penal, assim como impedir a obtenção de cópias, ressalva o acesso a peças relativas a diligências em curso ou que indiquem a realização de diligências futuras, cujo sigilo seja imprescindível (art. 32 da Lei 13.869/19).

Nesse sentido, em se tratando de diligências que ainda não foram realizadas ou que estão em andamento, não há falar em prévia comunicação ao advogado, tampouco ao investigado, na medida em que o sigilo é inerente à própria eficácia da medida investigatória. Em termos práticos, isso significa que a documentação só deve ser juntada ao inquérito policial com a finalização da diligência, momento a partir do qual a defesa terá acesso aos elementos.

Vale destacar que muitas vezes a diligência é composta por uma série de atos, e a juntada do elemento inicial (do qual derivaram outras providências investigativas sigilosas) obviamente só deve ser feita após o término de todas as providências que correm em segredo, sob pena de inviabilizar a sequência da apuração.

Importante sublinhar que o causídico deve sempre apresentar sua identidade funcional para comprovar que se encontra regularmente inscrito nos quadros da OAB (STJ, EDcl no RMS 12.754), formulando o pedido de vista uma vez que o inquérito policial é procedimento escrito (art. 9º do CPP), não informal.

Demais disso, o direito de acesso aos autos permite a realização de cópia, especialmente por meio digital (art. 7º, XIV do Estatuto da OAB), mas não abarca a possibilidade de retirar os autos da delegacia de polícia (arts. 803 e 3º do CPP), devendo ser feito na repartição policial (STF, Inq. 2.741).

Destarte, a Polícia Judiciária, por meio do delegado de polícia signatário, mediante análise técnico-jurídica do fato, no exercício das funções de natureza jurídica, essenciais e exclusivas de Estado (art. 2º, *caput* da Lei 12.830/13), indefere o pedido do advogado.

Local, data

Nome

Delegado de Polícia

Capítulo 21

Exigência ilegal de informação ou cumprimento de obrigação

21.1. Dispositivo legal

Figura simples	Art. 33. Exigir informação ou cumprimento de obrigação, inclusive o dever de fazer ou de não fazer, sem expresso amparo legal: Pena - detenção, de 6 (seis) meses a 2 (dois) anos, e multa.
Figura equiparada	Parágrafo único. Incorre na mesma pena quem se utiliza de cargo ou função pública ou invoca a condição de agente público para se eximir de obrigação legal ou para obter vantagem ou privilégio indevido.

21.2. Classificação

Crime de exigência ilegal de informação ou cumprimento de obrigação	
crime próprio	crime formal
crime unissubjetivo	crime de dano
crime de forma livre	crime comissivo
crime de menor potencial ofensivo	

21.3. Constitucionalidade

Em uma análise global, a Lei de Abuso de Autoridade é questionável por ter sido feita a toque de caixa, com votação simbólica (e não nominal) e em regime de urgência, com parco debate (exatamente o oposto que deve ocorrer no devido processo legislativo), e também por ter o legislador escolhido alvos preferenciais para sofrer incidência dos tipos penais (o que não se coaduna com o princípio da impessoalidade – art. 37 da CF – e pode configurar abuso do poder de legislar). Mas também merece registro análise específica quanto a este delito.

O tipo penal do art. 33 possui figuras simples e equiparada. Especificamente quanto ao tipo por equiparação do parágrafo único, que pune a conduta do agente público que invoca essa condição para obter vantagem ou privilégio indevido, o princípio da intervenção mínima ficou sob risco. A chamada *carteirada* para furar a fila de boate ou conseguir desconto em estabelecimento comercial deveria ficar restrita ao Direito Administrativo Disciplinar. Conquanto imoral e antiética, não deveria o Direito Penal se preocupar com comportamentos que são suficientemente inibidos ou reprimidos por outros ramos do ordenamento jurídico. "A lei de improbidade, por exemplo, prevê sanções até mais rigorosas para a carteirada, como a perda do cargo. A punição extrapenal, portanto, parece eficiente".[1] O Direito Penal somente deve ser utilizado como forma de controle quando os demais instrumentos menos gravosos tenham sido esgotados. Transformar infração disciplinar em crime, sob pena de prisão, não é salutar. Vale ressaltar que apenas o militarismo, por suas circunstâncias bem específicas (atuação na guerra) admite prisão por infração disciplinar, sanção esta abolida mesmo para os militares estaduais (art. 18, VII do Decreto-Lei 667/69).

21.4. Bem Jurídico Tutelado

Assim como os demais delitos de abuso de autoridade, cuida-se de crime pluriofensivo, havendo 2 bens jurídicos protegidos.

De forma imediata ou principal temos a proteção dos direitos e garantias fundamentais das pessoas físicas e jurídicas, nesse caso especificamente a administração da Justiça (art. 5º, XXXV da CF), sendo protegida também a legalidade (arts. 5º, II e 37 da CF).

O bem jurídico tutelado de maneira mediata ou secundária é a normalidade e a regularidade dos serviços públicos, isto é, o bom funcionamento do Estado.

21.5. Sujeito Ativo

No âmbito geral, o sujeito ativo do abuso de autoridade é o agente público, servidor ou não, da administração direta ou indireta de qualquer

1. GRECO, Rogério; CUNHA, Rogério Sanches. Abuso de autoridade. Salvador: Juspodivm, 2019, p. 279.

Poder (Executivo, Legislativo ou Judiciário) de qualquer ente federado (União, Estados, DF ou Municípios), no exercício de suas funções ou a pretexto de exercê-las (arts. 1º e 2º). Engloba todo aquele que exerce, ainda que transitoriamente ou sem remuneração, por eleição, nomeação, designação, contratação ou qualquer outra forma de investidura ou vínculo, mandato, cargo, emprego ou função (art. 2º, parágrafo único). O particular pode cometer abuso de autoridade, desde que em concurso de pessoas com uma autoridade e ciente dessa sua especial condição.

Trata-se de crime próprio, mas não de mão própria. O embaraço à liberdade de atuação de outrem, sem amparo legal, pode ser realizado por qualquer agente público, podendo ele se utilizar de interposta pessoa (coautor) para tanto.

21.6. Sujeito Passivo

O crime de abuso de autoridade tem dupla subjetividade passiva.

O sujeito passivo imediato ou principal é a pessoa física ou jurídica que sofre a conduta abusiva.

O sujeito passivo mediato ou secundário é o Estado (que também pode ser chamado de Administração Pública).

21.7. Conduta (Tipo Objetivo)

Princípio da legalidade

O tipo penal protege o princípio da legalidade, estampado nos arts. 5º, II e 37 da CF. Enquanto na esfera privada o cidadão só é obrigado a fazer ou deixar de fazer alguma coisa se existir determinação ou proibição em lei, no âmbito público o agente só pode realizar o que expressamente autorizado. O particular pode fazer tudo o que a lei não veda (critério de não contradição à lei), enquanto o agente público só pode fazer o que a lei permite (relação de subordinação à lei).

O princípio da legalidade é a base do Estado de Direito, possuindo relevância ímpar no âmbito da Administração Pública. Em se tratando da prática de atos invasivos e potencialmente restritivos dos direitos e liberdades individuais, o agente estatal deve necessariamente observar a estrita legalidade, sendo possível agir apenas nos exatos limites da lei. A legalidade traduz postulado congênito ao Estado de Direito, sendo justamente aquele princípio que o qualifica e lhe dá identidade própria, verdadeiro antídoto do poder monocrático ou oligárquico, possuindo como raiz a noção de soberania popular.[2]

> O poder administrativo concedido à autoridade pública tem limites certos e forma legal de utilização. Não é carta branca para arbítrios, violências, perseguições ou favoritismos governamentais. Qualquer ato de autoridade, para ser irrepreensível, deve conformar-se com a lei, com a moral da instituição e com o interesse público. Sem esses requisitos o ato administrativo expõe-se a nulidade. (...) O poder é confiado ao administrador público para ser usado em benefício da coletividade administrada, mas usado nos justos limites que o bem-estar social exigir. (...) O excesso de poder torna o ato arbitrário, ilícito e nulo. É uma forma de abuso de poder que retira a legitimidade da conduta do administrador público, colocando-o na ilegalidade e até mesmo no crime de abuso de autoridade.[3]

Para que os atos administrativos sejam válidos, são necessários certos pressupostos. Praticados sem a observância dessas balizas, estarão viciados (art. 11 da Lei 9.784/99 e art. 2º da Lei 4.717/65). A ilegalidade, além de fulminar o ato do Estado, acarreta consequências para o agente público que o praticou abusando de sua autoridade.

21.7.1. Figura simples

Criminaliza a lei a conduta de *exigir informação ou cumprimento de obrigação, inclusive o dever de fazer ou de não fazer, sem expresso amparo legal.*

Exigir tem o sentido de impor ou ordenar. O verbo aqui transmite a ideia de imposição e intimidação, podendo ser explícita ou velada. O agente público se aproveita do temor proporcionado à vítima em função dos poderes inerentes ao cargo público que ocupa *(metus publicae potestatis)*, assim como ocorre no delito de concussão (art. 316 do CP). Note que não há, aqui, emprego de violência ou grave ameaça à vítima, diferentemente do crime de constrangimento ilegal (art. 146 do CP).

O que se quer com a exigência (objeto material) é *informação ou cumprimento de obrigação, inclusive o dever de fazer ou de não fazer, sem expresso amparo legal. Informação* é algum dado. *Obrigação de fazer* é a prestação de uma atividade, e *obrigação de não fazer* é a omissão, abstenção. O agente público exige a informação, obrigação de fazer ou obrigação de não fazer sem qualquer suporte legal.

---

2. MELLO, Celso Antônio Bandeira de. *Curso de direito administrativo*. São Paulo: Malheiros, 2007, p. 97.
3. MEIRELLES, Hely Lopes. *Direito administrativo brasileiro*. São Paulo: Malheiros, 1998, p. 96-99.

Como exemplo desse comportamento abusivo, podemos imaginar a realização de uma busca pessoal por policial militar fora das hipóteses autorizadoras do art. 244 do CPP. Não há crime na conduta do delegado de polícia que, com fulcro no art. 32 da Lei 11.343/06, determina a imediata destruição de plantação de drogas. De igual forma, pode o guarda municipal, com apoio no art.68 da Lei de Contravenções Penais, solicitar ou exigir de pessoa dados ou indicações concernentes à própria identidade, estado, profissão, domicílio e residência.

21.7.2. Figura equiparada

Incorre na mesma pena *quem se utiliza de cargo ou função pública ou invoca a condição de agente público para se eximir de obrigação legal ou para obter vantagem ou privilégio indevido.*

Na figura equiparada o legislador empregou os verbos *utilizar* e *invocar*. O núcleo *se utilizar de cargo ou função pública* tem o sentido de aproveitar a atividade pública exercida. Já a conduta *invocar a condição de agente público* traduz a ideia de chamar a atenção para a sua condição funcional.

As condutas são praticadas com o fim de o agente público *eximir-se de obrigação legal ou para obter vantagem ou de privilégio indevido.* Exemplo da primeira hipótese ocorre quando um juiz anuncia seu cargo público ao policial para não ser revistado em *blitz* de trânsito (deixar de cumprir a obrigação legal de se submeter à fiscalização de trânsito). A segunda situação poderia ocorrer quando um promotor dá *carteirada* numa boate para ingressar sem o devido pagamento (obter privilégio indevido), ou quando um policial militar afirma sua função exercida para lanchar sem pagar na padaria (obter vantagem indevida).

Nesta última hipótese, em que o policial escolhe um local para se alimentar sem arcar com o valor, se a gratuidade partir do dono do estabelecimento, e portanto se tratar de doação voluntária motivada por respeito e gentileza, inexiste crime, ainda que por falta do elemento subjetivo especial. Todavia, nada impede a apuração de infração disciplinar, notadamente quando a comida *0800* acarretar interrupção excessiva no trabalho, desvio de área de patrulhamento ou concentração indevida de ações policiais em privilégio do doador.

Como o legislador não restringiu, a vantagem pode ser de qualquer natureza, não necessariamente patrimonial.

Por fim, interessante situação fática merece ser destacada. O policial de folga continua com direito ao porte de arma de fogo de sua propriedade (art.

6º, §1º da Lei 10.826/03). Quando estiver portando a arma em locais onde haja aglomeração de pessoas (art. 26, §2º do Decreto 9.847/19), é comum que o regramento das Polícias exijam, além da discrição, que comunique o porte da arma ao responsável pela segurança do local, apresentando carteira funcional. Nesse caso, essa providência, além de não configurar qualquer ilícito, consiste em obrigação do agente da lei.

21.8. Conflito Aparente de Leis Penais

Constrangimento ilegal

Exigência ilegal de informação ou cumprimento de obrigação	Constrangimento ilegal
art. 33, *caput* da Lei 13.869/19	art. 146 do CP
exigência	violência, grave ameaça ou redução da capacidade de resistência
informação ou cumprimento de obrigação, inclusive o dever de fazer ou de não fazer, sem expresso amparo legal	não fazer o que a lei permite, ou a fazer o que ela não manda
sujeito ativo agente público	sujeito ativo qualquer pessoa
pena de 6 meses a 2 anos, e multa	pena de 3 meses a 1 ano, ou multa

Concussão e Corrupção Passiva

Vantagem ou privilégio indevido	Concussão	Corrupção passiva
art. 33, parágrafo único da Lei 13.869/19	art. 316 do CP	art. 317 do CP
utilização de cargo público ou invocação dessa condição	exigência (temor proporcionado à vítima em função dos poderes inerentes ao cargo público que ocupa)	solicitação ou recebimento, ou aceitação de promessa
não cumprimento de obrigação legal ou obtenção de vantagem ou privilégio indevido	obtenção de vantagem indevida	obtenção de vantagem indevida
pena de 6 meses a 2 anos, e multa	pena de 2 a 12 anos, e multa	pena de 2 a 12 anos, e multa

21.9. Elemento Subjetivo (Tipo Subjetivo)

O elemento subjetivo geral no abuso de autoridade é o dolo. Não há abuso de autoridade culposo. Mas não basta o dolo de praticar a conduta típica de abuso, sendo preciso o *animus abutendi*. O agente público deve agir com a finalidade específica (elemento subjetivo especial) de, alternativamente (art. 1º, §1º): (a) prejudicar outrem; (b) beneficiar a si mesmo ou a terceiro; (c) por mero capricho; (d) por satisfação pessoal.

Claro que a presunção é de que o agente atua com boa-fé, cabendo a quem alega má-fé comprová-la com elementos concretos e não meras suposições. Portanto, não comete abuso de autoridade o agente que errar ou atuar com desídia.

Grife-se ainda que a divergência na interpretação de lei ou na avaliação de fatos e provas não configura abuso de autoridade (art. 1º, §2º), vedando crime de hermenêutica.

21.10. Consumação e Tentativa

Art. 33, *caput*: O delito é formal, consumando-se com a exigência de informação ou do cumprimento de obrigação, mesmo que o ato desejado não se realize.

Art. 33, parágrafo único: Consuma-se no instante em que o agente se utiliza de cargo ou função pública ou invoca a condição de agente público para se eximir de obrigação legal ou para obter vantagem ou privilégio indevido, mesmo que isso não se concretize.

Portanto, ambas as modalidades constituem crimes formais, dispensando a ocorrência dos resultados naturalísticos.

Quanto à tentativa, se praticada na forma escrita, ambas as condutas (*caput* e parágrafo) a admitem.

21.11. Ação Penal, procedimento e competência

A ação penal é pública incondicionada, cabendo ação penal privada subsidiária da pública em caso de omissão do *parquet* (art. 3º), que deve ser manejada no prazo decadencial de 6 meses.

Trata-se de infração de menor potencial ofensivo (pena máxima de 2 anos), incidindo o procedimento sumaríssimo do Juizado Especial Criminal e todas as medidas despenalizadoras da Lei 9.099/95. Não se aplica a defesa preliminar decorrente do procedimento especial de funcionário público (arts. 513 a 518 do CPP).

Não se admite o acordo de não persecução penal, porquanto cabível a transação penal (art. 28-A, § 2º, I do CPP). Considerando que a pena mínima é de 6 meses, admite-se a suspensão condicional do processo (art. 89 da Lei 9.099/95).

A competência para o processo e julgamento é do Juizado Especial Criminal Estadual, a menos que esteja presente alguma das hipóteses do art. 109 da CF, quando a competência será do Juizado Especial Criminal Federal. Havendo conexão ou continência entre crime estadual e federal, prevalece a Justiça Federal.[4]

4. Súmula 122 do STJ: Compete à Justiça Federal o processo e julgamento unifi cado dos crimes conexos de competência federal e estadual, não se aplicando a regra do art. 78, II, a, do Código de Processo Penal.

Capítulo 22

Decretação excessiva de indisponibilidade de ativos

22.1 Dispositivo legal

Figura simples	Art. 36. Decretar, em processo judicial, a indisponibilidade de ativos financeiros em quantia que extrapole exacerbadamente o valor estimado para a satisfação da dívida da parte e, ante a demonstração, pela parte, da excessividade da medida, deixar de corrigi-la: Pena - detenção, de 1 (um) a 4 (quatro) anos, e multa.

22.2. Classificação

Crime de decretação excessiva de indisponibilidade de ativos	
crime de mão própria	crime material
crime unissubjetivo	crime de dano
crime de conduta mista	crime comissivo (decretar) ou omissivo (deixar)
crime de médio potencial ofensivo	

22.3. Constitucionalidade

Em uma análise global, a Lei de Abuso de Autoridade é questionável por ter sido feita a toque de caixa, com votação simbólica (e não nominal) e em regime de urgência, com parco debate (exatamente o oposto que deve ocorrer no devido processo legislativo), e também por ter o legislador escolhido alvos preferenciais para sofrer incidência dos tipos penais (o que não se coaduna com o princípio da impessoalidade – art. 37 da CF – e pode

configurar abuso do poder de legislar). Mas também merece registro análise específica quanto a este delito.

Causa estranheza a pena máxima de 4 anos para o juiz que decreta a indisponibilidade de ativos financeiros em quantia que extrapole exacerbadamente o valor estimado para a satisfação da dívida da parte, sabendo que quem mata alguém culposamente merece pena máxima de 3 anos (art. 121, §4º do CP). O legislador deve obediência ao princípio da proporcionalidade (art. 5º, LIV da CF), que lhe proíbe o excesso.

Como se não bastasse, a vagueza e imprecisão do legislador não é recomendada pelo princípio da taxatividade (art. 5º, XXXIX da CF). Os termos *exacerbadamente* e *excessividade* são vagos e ensejam dúvidas.

22.4. Bem Jurídico Tutelado

Como todo crime de abuso de autoridade, trata-se de crime pluriofensivo, existindo 2 bens jurídicos tutelados.

De forma imediata ou principal temos a proteção dos direitos e garantias fundamentais das pessoas físicas e jurídicas, nesse caso especificamente a administração da Justiça (art. 5º, XXXV da CF).

O bem jurídico tutelado de maneira mediata ou secundária é a normalidade e a regularidade dos serviços públicos, isto é, o bom funcionamento do Estado.

22.5. Sujeito Ativo

Os crimes de abuso de autoridade, em regra, são classificados como próprios quanto ao sujeito ativo (arts. 1º e 2º).

No entanto, a conduta descrita no art. 36 assume contornos de crime de mão própria, na medida em que somente o magistrado pode decretar, em processo judicial, a indisponibilidade de ativos financeiros.

Vale lembrar que a classificação como de mão própria ao delito não inviabiliza a figura do partícipe, em qualquer de suas modalidades (induzimento, instigação ou auxílio).

É lição corrente na doutrina que os crimes de mão própria são incompatíveis com a coautoria, pois não se pode transferir a quem não possui a especial condição legalmente exigida a execução da conduta típica. Isso, todavia, não inviabiliza a coautoria quando o órgão colegiado decreta a medida constritiva, a exemplo do que ocorre nos crimes que envolvem organização criminosa (art. 1º, §6º da Lei 12.964/12), em que a medida pode ser firmada pelos 3 juízes que compõem colegiado. Nesse episódio, todos serão responsabilizados pelo crime do art. 36 da Lei de Abuso de Autoridade. Isso não é novidade em nosso ordenamento jurídico, porquanto situação semelhante se dá quando dois peritos elaboram em conjunto um laudo falso, violando a norma penal do art. 342 do CP, igualmente classificada como delito de mão própria.

Destaca-se, ainda, que o sujeito ativo não se limita ao magistrado cível, já que outras esferas judiciais (a exemplo da trabalhista e eleitoral) fazem uso do SisbaJud (sistema virtual para fazer consultas e bloqueios em contas de pessoas físicas e jurídicas).

22.6. Sujeito Passivo

O crime de abuso de autoridade tem dupla subjetividade passiva.

O sujeito passivo imediato ou principal é a pessoa física ou jurídica que sofre a conduta abusiva.

O sujeito passivo mediato ou secundário é o Estado (que também pode ser chamado de Administração Pública).

22.7. Conduta (Tipo Objetivo)

O texto legal tipifica a conduta de *decretar, em processo judicial, a indisponibilidade de ativos financeiros em quantia que extrapole exacerbadamente o valor estimado para a satisfação da dívida da parte e, ante a demonstração, pela parte, da excessividade da medida, deixar de corrigi-la.*

A execução nada mais é do que o mecanismo para que o devedor seja obrigado a satisfazer um direito declarado anteriormente (em processo de conhecimento ou documento com eficácia executiva). O objetivo é forçar a satisfação da prestação devida e inadimplida (art. 786 do CPC).

Se a execução ingressa no patrimônio do executado, certamente importa em certo sacrifício. Contudo, o direito do exequente não pode ser concretizado custe o que custar. Em outras palavras, a execução não pode se transformar em instrumento de pura vingança privada.

Nesse contexto surge o princípio da menor onerosidade (art. 805 do CPC), segundo o qual deve ser utilizado o modo menos gravoso para o executado.

O crime possui condutas cumulativas. O magistrado precisa, primeiro, *decretar* (determinar, ordenar) *a indisponibilidade de ativos financeiros em quantia que extrapole exacerbadamente o valor estimado para a satisfação da dívida da parte.* E depois, *ante a demonstração, pela parte, da excessividade da medida, deixar de corrigi-la.*

Grosso modo, ativos financeiros são bens líquidos escriturados que geram renda ao titular. Seu conceito mais detalhado pode ser extraído da Resolução 4.593 do Banco Central:

> Art. 2º Para fins do disposto nesta Resolução, consideram-se ativos financeiros:
>
> I - os títulos de crédito, direitos creditórios e outros instrumentos financeiros que sejam:
>
> a) de obrigação de pagamento das instituições mencionadas no art. 1º, incluindo contratos de depósitos a prazo;
>
> b) de coobrigação de pagamento das instituições mencionadas no art. 1º, em operações como aceite e garantia;
>
> c) admitidos nas carteiras de ativos das instituições mencionadas no art. 1º, exceto os objeto de desconto;
>
> d) objeto de desconto em operações de crédito, por instituições mencionadas no art. 1º ou entregues em garantia para essas instituições em outras operações do sistema financeiro;
>
> e) escriturados ou custodiados por instituições mencionadas no art. 1º; ou
>
> f) de emissão ou de propriedade de entidades não autorizadas a funcionar pelo Banco Central do Brasil, integrante de conglomerado prudencial, definido nos termos do Plano Contábil das Instituições do Sistema Financeiro Nacional (Cosif); e
>
> II - os bens, direitos ou instrumentos financeiros:
>
> a) cuja legislação ou regulamentação específica assim os defina ou determine seu registro ou depósito centralizado; ou
>
> b) que, no âmbito de um arranjo de pagamento, sejam de obrigação de pagamento de instituição de pagamento aos seus clientes.
>
> § 1º Os ativos financeiros de que trata o inciso I do caput podem ser originários de operações realizadas nos segmentos financeiro, comercial, industrial, imobiliário, de hipotecas, de arrendamento mercantil, de prestação de serviços, entre outros, inclusive na hipótese de direitos creditórios de existência futura e montante desconhecido, desde que derivados de relações já constituídas.
>
> § 2º Excluem-se da definição de ativos financeiros de que trata o caput os valores mobiliários.

Logo, o delito não se aplica à indisponibilidade de bens tangíveis imóveis ou móveis, como casas e veículos. É preciso destacar que a legislação prioriza a expropriação de dinheiro do executado (art. 835 do CPC).

Nessa linha, para possibilitar a penhora de dinheiro em depósito ou em aplicação financeira, o juiz, a requerimento do exequente (sem dar ciência prévia do ato ao executado), determinará às instituições financeiras (por meio de sistema eletrônico – SisbaJud) que torne indisponíveis ativos financeiros do executado (art. 854 do CPC).

A indisponibilidade de ativos (penhora *online)* deve se limitar ao valor indicado na execução. Sendo que em 24h a contar da resposta, o juiz determinará o cancelamento de eventual indisponibilidade excessiva, o que deverá ser cumprido pela instituição financeira em igual prazo (art. 854, §1º do CPC)

Tornados indisponíveis os ativos financeiros do executado, este será intimado, devendo o executado, no prazo de 5 dias, comprovar que ainda remanesce indisponibilidade excessiva de ativos financeiros (art. 854, §§2º e 3º do CPC). Acolhida essa arguição, o juiz determinará o cancelamento da indisponibilidade excessiva, a ser cumprido pela instituição financeira em 24h (art. 854, §4º do CPC). O crime se aperfeiçoa se, nesse momento em que a parte comprova a excessividade da indisponibilidade de ativos, e o magistrado deixa de corrigir a medida.

O legislador não define qual patamar de excesso se encaixaria no elemento normativo *exacerbadamente.* Há doutrina se posicionando no sentido de que seria o dobro do valor estimado para a satisfação da dívida.[1]

É impresdindível que a atuação do juiz tenha se dado para (a) prejudicar outrem, (b) beneficiar a si mesmo ou a terceiro, (c) por mero capricho ou (d) por satisfação pessoal.

A leitura do dispositivo legal parece afastar a possibilidade de incidência da referida infração penal em face de medidas assecuratórias como o sequestro, por mais que um dos interesses de tal medida seja o ressarcimento da vítima e eventuais terceiros de boa-fé (art. 133, §1º do CPP). Ademais, a medida assecuratória de sequestro não se volta a satisfazer a vítima em face de uma dívida de valor, mas, sim, recompor o seu patrimônio após o crime sofrido.

1. AGI, Samer. *Comentários à nova Lei de Abuso de Autoridade*. Brasília: CPluris, 2019, p. 93.

22.8. Elemento Subjetivo (Tipo Subjetivo)

O elemento subjetivo geral no abuso de autoridade é o dolo. Não há abuso de autoridade culposo. Mas não basta o dolo de praticar a conduta típica de abuso, sendo preciso o *animus abutendi.* O agente público deve agir com a finalidade específica (elemento subjetivo especial) de, alternativamente (art. 1º, §1º): (a) prejudicar outrem; (b) beneficiar a si mesmo ou a terceiro; (c) por mero capricho; (d) por satisfação pessoal.

Trata-se de crime de conduta mista. Essa classificação indica que só há que se falar em consumação se uma conduta comissiva inicial for acompanhada por uma conduta omissiva posterior do mesmo agente. O delito, portanto, somente se perfaz se o executado demonstrar a excessividade da medida decretada e o magistrado, ainda assim, deixar de corrigi-la.

Fato é que a finalidade especial exigida expressamente pelo tipo penal precisa estar presente na conduta inicial, na conduta final, ou em ambas. Em quaisquer desses momentos, é preciso comprovar que agiu o magistrado com finalidade específica de prejudicar outrem, beneficiar a si mesmo ou a terceiro, ou por mero capricho ou por satisfação pessoal.

Claro que a presunção é de que o agente atua com boa-fé, cabendo a quem alega má-fé comprová-la com elementos concretos e não meras suposições. Portanto, não comete abuso de autoridade o agente que errar ou atuar com desídia.

Grife-se ainda que a divergência na interpretação de lei ou na avaliação de fatos e provas não configura abuso de autoridade (art. 1º, §2º), vedando-se crime de hermenêutica.

22.9. Consumação e Tentativa

O crime se consuma com a omissão em corrigir a excessividade da medida, quando a decretação prévia da indisponibilidade de ativos financeiros for excessiva.

Diante disso, a tentativa se revela inadmissível.

22.10. Ação Penal, procedimento e competência

A ação penal é pública incondicionada, cabendo ação penal privada subsidiária da pública em caso de omissão do *parquet* (art. 3º), que deve ser manejada no prazo decadencial de 6 meses.

Trata-se de infração de médio potencial ofensivo (pena máxima de 4 anos), o que faz incidir o procedimento comum ordinário (arts. 394 a 405 do CPP). Isso quer dizer que cabe a prisão em flagrante (não bastando a indicação da conduta típica, sendo imprescindível a demonstração inequívoca do elemento subjetivo), com consequente instauração de inquérito policial.

Por se tratar de crime funcional afiançável, incide a defesa preliminar decorrente do procedimento especial de funcionário público (arts. 513 a 518 do CPP), exceto se o agente ostentar foro por prerrogativa de função ou se se tratar de infração de menor potencial ofensivo.

Considerando que a pena mínima é de 1 ano, admite-se o acordo de não persecução penal (art. 28-A do CPP), ou caso não proposto a suspensão condicional do processo (art. 89 da Lei 9.099/95).

A competência para o processo e julgamento é da Justiça Estadual, a menos que presente alguma das hipóteses do art. 109 da CF, quando a competência será da Justiça Federal. Havendo conexão ou continência entre crime estadual e federal, prevalece a Justiça Federal.[2]

---

2. Súmula 122 do STJ: Compete à Justiça Federal o processo e julgamento unifi cado dos crimes conexos de competência federal e estadual, não se aplicando a regra do art. 78, II, a, do Código de Processo Penal.

Capítulo 23

Morosidade injustificada no exame de processo

23.1. Dispositivo legal

Figura simples	Art. 37. Demorar demasiada e injustificadamente no exame de processo de que tenha requerido vista em órgão colegiado, com o intuito de procrastinar seu andamento ou retardar o julgamento: Pena - detenção, de 6 (seis) meses a 2 (dois) anos, e multa.

23.2. Classificação

Crime de morosidade injustificada no exame de processo	
crime de mão própria	crime formal
crime unissubjetivo	crime de perigo
crime de forma livre	crime omissivo (regra) ou comissivo (exceção)
crime de médio potencial ofensivo	

23.3. Bem Jurídico Tutelado

Assim como os demais delitos de abuso de autoridade, cuida-se de crime pluriofensivo, havendo 2 bens jurídicos protegidos.

De forma imediata ou principal temos a proteção dos direitos e garantias fundamentais das pessoas físicas e jurídicas, nesse caso especificamente a administração da Justiça (art. 5º, XXXV da CF).

O bem jurídico tutelado de maneira mediata ou secundária é a normalidade e a regularidade dos serviços públicos, isto é, o bom funcionamento do Estado.

23.4. Sujeito Ativo

No âmbito geral, o sujeito ativo do abuso de autoridade é o agente público, servidor ou não, da administração direta ou indireta de qualquer Poder (Executivo, Legislativo ou Judiciário) de qualquer ente federado (União, Estados, DF ou Municípios), no exercício de suas funções ou a pretexto de exercê-las (arts. 1º e 2º).

Quanto ao tipo penal em análise, pode ser praticado por magistrado. E não apenas desembargadores e ministros, que compõem os Tribunais, mas também por juiz de primeiro grau que atue em turma recursal (art. 98, I da CF), em juízo colegiado referente a organizações criminosas (art. 1º, §6º da Lei 12.694/12) ou em tribunal mediante convocação (art. 118 da Lei Complementar 35/79). O magistrado não precisa atuar necessariamente na seara criminal, abrangendo o crime também as demais áreas (a exemplo da cível e trabalhista).

O tipo penal alcança não apenas os membros de órgão colegiado judicial, mas também aqueles que integram órgãos colegiados administrativos e políticos (ex: Tribunal de Contas, Conselho Administrativo de Defesa da Concorrência, Conselho de Contribuintes e Recursos Fiscais).

Não comete crime de abuso de autoridade o advogado que pede vistas de processo e procrastina sua devolução, porquanto não ostenta a qualidade de agente público.

23.5. Sujeito Passivo

O crime de abuso de autoridade tem dupla subjetividade passiva.

O sujeito passivo imediato ou principal é a pessoa física ou jurídica que sofre a conduta abusiva.

O sujeito passivo mediato ou secundário é o Estado (que também pode ser chamado de Administração Pública).

23.6. Conduta (Tipo Objetivo)

A lei criminaliza a conduta de *demorar demasiada e injustificadamente no exame de processo de que tenha requerido vista em órgão colegiado, com o intuito de procrastinar seu andamento ou retardar o julgamento.*

Demorar significa retardar, delongar. Pune-se a conduta do integrante do órgão colegiado (judicial ou não) que, após obter vista dos autos, atrasa demasiada e injustificadamente a análise do processo, com o fim de procrastinar seu andamento ou retardar o julgamento, em evidente afronta ao princípio da duração razoável do processo (art. 5º, LXXVIII da CF).

A demora tem que ser *demasiada,* ou seja, a análise do processo deve atrasar exageradamente. A doutrina se divide quanto ao decurso de tempo necessário para configuração desse requisito, afirmando que seriam 20 dias com base no art. 940 do CPC [1] ou propondo o prazo de 2 meses.[2]

O julgador também precisa demorar *injustificadamente,* isto é, sem justo motivo. A justificativa abrange excesso de processos para análise e insuficiência de recursos humanos.

O delito somente se aperfeiçoa se, além do dolo e do elemento subjetivo especial de (a) prejudicar outrem, (b) beneficiar a si mesmo ou a terceiro, (c) por mero capricho ou (d) por satisfação pessoal, estiver presente o *intuito de procrastinar seu andamento ou retardar o julgamento.*

23.7. Elemento Subjetivo (Tipo Subjetivo)

O elemento subjetivo geral no abuso de autoridade é o dolo. Não há abuso de autoridade culposo. Mas não basta o dolo de praticar a conduta típica de abuso, sendo preciso o *animus abutendi.* O agente público deve agir com a finalidade específica (elemento subjetivo especial) de, alternativamente (art. 1º, §1º): (a) prejudicar outrem; (b) beneficiar a si mesmo ou a terceiro; (c) por mero capricho; (d) por satisfação pessoal.

Claro que a presunção é de que o agente atua com boa-fé, cabendo a quem alega má-fé comprová-la com elementos concretos e não meras suposições. Portanto, não comete abuso de autoridade o agente que errar ou atuar com desídia.

Demanda-se também o especial fim de agir de *procrastinar seu andamento ou retardar o julgamento.*

Se a intenção do agente é subtrair ou inutilizar o processo, confiado à sua custódia, o crime é do artigo 337 do Código Penal (subtração ou inutilização de livro ou documento).

Grife-se ainda que a divergência na interpretação de lei ou na avaliação de fatos e provas não configura abuso de autoridade (art. 1º, §2º), vedando-se crime de hermenêutica.

1. LIMA, Renato Brasileiro de. *Legislação criminal especial comentada.* Salvador: Juspodivm, 2020, p. 188.
2. AGI, Samer. *Comentários à nova Lei de Abuso de Autoridade.* Brasília: CPIuris, 2019, p. 95.

23.8. Consumação e Tentativa

A consumação ocorre com a demora excessiva e injustificada no exame de processo, a ser valorada no caso concreto.

O mero atraso na devolução dos autos não configura o delito em apreço, pois o direito penal não deve se importar com tais filigranas.

Também não se faz necessário qualquer tipo de pedido de devolução dos autos, até porque o verbo nuclear não indica a necessidade de resistência na devolução.

A tentativa é inadmissível.

23.9. Ação Penal, procedimento e competência

A ação penal é pública incondicionada, cabendo ação penal privada subsidiária da pública em caso de omissão do *parquet* (art. 3º), que deve ser manejada no prazo decadencial de 6 meses.

Trata-se de infração de menor potencial ofensivo (pena máxima de 2 anos), incidindo o procedimento sumaríssimo do Juizado Especial Criminal e todas as medidas despenalizadoras da Lei 9.099/95. Não se aplica a defesa preliminar decorrente do procedimento especial de funcionário público (arts. 513 a 518 do CPP).

Não se admite o acordo de não persecução penal, porquanto cabível a transação penal (art. 28-A, § 2º, I do CPP). Considerando que a pena mínima é de 6 meses, admite-se a suspensão condicional do processo (art. 89 da Lei 9.099/95).

A competência para o processo e julgamento é do Juizado Especial Criminal Estadual, a menos que esteja presente alguma das hipóteses do art. 109 da CF, quando a competência será do Juizado Especial Criminal Federal. Havendo conexão ou continência entre crime estadual e federal, prevalece a Justiça Federal.[3]

3. Súmula 122 do STJ: Compete à Justiça Federal o processo e julgamento unificado dos crimes conexos de competência federal e estadual, não se aplicando a regra do art. 78, II, a, do Código de Processo Penal.

Capítulo 24

Antecipação de culpa por meio de comunicação

24.1. Dispositivo legal

Figura simples	Art. 38. Antecipar o responsável pelas investigações, por meio de comunicação, inclusive rede social, atribuição de culpa, antes de concluídas as apurações e formalizada a acusação: Pena – detenção, de 6 (seis) meses a 2 (dois) anos, e multa.

24.2. Classificação

Crime de antecipação de culpa por meio de comunicação	
crime próprio	crime formal
crime unissubjetivo	crime de dano
crime de forma livre	crime comissivo
crime de menor potencial ofensivo	

24.3. Constitucionalidade e veto

Em uma análise global, a Lei de Abuso de Autoridade é questionável por ter sido feita a toque de caixa, com votação simbólica (e não nominal) e em regime de urgência, com parco debate (exatamente o oposto que deve ocorrer no devido processo legislativo), e também por ter o legislador escolhido alvos preferenciais para sofrer incidência dos tipos penais (o que não se coaduna com o princípio da impessoalidade – art. 37 da CF – e pode configurar abuso do poder de legislar). Mas também merece registro análise específica quanto a este delito.

O princípio da intervenção mínima ficou sob risco. A antecipação de opinião sobre a investigação deveria gerar repercussão apenas no Direito Administrativo Disciplinar. O Direito Penal somente deve ser utilizado como forma de controle quando os demais instrumentos menos gravosos tenham sido esgotados. Transformar infração disciplinar em crime, sob pena de prisão, não é salutar. Vale ressaltar que apenas o militarismo, por suas circunstâncias bem específicas (atuação na guerra) admite prisão por infração disciplinar, sanção esta abolida mesmo para os militares estaduais (art. 18, VII do Decreto-Lei 667/69).

O dispositivo havia sido vetado, por alegação de violação ao princípio constitucional da publicidade previsto no art. 37 da Constituição, que norteia a atuação da Administração Pública e garante a prestação de contas da atuação pública à sociedade. Tal divulgação se mostra importante, por exemplo, na comunicação a respeito de determinadas ocorrências (especialmente sexuais ou que violam direitos de crianças e adolescentes), o que pode facilitar ou importar em resolução de crimes. Todavia, o veto foi derrubado pelo Congresso.

24.4. Bem Jurídico Tutelado

Como todo crime de abuso de autoridade, trata-se de crime pluriofensivo, existindo 2 bens jurídicos tutelados.

De forma imediata ou principal temos a proteção dos direitos e garantias fundamentais das pessoas físicas e jurídicas, nesse caso especificamente a intimidade e vida privada (art. 5º, X da CF).

O bem jurídico tutelado de maneira mediata ou secundária é a normalidade e a regularidade dos serviços públicos, isto é, o bom funcionamento do Estado.

24.5. Sujeito Ativo

No âmbito geral, o sujeito ativo do abuso de autoridade é o agente público, servidor ou não, da administração direta ou indireta de qualquer Poder (Executivo, Legislativo ou Judiciário) de qualquer ente federado (União, Estados, DF ou Municípios), no exercício de suas funções ou a pretexto de exercê-las (arts. 1º e 2º). Engloba todo aquele que exerce, ainda que transitoriamente ou sem remuneração, por eleição, nomeação, designação, contratação ou qualquer outra forma de investidura ou vínculo, mandato, cargo, emprego ou função (art. 2º, parágrafo único).

O particular pode cometer abuso de autoridade, desde que em concurso de pessoas com uma autoridade e ciente da sua condição funcional.

Trata-se de crime de próprio, no qual figura como sujeito ativo do referido tipo penal o *responsável pelas investigações* (penal ou extrapenal) que antecipa, por meio de comunicação, inclusive rede social, atribuição de culpa, antes de concluídas as apurações e formalizada a acusação. Em regra, portanto, o autor do delito é o delegado de polícia, promotor de justiça, parlamentar relator de CPI, relator de sindicância ou outro procedimento apuratório.

Se o responsável pela investigação de um caso emblemático, em conjunto com um repórter e com o Governador do Estado, anteciparem em uma coletiva, juízo de culpa em desfavor de um suspeito, podem todos se colocarem (mesmo que os outros não ostentem a característica de responsáveis pela investigação) em situação de coautoria criminosa (arts. 29 e 30 do CP).

Delegado de polícia e seus agentes

O legislador, ao mencionar a expressão *responsável pelas investigações*, não mirou apenas o delegado de polícia, mas todo aquele que é responsável por parte significativa das investigações policiais. Não fosse assim, um agente de polícia (que confecciona um relatório de uma diligência), bem como o perito criminal (que confecciona o laudo pericial), estariam totalmente livres para *anteciparem juízo de atribuição de culpa*.

Fosse intenção do legislador criminalizar apenas a conduta do *delegado* teria utilizado a expressão *presidente das investigações*, o que não foi o caso.

Membros e servidores do Ministério Público

Outros órgãos incumbidos da segurança e da persecução penal que se arvoram pelas sendas da investigação também se tornaram alvos do tipo penal incriminador.

A falta de permissão legal para que esses outros órgãos públicos conduzam investigações criminais não lhes garante amparo para poder divulgar resultados preliminares de investigações. A lacuna legal para que realizem a atuação investigatória não conduz a uma imunidade para divulgar o que se desejar. Na verdade, razão ainda maior para que estejam contemplados em tal norma incriminadora. Exemplo: ao membro do Ministério Público não cabe, pela lei, a condução de investigações, mas ainda assim o fazem com base em imperativo jurisprudencial (RE n. 593727/ STF).

Polícias ostensivas

Tal qual a investigação levada a cabo por membros do *Parquet*, as famigeradas *investigações* conduzidas pela Polícia Militar e pela Polícia Rodoviária

Federal acerca de fatos ilícitos praticados por civis não podem ser desconsideradas (a exemplo dos TCOs lavrados sem amparo em lei, sem olvidar da atuação de policiais velados – *P2*). Todas essas circunstâncias devem ser levadas em consideração para fazer incidir o referido tipo penal incriminador aos que se arvoram, ao arrepio da lei, na condição de *responsáveis pela investigação.*

24.6. Sujeito Passivo

O crime de abuso de autoridade tem dupla subjetividade passiva.

O sujeito passivo imediato ou principal é a pessoa física ou jurídica que sofre a conduta abusiva.

O sujeito passivo mediato ou secundário é o Estado (que também pode ser chamado de Administração Pública).

24.7. Conduta (Tipo Objetivo)

Presunção de inocência

Também chamado de princípio do estado de inocência ou presunção de não culpabilidade, o princípio da presunção de inocência está positivado na Constituição nos seguintes termos: *ninguém será considerado culpado até o trânsito em julgado de sentença penal condenatória* (art. 5º, LVII da CF). Em sentido semelhante, prescreve a Convenção Americana de Direitos Humanos: *toda pessoa acusada de delito tem direito a que se presuma sua inocência enquanto não se comprove legalmente sua culpa* (art. 8.1 da CADH).

Desse importante postulado derivam duas regras fundamentais (regra de tratamento e regra probatória), cuja análise pode ser explicada da seguinte forma.

Princípio da presunção de inocência	
Regra de tratamento	**Regra probatória**
a) a regra é o imputado responder à persecução penal em liberdade, sendo a prisão uma exceção (dever interno) b) o imputado deve ter sua dignidade preservada (notadamente imagem, honra e privacidade) contra a publicidade abusica e a estigmatização (dever externo)	a) a acusação tem a incumbência de demonstrar a culpa do acusado além de qualquer dúvida razoável, e não este de provar sua inocência (ônus da prova) b) havendo dúvida, deve ser interpretada em favor do réu (*in dubio pro reo)*

Nesse panorama, o dever externo que emerge da regra de tratamento impede a exploração midiática abusiva do criminoso, como se fosse um troféu a ser exibido de forma sensacionalista para a população.[1]

> Se é verdade que a Administração Pública está sujeita ao princípio da publicidade (CF, art. 37, *caput)*, também não é menos verdade que a observância irrestrita desse postulado não pode se dar ao arrepio de direitos e garantias individuais daquele indivíduo cuja presunção de inocência deve ser respeitada.[2]

Os agentes públicos que atuam na persecução penal devem, em regra, falar exclusivamente nos autos. Infelizmente, na prática, há muitos que estão mais preocupados em aparecer na mídia e usar a desgraça alheia como forma de autopromoção.

Núcleo do tipo

O crime engloba a conduta de *antecipar o responsável pelas investigações, por meio de comunicação, inclusive rede social, atribuição de culpa, antes de concluídas as apurações e formalizada a acusação.*

Antecipar tem o sentido de adiantar, anunciar previamente, predizer. A antecipação recai sobre *atribuição de culpa*, ou seja, indicação de alguém como responsável pela prática de infração.

O apontamento precipitado pode ser como autor ou partícipe, e abrange não apenas infração penal, como também administrativa e civil (pois o legislador não limitou a crime).

A atribuição de culpa deve se dar *antes de concluídas as apurações e formalizada a acusação*. Logo, se finalizada a investigação *e* ofertada a acusação (requisitos cumulativos), não há abuso de autoridade na entrevista do policial que afirma categoricamente que o suspeito é o responsável pelo delito.

Na seara penal, a conclusão da apuração se dá com o relatório do inquérito policial ou outro procedimento, e a formalização da acusação ocorre com o oferecimento da denúncia pelo Ministério Público ou queixa-crime pelo particular. Não exigiu o tipo penal o início do processo com o recebimento da peça acusatória.

---

1. VIEIRA, Ana Lúcia Menezes. *Processo penal e mídia*. São Paulo: Revista dos Tribunais, 2003, p. 156.
2. LIMA, Renato Brasileiro de. *Legislação criminal especial comentada*. Salvador: Juspodivm, 2020, p. 191.

A acusação antecipada deve ser feita *por meio de comunicação, inclusive rede social.* Inexiste delito se a atribuição de culpa se der por meio de conversa privada (pessoal ou por email ou aplicativo de mensagens). É preciso a utilização de meio de comunicação, geralmente a imprensa, a englobar televisão, rádio, jornal, revista e internet (*youtube*, redes sociais, etc).

Atribuir culpa, no âmbito criminal, significa afirmar com todas as letras que o investigado é culpado, a exemplo das expressões *Fulano é o autor do crime, Fulano é criminoso, Fulano é o responsável pelo delito, Fulano matou a vítima.* Não abarca expressões que manifestam a dúvida que ainda existe sobre o caso, como nas frases *Fulano parece ser o autor do crime, Fulano é suspeito de ter praticado o delito, até o momento as investigações indicam que Fulano matou a vítima, as provas colhidas até então apontam para a responsabilidade de Fulano.*

Em que pese a regra ser a manifestação das autoridades nos autos da investigação e do processo, nada impede o delegado de informar à imprensa o indiciamento do suspeito, e o promotor de justiça anunciar o oferecimento da denúncia, notadamente em casos de interesse público (e não de mera curiosidade pública). A razão de ser do tipo penal é evitar prejulgamentos, mas nunca evitar que dados objetivos sobre a investigação sejam fornecidos aos órgãos de imprensa. Destarte, é fato atípico a entrevista buscando proteger a segurança pública, para (a) facilitar a identificação do criminoso por outras vítimas (garantindo a efetividade da persecução penal para desvendar outras infrações penais) ou (b) prestar contas (*accountability*) e possibilitar o escrutínio público sobre a atuação dos órgãos de persecução criminal, notadamente quando se tratar de crimes graves ou cometidos por autoridades (possibilitando o direito à informação). O próprio Código Civil, quando veda a exposição da imagem da pessoa, ressalva a necessidade da administração da justiça ou à manutenção da ordem pública (art. 20 do CC).

Se a entrevista consistir em *apresentar* o preso à imprensa, exibindo seu corpo com uso de violência ou grave ameaça, incide o tipo penal do art. 13, I da Lei de Abuso de Autoridade.

24.8. Conflito Aparente de Leis Penais

Antecipação de culpa por meio de comunicação	Constrangimento de preso a exibição do corpo
art. 38 da Lei 13.869/19	art. 13, I da Lei 13.869/19
antecipar, atribuição de culpa antes de concluídas as apurações e formalizada a acusação	constranger a exibir-se ou ter seu corpo ou parte dele exibido à curiosidade pública

Antecipação de culpa por meio de comunicação	Constrangimento de preso a exibição do corpo
por meio de comunicação	mediante violência, grave ameaça ou redução de sua capacidade de resistência
vítima solto ou preso	vítima preso
pena de 6 meses a 2 anos, e multa	pena de 1 a 4 anos, e multa, sem prejuízo da pena cominada à violência

24.9. Elemento Subjetivo (Tipo Subjetivo)

O elemento subjetivo geral no abuso de autoridade é o dolo. Não há abuso de autoridade culposo. Mas não basta o dolo de praticar a conduta típica de abuso, sendo preciso o *animus abutendi*. O agente público deve agir com a finalidade específica (elemento subjetivo especial) de, alternativamente (art. 1º, §1º): (a) prejudicar outrem; (b) beneficiar a si mesmo ou a terceiro; (c) por mero capricho; (d) por satisfação pessoal.

Claro que a presunção é de que o agente atua com boa-fé, cabendo a quem alega má-fé comprová-la com elementos concretos e não meras suposições. Portanto, não comete abuso de autoridade o agente que errar ou atuar com desídia.

Se a intenção do agente é subtrair ou inutilizar o processo, confiado à sua custódia, o crime é do artigo 337 do Código Penal (subtração ou inutilização de livro ou documento).

Grife-se ainda que a divergência na interpretação de lei ou na avaliação de fatos e provas não configura abuso de autoridade (art. 1º, §2º), vedando-se crime de hermenêutica.

24.10. Consumação e Tentativa

O delito se consuma no instante em que a atribuição de culpa é veiculada nos meios de comunicação pelo responsável pelas investigações, mesmo que não cause dados efetivos à imagem do indivíduo.

Admite-se a tentativa, se a conduta for realizada na forma escrita.

24.11. Ação Penal, procedimento e competência

A ação penal é pública incondicionada, cabendo ação penal privada subsidiária da pública em caso de omissão do *parquet* (art. 3º), que deve ser manejada no prazo decadencial de 6 meses.

Trata-se de infração de menor potencial ofensivo (pena máxima de 2 anos), incidindo o procedimento sumaríssimo do Juizado Especial Criminal e todas as medidas despenalizadoras da Lei 9.099/95. Não se aplica a defesa preliminar decorrente do procedimento especial de funcionário público (arts. 513 a 518 do CPP).

Não se admite o acordo de não persecução penal, porquanto cabível a transação penal (art. 28-A, § 2º, I do CPP). Considerando que a pena mínima é de 6 meses, admite-se a suspensão condicional do processo (art. 89 da Lei 9.099/95).

A competência para o processo e julgamento é do Juizado Especial Criminal Estadual, a menos que esteja presente alguma das hipóteses do art. 109 da CF, quando a competência será do Juizado Especial Criminal Federal. Havendo conexão ou continência entre crime estadual e federal, prevalece a Justiça Federal.[3]

24.12. Modelo de Peça Policial

DECISÃO DE INDICIAMENTO

A Polícia Judiciária, por intermédio do delegado de polícia que ao final subscreve, no uso das atribuições conferidas pelo art. 144 da Constituição Federal e dos dispositivos do Código de Processo Penal, Lei 12.830/13 e demais diplomas legais correlatos, profere a seguinte decisão de indiciamento.

O presente procedimento policial apura a infração penal de crime, em tese praticada pelo suspeito nome contra a vítima nome.

Colhidos os elementos de convicção atinentes à investigação, vieram os autos conclusos para decisão acerca do indiciamento.

Sobre o indiciamento, explica a doutrina que "é o ato-produto decorrente do procedimento de atribuição exclusiva da autoridade de Polícia Judiciária (delegado de polícia), consistente na atribuição da autoria do delito à pessoa investigada, com descrição da materialidade e de suas circunstâncias. (...) O ato de indiciamento é inerente ao poder discricionário do delegado de polícia, dentro do espaço de conformação de sua atribuição na condução do inquérito policial" (TÁVORA, Nestor; ALENCAR, Rosmar Rodrigues. Curso de direito processual penal. Salvador: Juspodivm, 2014, p. 147-149).

---

3. Súmula 122 do STJ: Compete à Justiça Federal o processo e julgamento unificado dos crimes conexos de competência federal e estadual, não se aplicando a regra do art. 78, II, a, do Código de Processo Penal.

Essa decisão da autoridade policial retrata a transição do juízo de possibilidade para probabilidade, quando se evolui do juízo de possibilidade (indícios mínimos) para o juízo de probabilidade (indícios suficientes).

Para o indiciamento basta a existência de um lastro probatório mínimo (LIMA, Renato Brasileiro de. Manual de processo penal. Salvador: Juspodivm, 2015, p. 581). Assim, muito embora em grande parte das vezes a Polícia Judiciária reúna provas (diretas ou indiretas) de autoria e materialidade delitivas, é suficiente para a imputação nessa primeira fase da persecução penal a colheita de indícios (provas semiplenas ou elementos informativos) de cognição vertical não exauriente.

Pois bem. Durante a instrução, ficaram demonstradas a materialidade e a autoria delitivas, bem como suas circunstâncias.

A testemunha / o condutor nome narrou que relato.

A testemunha nome informou que relato.

A vítima nome asseverou que relato.

O suspeito nome permaneceu em silêncio / não foi inquirido em razão da ausência de seu advogado constituído / negou o crime / confessou o crime.

Com o boletim de ocorrência / oitiva dos envolvidos / laudo pericial ocorreu a confirmação da materialidade do crime.

Nesse panorama, os elementos de convicção colhidos evidenciaram a materialidade e a autoria delitivas no sentido de que o suspeito nome, ao conduta praticada contra a vítima nome, incorreu na infração penal de crime.

Destarte, no exercício das funções de natureza jurídica, essenciais e exclusivas de Estado (art. 2º, *caput* da Lei 12.830/13), com fulcro em análise técnico-jurídica do fato na condução da investigação policial (art. 2º, §6º da Lei de Investigação Criminal), **indicio** Nome

Determino a comunicação ao Instituto de Identificação e a juntada de folha de antecedentes, constando a vida pregressa no próprio interrogatório.

Local, data

Nome

Delegado de Polícia

Capítulo 25

Crimes Vetados

25.1. Prisão ou busca e apreensão ilegal

Tipo penal vetado	Art. 11. Executar a captura, prisão ou busca e apreensão de pessoa que não esteja em situação de flagrante delito ou sem ordem escrita de autoridade judiciária, salvo nos casos de transgressão militar ou crime propriamente militar, definidos em lei, ou de condenado ou internado fugitivo.
Motivo	Gera insegurança jurídica, notadamente aos agentes da segurança pública, tendo em vista que há situações que a flagrância pode se alongar no tempo e depende de análise do caso concreto. Ademais, a propositura viola o princípio da proporcionalidade entre o tipo penal descrito e a pena cominada.

25.2. Registro indevido de preso

Tipo penal vetado	Art. 14. Fotografar ou filmar, permitir que fotografem ou filmem, divulgar ou publicar fotografia ou filmagem de preso, internado, investigado, indiciado ou vítima, sem seu consentimento ou com autorização obtida mediante constrangimento ilegal, com o intuito de expor a pessoa a vexame ou execração pública.
Motivo	Gera insegurança jurídica por se tratar de tipo penal aberto e que comporta interpretação, notadamente aos agentes da segurança pública, tendo em vista que não se mostra possível o controle absoluto sobre a captação de imagens de indiciados, presos e detentos e sua divulgação ao público por parte de particulares ou mesma da imprensa, cuja responsabilidade criminal recairia sobre os agentes públicos. Por fim, o registro e a captação da imagem do preso, internado, investigado ou indiciado poderá servir no caso concreto ao interesse da própria persecução criminal, o que restaria prejudicado se subsistisse o dispositivo.

25.3. Uso ilegal de algemas

Tipo penal vetado	Art. 17. Submeter o preso, internado ou apreendido ao uso de algemas ou de qualquer outro objeto que lhe restrinja o movimento dos membros, quando manifestamente não houver resistência à prisão, internação ou apreensão, ameaça de fuga ou risco à integridade física do próprio preso, internado ou apreendido, da autoridade ou de terceiro.
Motivo	Gera insegurança jurídica por encerrar tipo penal aberto e que comporta interpretação. Ademais, há ofensa ao princípio da intervenção mínima, para o qual o Direito Penal só deve ser aplicado quando estritamente necessário, além do fato de que o uso de algemas já se encontra devidamente tratado pelo Supremo Tribunal Federal, nos termos da Súmula Vinculante nº 11, que estabelece parâmetros e a eventual responsabilização do agente público que o descumprir.

25.4. Busca e apreensão ostensiva ou desproporcional

Tipo penal vetado	Art. 22, §1º, II. Executa mandado de busca e apreensão em imóvel alheio ou suas dependências, mobilizando veículos, pessoal ou armamento de forma ostensiva e desproporcional, ou de qualquer modo extrapolando os limites da autorização judicial, para expor o investigado a situação de vexame.
Motivo	Gera insegurança jurídica por encerrar tipo penal aberto e que comporta interpretação. Além disso, em operações policiais, o planejamento da logística de bens e pessoas competem às autoridades da segurança publica.

25.5. Flagrante preparado

Tipo penal vetado	Art. 26. Induzir ou instigar pessoa a praticar infração penal com o fim de capturá-la em flagrante delito, fora das hipóteses previstas em lei.
Motivo	Gera insegurança jurídica por indeterminação do tipo penal, e por ofensa ao princípio da intervenção mínima, para o qual o Direito Penal só deve ser aplicado quando estritamente necessário, tendo em vista que a criminalização da conduta pode afetar negatividade a atividade investigativa, ante a potencial incerteza de caracterização da conduta prevista no art. 26, pois não raras são as vezes que a constatação da espécie de flagrante, dada a natureza e circunstâncias do ilícito praticado, só é possível quando da análise do caso propriamente dito, conforme se pode inferir da jurisprudência do Supremo Tribunal Federal (v.g. HC 105.929, Rel. Min. Gilmar Mendes, 2ª T. j. 24/05/2011).

25.6. Omissão de informação

Tipo penal vetado	Art. 29, parágrafo único. Incorre na mesma pena quem, com igual finalidade, omite dado ou informação sobre fato juridicamente relevante e não sigiloso.
Motivo	Gera insegurança jurídica por encerrar tipo penal aberto e que comporta interpretação. Além disso, pode vir a conflitar com a Lei nº 12.527, de 2011, (Lei de Acesso à Informação), tendo em vista que pode conduzir ao entendimento pela possibilidade de divulgação de informações de caráter pessoal, as quais nem sempre são sigilosas, mas são protegidas por aquele normativo.

25.7. Omissão de correção de erro

Tipo penal vetado	Art. 34. Deixar de corrigir, de ofício ou mediante provocação, com competência para fazê-lo, erro relevante que sabe existir em processo ou procedimento.
Motivo	Gera insegurança jurídica por encerrar tipo penal aberto e que comporta interpretação. Ademais, o dispositivo proposto contraria o interesse público ao disciplinar hipótese análoga ao crime de prevaricação, já previsto no art. 319 do Código Penal, ao qual é cominado pena de três meses a um ano, e multa, em ofensa ao inciso III do art. 7º da Lei Complementar nº 95 de 1998, que dispõe sobre a elaboração, a redação, a alteração e a consolidação das leis, em razão do inadequado tratamento do mesmo assunto em mais de um diploma legislativo.

25.8. Frustração de reunião

Tipo penal vetado	Art. 35. Coibir, dificultar ou impedir, por qualquer meio, sem justa causa, a reunião, a associação ou o agrupamento pacífico de pessoas para fim legítimo.
Motivo	Gera insegurança jurídica, tendo em vista a generalidade do dispositivo, que já encontra proteção no art. 5º, XVI, da Constituição da República, e que não se traduz em uma salvaguarda ilimitada do seu exercício, nos termos da jurisprudência do Supremo Tribunal Federal, cujo entendimento é no sentido de que o direito à liberdade de se reunir não se confunde com incitação à prática de delito nem se identifica com apologia de fato criminoso.

PARTE ESPECIAL

CRIMES DA LEI DE INTERCEPTAÇÃO TELEFÔNICA E ESTATUTO DA OAB

Capítulo 1

Interceptação telefônica ilegal

1.1. Dispositivo legal

Figura simples	Lei 9.296/96, Art. 10. Constitui crime realizar interceptação de comunicações telefônicas, de informática ou telemática, promover escuta ambiental ou quebrar segredo da Justiça, sem autorização judicial ou com objetivos não autorizados em lei: Pena - reclusão, de 2 (dois) a 4 (quatro) anos, e multa.
Figura equiparada	Parágrafo único. Incorre na mesma pena a autoridade judicial que determina a execução de conduta prevista no caput deste artigo com objetivo não autorizado em lei.

1.2. Classificação

Crime de interceptação ilegal	
crime próprio	crime material
crime unissubjetivo	crime de dano
crime de forma livre	crime comissivo
crime de médio potencial ofensivo	

1.3. Bem Jurídico Tutelado

Tutela-se o sigilo das comunicações (art. 5º, XII da CF) e o bom funcionamento da Administração da Justiça.

1.4. Sujeito Ativo

Art. 10, ***caput*****:** Trata-se de crime comum, porquanto não requer qualquer atributo pessoal por parte do autor do fato, nem mesmo ser agente público. A lei de abuso de autoridade alterou dispositivo de outras leis, o que não os tornou necessariamente crimes próprios, ou seja, dependentes de uma característica especial do agente. Afinal, qualquer pessoa pode realizar interceptação telefônica, informática, telemática, escuta ambiental sem autorização judicial.

Art. 10, parágrafo único: A figura equiparada constitui crime de mão própria, pois somente o magistrado pode praticar o delito.

1.5. Sujeito Passivo

O crime tem como sujeito passivo a pessoa que tem a comunicação violada ou a Administração da Justiça que tem o segredo quebrado indevidamente.

1.6. Conduta (Tipo Objetivo)

A lei pune a conduta de *realizar interceptação de comunicações telefônicas, de informática ou telemática, promover escuta ambiental ou quebrar segredo da Justiça, sem autorização judicial ou com objetivos não autorizados em lei.*

Como se sabe, a captação de conversa telefônica (por telefone) ou ambiental (pessoalmente) pode se dar basicamente de 3 modos: a) interceptação (por terceiro, sem o conhecimento dos interlocutores); b) escuta (por terceiro, com conhecimento de um dos interlocutores); ou c) gravação (por um dos interlocutores sem o conhecimento do outro).

A legislação submete esse meio de obtenção de prova à reserva de jurisdição, o que significa dizer que se exige prévia autorização judicial:

> CF, Art. 5º, XII. É inviolável o sigilo da correspondência e das comunicações telegráficas, de dados e das comunicações telefônicas, salvo, no último caso, por ordem judicial, nas hipóteses e na forma que a lei estabelecer para fins de investigação criminal ou instrução processual penal.
>
> Lei 9.296/96, Art. 1º A interceptação de comunicações telefônicas, de qualquer natureza, para prova em investigação criminal e em instrução processual penal, observará o disposto nesta Lei e dependerá de ordem do juiz competente da ação principal, sob segredo de justiça.

> Art. 8º-A. Para investigação ou instrução criminal, poderá ser autorizada pelo juiz, a requerimento da autoridade policial ou do Ministério Público, a captação ambiental de sinais eletromagnéticos, ópticos ou acústicos (...)
>
> § 5º Aplicam-se subsidiariamente à captação ambiental as regras previstas na legislação específica para a interceptação telefônica e telemática.

Realizar tem o significado de executar, efetivar. O que se concretiza é a interceptação de comunicações telefônicas, de informática ou telemática. A conduta pode se dar sem autorização judicial, ou com ordem judicial mas objetivos não autorizados em lei (ex: apurar infidelidade ou disputa política). No último caso, o juiz também responde criminalmente, embora pela figura equiparada do parágrafo único do art. 10. Cabe grifar que se a interceptação telefônica foi inicialmente autorizada judicialmente por 15 dias, mas não teve o prazo renovado, a continuidade da diligência é considerada interceptação sem ordem judicial, afinal, a autorização judicial é temporária e não eterna.

Em que pese o legislador ter falado em *interceptação de comunicações telefônicas, de informática ou telemática,* a expressão abrange a escuta, até porque delito está inserido na Lei 9.296/96, diploma legal que engloba não apenas a interceptação em sentido estrito (captação da conversa por terceiro sem consentimento dos interlocutores), mas também a escuta (captação da conversa por terceiro com consentimento de um dos interlocutores).[1]

Quebrar segredo de justiça nada mais é do que divulgar a terceiro o conteúdo sigiloso desses meios de obtenção de prova. Se a publicidade indevida for realizada por agente público, que divulga gravação ou trecho de gravação sem relação com a prova, ocorre o crime de abuso de autoridade do art. 28 da Lei 13.869/19.

Quanto à conduta de *promover a escuta ambiental sem autorização judicial,* o dispositivo foi derrogado pelo art. 10-A da Lei de Interceptação Telefônica (inserido pela Lei 13.964/19), que pune a mesma conduta de realizar captação ambiental de sinais eletromagnéticos, ópticos ou acústicos para investigação ou instrução criminal sem autorização judicial, quando esta for exigida. Já em relação ao comportamento de *promover a escuta ambiental com objetivos não autorizados em lei,* permanece criminalizado pelo art. 10 da Lei 9.296/96.

1. STF, HC 79.512 Rel. Min. Sepúlveda Pertence, DJ 16/12/1999.

A figura equiparada pune *a autoridade judicial que determina a execução de conduta prevista no caput deste artigo com objetivo não autorizado em lei.* Aqui o sujeito ativo é apenas o magistrado, que *determina* (ordena, decreta) a interceptação telefônica ou ambiental com objetivo não autorizado em lei. Seria o caso de o juiz decretar a interceptação telefônica no bojo de ação trabalhista (fim diverso de *investigação criminal ou instrução processual penal),* por exemplo.

Se a autoridade judicial quebrar segredo da Justiça com objetivos não autorizados em lei, incide na figura simples do *caput* do art. 10.

1.7. Interceptação ambiental ilegal

Após a edição da Lei de Abuso de Autoridade, a Lei de Interceptação Telefônica teve inserido mais um crime pela Lei 13.964/19, a saber, de captação ambiental ilegal.

> Art. 10-A. Realizar captação ambiental de sinais eletromagnéticos, ópticos ou acústicos para investigação ou instrução criminal sem autorização judicial, quando esta for exigida:
>
> Pena - reclusão, de 2 (dois) a 4 (quatro) anos, e multa.
>
> § 1º Não há crime se a captação é realizada por um dos interlocutores.
>
> § 2º A pena será aplicada em dobro ao funcionário público que descumprir determinação de sigilo das investigações que envolvam a captação ambiental ou revelar o conteúdo das gravações enquanto mantido o sigilo judicial.

Interessante notar que o tipo penal abrange a captação ambiental sem autorização judicial, não incidindo quando a captação ambiental se der *com objetivo não autorizado em lei* (nesse caso configura-se o crime do art. 10 da Lei 9.296/96).

Crime do art. 10 da Lei 9.296/96	Crime do art. 10, parágrafo único da Lei 9.296/96	Crime do art. 10-A da Lei 9.296/96
- interceptação telefônica sem autorização judicial - interceptação telefônica com objetivos não autorizados em lei - interceptação ambiental com objetivos não autorizados em lei	- juiz que determina interceptação telefônica com objetivos não autorizados em lei	- interceptação ambiental sem autorização judicial

Não se pode esquecer que enquanto a divulgação de captação ambiental é criminalizada pelo art. 10-A, §2º da Lei 9.296/96, o art. 28 da Lei 13.869/19 engloba a publicização da captação telefônica, acarretando uma desproporcionalidade nas penas cominadas.

Crime do art. 10-A, §2º da Lei 9.296/96	Crime do art. 28 da Lei 13.869/19
- agente público revelar o conteúdo de interceptação ambiental	- agente público revelar o conteúdo de interceptação telefônica
pena de 4 a 8 anos, e multa	pena de 1 a 4 anos, e multa

Em adição, enquanto o crime do art. 10-A fala em *captação ambiental*, o delito do art. 10 menciona *escuta ambiental*. Acredita-se que ambas as expressões tenham sido utilizadas pelo legislador como sinônimas, até porque os crimes estão inseridos na Lei 9.296/96, diploma legal que abrange não apenas a interceptação em sentido estrito (captação da conversa por terceiro sem consentimento dos interlocutores), mas também a escuta (captação da conversa por terceiro com consentimento de um dos interlocutores).[2]

O tipo penal deve ser interpretado com prudência. Não abrange a colocação de câmeras de segurança em ambientes públicos pelo Estado, ou pelo responsável do respectivo estabelecimento comercial ou residência. O que o crime deseja punir é a violação indevida de conversa reservada, quando existe expectativa de privacidade, o que não é o caso do registro audiovisual de cidadãos em via pública ou imóvel alheio.[3]

O dispositivo prevê ainda que *não há crime se a captação é realizada por um dos interlocutores*, ou seja, considera fato atípico a gravação ambiental sem autorização judicial (art. 8º-A da Lei de Interceptação Telefônica).

A jurisprudência já analisou as seguintes situações de licitude da gravação ambiental sem ordem judicial (gravação clandestina): a) prova *pro reo* – para o suspeito se defender e provar sua inocência; b) prova em legítima defesa – para a vítima proteger seu bem jurídico ofendido ou colocado em risco; c) prova em autoincriminação consentida – investigado produzindo prova contra si mediante consentimento não forçado, e desde que advertido do seu direito a não se autoincriminar e a prova não incrimine terceiro quanto a fato incindível praticado por ambos.

2. STF, HC 80.949, Rel. Min. Sepúlveda Pertence, DJ 30/10/2001.
3. LIMA, Renato Brasileiro de. *Legislação criminal especial comentada*. Salvador: Juspodivm, 2020, p. 558.

Nessa esteira, existem precedentes dos Tribunais Superiores para gravação ambiental em legítima defesa,[4] ou em autoincriminação consentida,[5] bem como de gravação telefônica em legítima defesa[6] ou *pro reo.*[7] Vale lembrar que está protegida não apenas a legítima defesa própria, mas também de terceiro.[8] E que também pode ser lícita não só a gravação (feita pelo próprio interlocutor), mas também a escuta (feita por terceira pessoa com consentimento de um dos interlocutores), como no caso da escuta telefônica em legítima defesa.[9]

Captação de comunicação sem autorização judicial como prova lícita		
Espécie de comunicação	**Forma de captação da conversa**	**Hipóteses excepcionais**
- telefônica - ambiental	- gravação (feita por um dos interlocutores) - escuta (feita por terceira pessoa com consentimento de um dos interlocutores)	- legítima defesa - *pro reo* - autoincriminação consentida

Diferentemente do que sustentam alguns, é lícita a captação sub-reptícia da comunicação ainda que haja hipótese legal de sigilo profissional, se presente exceção que justifique a providência. Com efeito, são lícitas a gravação de diálogo com psicólogo quando o paciente for avisado que a conversa está sendo gravada e mesmo assim resolver confessar,[10] ou a conversa com advogado quando o causídico for suspeito da prática de crime.[11]

Por fim, curioso notar a qualificadora (pena em dobro) para funcionário público, que descumprir determinação de sigilo das investigações que envolvam a captação ambiental ou revelar o conteúdo das gravações enquanto mantido o sigilo judicial.

4. STF, RE 583.937 QO-RG, Rel. Min. Cezar Peluso, DJ 19/11/2009; STJ, REsp 1.113.734, Rel. Min. Og Fernandes, DJ 28/09/2010.
5. STF, HC 80.949, Rel. Min. Sepúlveda Pertence, DJ 30/10/2001.
6. STF, HC 75.338, Rel. Min. Nelson Jobim, DJ 11/03/1998.
7. STF, RE 402.717, Rel. Min. Cezar Peluso, DJ 02/12/2008.
8. STJ, HC 210.498, Rel. Min. Marco Aurelio Bellizze, DJ 14/02/2012.
9. STF, HC 74.678, Rel. Min. Moreira Alves, DJ 10/06/1997; STJ, REsp 1.026.605, Rel. Min. Rogério Schietti Cruz, DJ 13/05/2014.
10. STJ, RHC 31.356, Rel. Min. Maria Thereza de Assis Moura, DJ 11/03/2014.
11. STJ, RHC 48.397, Rel. Min. Nefi Cordeiro, DJ 06/10/2016.

1.8. Conflito Aparente de Leis Penais

Divulgação ilegal de gravação telefônica	Divulgação ilegal de gravação ambiental	Interceptação telefônica ilícita	Interceptação ambiental ilícita
art. 28 da Lei 13.869/19	art. 10-A, §2º da Lei 9.296/96	art. 10 da Lei 9.296/96	art. 10-A da Lei 9.296/96
divulgar gravação ou trecho de gravação sem relação com a prova	revelar o conteúdo das gravações	realizar interceptação telefônica sem autorização judicial	realizar captação ambiental sem autorização judicial
sujeito ativo agente público	sujeito ativo agente público	sujeito ativo qualquer pessoa	sujeito ativo qualquer pessoa
pena de 1 a 4 anos, e multa	Conforme § 2º A pena será aplicada em dobro ao funcionário público que descumprir determinação de sigilo das investigações que envolvam a captação ambiental ou revelar o conteúdo das gravações enquanto mantido o sigilo judicial. Favor verificar.	pena de 2 a 4 anos, e multa	pena de 2 a 4 anos, e multa

1.9. Elemento Subjetivo (Tipo Subjetivo)

O elemento subjetivo geral é o dolo. Não há modalidade culposa. Não há elemento subjetivo especial.

1.10. Consumação e Tentativa

Nos verbos realizar ou promover, a consumação se dá no exato instante em que é realizada a interceptação ou escuta das comunicações telefônicas e telemáticas ou ambiental. No verbo quebrar, o delito se aperfeiçoa quando o conteúdo sigiloso é divulgado a terceiro.

Admite-se a tentativa, pois o crime é plurissubsistente.

1.11. Ação Penal, procedimento e competência

A ação penal é pública incondicionada, cabendo ação penal privada subsidiária da pública em caso de omissão do *parquet* (art. 3º), que deve ser manejada no prazo decadencial de 6 meses.

Trata-se de infração de médio potencial ofensivo (pena máxima de 4 anos), o que faz incidir o procedimento comum ordinário (arts. 394 a 405 do CPP). Isso quer dizer que cabe a prisão em flagrante (não bastando a indicação da conduta típica, sendo imprescindível a demonstração inequívoca do elemento subjetivo), com consequente instauração de inquérito policial.

Considerando que a pena mínima é de 1 ano, admite-se o acordo de não persecução penal (art. 28-A do CPP), ou caso não proposto a suspensão condicional do processo (art. 89 da Lei 9.099/95).

A competência para o processo e julgamento é da Justiça Estadual, a menos que presente alguma das hipóteses do art. 109 da CF, quando a competência será da Justiça Federal. Havendo conexão ou continência entre crime estadual e federal, prevalece a Justiça Federal.[12]

---

12. Súmula 122 do STJ: Compete à Justiça Federal o processo e julgamento unificado dos crimes conexos de competência federal e estadual, não se aplicando a regra do art. 78, II, a, do Código de Processo Penal.

Capítulo 2

Violação de prerrogativa de advogado

2.1. Dispositivo legal

Figura simples	Art. 7º-B Constitui crime violar direito ou prerrogativa de advogado previstos nos incisos II, III, IV e V do caput do art. 7º desta Lei: Pena – detenção, de 3 (três) meses a 1 (um) ano, e multa. Art. 7º. (...) II – a inviolabilidade de seu escritório ou local de trabalho, bem como de seus instrumentos de trabalho, de sua correspondência escrita, eletrônica, telefônica e telemática, desde que relativas ao exercício da advocacia; III - comunicar-se com seus clientes, pessoal e reservadamente, mesmo sem procuração, quando estes se acharem presos, detidos ou recolhidos em estabelecimentos civis ou militares, ainda que considerados incomunicáveis; IV - ter a presença de representante da OAB, quando preso em flagrante, por motivo ligado ao exercício da advocacia, para lavratura do auto respectivo, sob pena de nulidade e, nos demais casos, a comunicação expressa à seccional da OAB; V - não ser recolhido preso, antes de sentença transitada em julgado, senão em sala de Estado Maior, com instalações e comodidades condignas, assim reconhecidas pela OAB, e, na sua falta, em prisão domiciliar;

2.2. Classificação

Crime de violação de prerrogativa de advogado	
crime comum	crime material
crime unissubjetivo	crime de dano
crime de forma livre	crime comissivo (regra) ou omissivo (exceção)
crime de menor potencial ofensivo	

2.3. Constitucionalidade e veto derrubado

O dispositivo havia sido vetado por gerar insegurança jurídica, já que criminaliza condutas reputadas legítimas pelo ordenamento jurídico. Ressalta-se que as prerrogativas de advogados não geram imunidade absoluta, a exemplo do direito à inviolabilidade do escritório de advocacia e a própria Lei nº 8.906, de 1994, com redação dada pela Lei nº 11.767, de 2008, que permite a limitação desse direito quando o próprio advogado seja suspeito da prática de crime, notadamente concebido e consumado no âmbito desse local de trabalho, sob pretexto de exercício da profissão, conforme entendimento do Supremo Tribunal Federal. Todavia, o veto foi derrubado pelo Congresso.

2.4. Bem Jurídico Tutelado

Trata-se de crime pluriofensivo, existindo 2 bens jurídicos tutelados.

De forma imediata ou principal temos a proteção dos direitos e garantias fundamentais das pessoas físicas e jurídicas, nesse caso especificamente as prerrogativas dos advogados (art. 133 da CF).

O bem jurídico tutelado de maneira mediata ou secundária é a normalidade e a regularidade dos serviços públicos, isto é, o bom funcionamento do Estado.

2.5. Sujeito Ativo

Trata-se de crime comum, podendo ser praticado por qualquer pessoa, embora seja mais comum a sua prática por agentes públicos incumbidos da segurança pública, persecução penal e o recolhimento prisional.

2.6. Sujeito Passivo

O crime de abuso de autoridade tem dupla subjetividade passiva.

O sujeito passivo imediato ou principal é a pessoa física (advogado e seus clientes que têm as suas informações violadas) que sofre a conduta abusiva.

O sujeito passivo mediato ou secundário é o Estado (que também pode ser chamado de Administração Pública).

2.7. Conduta (Tipo Objetivo)

Prerrogativas do advogado

A existência de certas prerrogativas para a profissão do advogado tem razão de ser. A imunidade profissional é indispensável para que o advogado possa exercer condigna e amplamente seu *múnus* público.

A advocacia é atividade tão relevante que o próprio constituinte a destaca como função essencial à Justiça (art. 133 da CF), reconhecendo o legislador ordinário que no seu ministério privado, o advogado presta serviço público e exerce função social (art. 2º, §1º da Lei 8.906/94).

Evidentemente, o advogado só faz jus às prerrogativas se estiver no livre exercício da profissão, o que não ocorre se estiver suspenso dos quadros da OAB.[1]

Núcleos do tipo

O tipo penal criminalizou a conduta de *violar direito ou prerrogativa de advogado previstos nos incisos II, III, IV e V do caput do art. 7º* do Estatuto da OAB.

Cuida-se de norma penal em branco, uma vez que o tipo penal exige complemento, sendo homogênea (outra norma emana do Legislativo) e homovitelina (mesmo diploma legal). São essas as prerrogativas protegidas criminalmente pela Lei 8.906/94:

> Art. 7º. (...)
>
> II – a inviolabilidade de seu escritório ou local de trabalho, bem como de seus instrumentos de trabalho, de sua correspondência escrita, eletrônica, telefônica e telemática, desde que relativas ao exercício da advocacia;
>
> III - comunicar-se com seus clientes, pessoal e reservadamente, mesmo sem procuração, quando estes se acharem presos, detidos ou recolhidos em estabelecimentos civis ou militares, ainda que considerados incomunicáveis;

1. STJ, HC 368.393 Rel. Min. Maria Thereza de Assis Moura, DJ 20/09/2016.

IV - ter a presença de representante da OAB, quando preso em flagrante, por motivo ligado ao exercício da advocacia, para lavratura do auto respectivo, sob pena de nulidade e, nos demais casos, a comunicação expressa à seccional da OAB;

V - não ser recolhido preso, antes de sentença transitada em julgado, senão em sala de Estado Maior, com instalações e comodidades condignas, assim reconhecidas pela OAB, e, na sua falta, em prisão domiciliar;

Violação de escritório de advocacia

É crime violar o escritório ou local de trabalho do advogado, bem como seus instrumentos de trabalho, sua correspondência escrita, eletrônica, telefônica e telemática, desde que relativas ao exercício da advocacia (art. 7º-B c/c art. 7º, II do Estatuto da OAB).

A confidencialidade entre o cliente e o advogado não teria sentido algum se a garantia de segredo não abrangesse o local onde o causídico exerce sua profissão e guarda documentos e arquivos sigilosos. No escritório de um advogado, perturbadoras confissões são feitas, e a defesa se realiza com mais eficiência se o advogado tiver contato com a verdade. Ademais, a confiança é essencial na relação do advogado com seu cliente e se materializa por meio do segredo.[2] Nesse diapasão, a entrada no domicílio, sempre excepcional, merece maior cuidado quando se tratar de escritório de advocacia.

A área interna do escritório de advocacia é considerada casa para fins penais e processuais penais, assim como todo estabelecimento profissional não aberto ao público. A diferença em relação aos demais escritórios profissionais é que existe regramento específico no Estatuto da OAB, estabelecendo condições adicionais para o cumprimento da busca e apreensão domiciliar (art. 7º, §§6º e 7º da Lei 8.906/94), que se somam àqueles do CPP (arts. 240 a 250).

Fundamental sublinhar que a prática de atos inerentes ao exercício regular da atividade profissional não é suficiente para fundamentar a postulação pela expedição de mandado de busca e apreensão em escritório de advocacia. A violação do escritório só é possível com a presença de indícios de autoria e materialidade da prática de crime por parte do próprio advogado, e não de seus clientes. Nota-se que a varredura do escritório somente se justifica

2. ALMEIDA, José Raul Gavião de; FERNANDES, Antonio Scarance; MORAES, Maurício Zanoide de. *Sigilo no processo penal: eficiência e garantismo.* São Paulo: Revista dos Tribunais, 2008. p. 182.

a partir do momento em que o causídico extrapolar o mero exercício da defesa técnica para descambar em atitudes criminosas.

O mandado de busca e apreensão deve ser específico e pormenorizado. Precisa ser cumprido na presença de representante da OAB. A lei não exigiu a comunicação prévia à OAB, sendo suficiente que, no momento de início da diligência, seja comunicada a OAB para que indique representante para acompanhar a medida, com a urgência que o caso requer. Eventual atraso na chegada do representante não tem o condão de impedir a realização da diligência. De igual maneira, ausência de indicação do representante não obsta a busca e apreensão.[3] Em comarcas grandes, onde existam inúmeros escritórios de advocacia, a comunicação antecipada não trará prejuízo desde que não especifique o local, permitindo que a OAB deixe um representante de prontidão para comparecer ao escritório assim que informado no início da medida, providência que agiliza a presença de advogado no local sem retirar a eficácia da diligência.

É vedada, em qualquer hipótese, a apreensão dos documentos, das mídias e dos objetos pertencentes a clientes do advogado averiguado, bem como dos demais instrumentos de trabalho que contenham informações sobre clientes. Contudo, podem ser apreendidos os objetos dos clientes que estejam sendo formalmente investigados como partícipes ou coautores do advogado pela prática do crime que deu causa à quebra da inviolabilidade.

Tampouco é permitida a apreensão de documento em poder do próprio defensor, salvo quando constituir elemento do corpo de delito (art. 243, §2º do CPP). Fazendo uma leitura *a contrario sensu,* é permitida a apreensão de documento em poder do causídico que constitua elemento do corpo de delito, e objetos pertencentes a seus clientes também investigados pelo crime que deu causa à quebra da inviolabilidade.

Quanto ao achado acidental de provas em escritório de advocacia, os elementos serão válidos apenas se referentes ao advogado ou cliente investigado em concurso com o causídico. Se disserem respeito a clientes não investigados, as provas serão ilícitas, não se aplicando excepcionalmente a serendipidade em razão da proteção especial pelo sigilo profissional do advogado, corolário do direito de defesa.[4] Em respeito ao papel essencial que desempenha para a administração da justiça e à confiança depositada pelos clientes, tais elementos

3. STF, ADI 1.127, Rel. Min. Marco Aurélio, DJ 17/05/2006.
4. LIMA, Renato Brasileiro de. *Manual de processo penal*. Salvador: Juspodivm, 2015, p. 623.

probatórios, fugindo à regra comum, não servirão sequer como notícia de crime para outra investigação. Trata-se do entendimento dos Tribunais Superiores.[5]

A doutrina faz uma ressalva:

> Todas as coisas guardadas pelos clientes nos escritórios de seus advogados devem ser de posse e uso lícito, ou seja, ilustrando, não teria o menor cabimento o traficante depositar a droga no escritório de seu defensor, o mesmo podendo fazer o receptador, no tocante aos objetos adquiridos criminosamente e, muito menos, por absurdo que possa parecer, ocultar um cadáver nesses lugares. Todo material capaz de formar o corpo de delito da infração penal não pode ser considerado inviolável, sob pena de se impedir o Estado de punir a prática de crime.[6]

No que tange ao alcance ou significado de escritório, polêmica existe quanto ao departamento jurídico da empresa. Uma corrente sustenta que a divisão de advogados é apenas mais um setor da empresa, de modo que o mandado de busca e apreensão autoriza que também o departamento jurídico seja vasculhado, como mais um cômodo do domicílio. De outro lado, há estudiosos sustentando que o departamento jurídico não perde a qualidade de escritório de advocacia, ainda que faça parte da empresa, e somente pode sofrer busca e apreensão se houver indícios de crime praticado por advogado, caso contrário não haveria confiança da empresa em deixar documentos potencialmente incriminadores no seu setor jurídico, obrigando-a a contratar outros advogados.[7]

Violação da comunicação do advogado com seus clientes

Configura infração penal impedir ou obstar a comunicação do advogado com seus clientes, pessoal e reservadamente, mesmo sem procuração, quando estes se acharem presos, detidos ou recolhidos em estabelecimentos civis ou militares (art. 7º-B c/c art. 7º, III do Estatuto da OAB).

Serve o tipo penal em análise para incriminar a violação de entrevista com cliente solto antes de audiência policial, ou qualquer outra comunicação com preso ou solto (como em penitenciária). A violação de comunicações diversas acarreta outros delitos:

---

5. STF, HC 91.610, Rel. Min. Gilmar Mendes, DJe 22/10/2010; STJ, HC 227.799, Rel. Min. Sebastião Reis Júnior, DJ 10/04/2012; STJ, HC 149.008, Rel. Min. Napoleão Nunes Maia Filho, DJe 09/08/2010.
6. NUCCI, Guilherme de Souza. *Manual de processo penal e execução penal*. Rio de Janeiro: Forense, 2015, p. 492.
7. STJ, RMS 27.419, Rel. Min. Napoleão Nunes Maia Filho, DJ 14/04/2009.

inviolabilidade da comunicação telefônica (art. 7º, II do EOAB)	art. 28 da Lei 13.869/19 (Lei de Abuso de Autoridade)	divulgação de gravação telefônica (em interceptação decretada com autorização judicial)
inviolabilidade da comunicação telefônica (art. 7º, II do EOAB)	art. 10 da Lei 9.296/96 (Lei de Interceptação Telefônica)	realização de interceptação telefônica sem autorização judicial
entrevista pessoal e reservada com cliente (art. 7º, III do EOAB)	art. 20 da Lei 13.869/19 (Lei de Abuso de Autoridade)	entrevista com cliente *preso* antes de audiência policial ou judicial, ou com cliente *solto* antes de audiência judicial
entrevista pessoal e reservada com cliente (art. 7º, III do EOAB)	art. 7º-B do Estatuto da OAB (Lei 8.906/94)	entrevista com cliente *solto* antes de audiência policial, ou qualquer outra comunicação com preso ou solto (como em penitenciária)

Impossibilitar representante da OAB ou comunicação à OAB em prisão em flagrante de advogado

Também é delito não possibilitar a presença de representante da OAB quando o advogado for preso em flagrante por motivo ligado ao exercício da advocacia, ou não providenciar a comunicação expressa à seccional da OAB nos demais casos (art. 7º-B c/c art. 7º, IV do Estatuto da OAB).

A presença de representante da OAB em caso de custódia flagrancial de advogado constitui garantia da inviolabilidade da atuação profissional.

Seguindo a mesma lógica da prerrogativa relativa à busca e apreensão em escritório de advocacia, eventual atraso na chegada do representante não tem o condão de impedir a lavratura do auto de prisão em flagrante, até porque existe exíguo prazo para sua finalização (art. 306, §1º do CPP).

Prisão cautelar de advogado em local diverso de sala de Estado Maior

Ainda, configura crime recolher o advogado preso, antes de sentença transitada em julgado, em local diverso de sala de Estado Maior (art. 7º-B c/c art. 7º, V do Estatuto da OAB).

Com relação à prisão em sala de Estado Maior, em primeiro lugar é importante grifar que só abrange prisões cautelares (preventiva e temporária), e não a prisão definitiva (pena).[8]

8. STJ, HC 356.158, Rel. Min. Sebastião Reis Júnior, DJ 19/05/2016.

O Supremo Tribunal Federal explica o que é sala de Estado Maior:

> Estado-Maior se entende o grupo de oficiais que assessoram o Comandante de uma organização militar (Exército, Marinha, Aeronáutica, Corpo de Bombeiros e Polícia Militar); assim sendo, "sala de Estado-Maior" é o compartimento de qualquer unidade militar que, ainda que potencialmente, possa por eles ser utilizado para exercer suas funções. A distinção que se deve fazer é que, enquanto uma "cela" tem como finalidade típica o aprisionamento de alguém -e, por isso, de regra contém grades -, uma "sala" apenas ocasionalmente é destinada para esse fim.[9]

Encaixa-se nesse conceito não apenas a sala especificamente criada com essa finalidade, mas toda sala de estabelecimento castrense, desprovida de grades, em que possa ser desenvolvidas atividades de comando e planejamento. Ademais, a prerrogativa conferida aos advogados não tem o condão de desnaturar o caráter de medida de restrição à liberdade de locomoção, ainda que em condições diferenciadas dos demais presos. [10]

Apesar da letra da lei, as instalações não precisam ser reconhecidas como condignas pela OAB, porquanto a administração de estabelecimentos prisionais constitui prerrogativa indelegável do Estado, tendo o STF declarado inconstitucional a expressão *assim reconhecidas pela OAB*.[11] E a falta de sala de Estado Maior para recolher advogado não acarreta a automática conversão em prisão domiciliar.

> Cumpre a mesma função da sala de estado-maior a dependência com instalações e comodidades condignas, com condições adequadas de higiene e segurança, sendo inclusive irrelevante a existência ou não de grades no local..[12]
>
> Estando o recorrido em cela especial, sem registro de eventual inobservância das condições mínimas de salubridade e dignidade humana, separado dos outros presos e sem o rigor e a insalubridade do cárcere comum, não há falar em ilegalidade.[13]

9. STF, Rcl 4.535, Rel. Min. Sepúlveda Pertence, DJ 07/05/2007.
10. STF, Rcl 4.713, Rel. Min. Ricardo Lewandowsi, DJ 17/12/2007.
11. STF, ADI 1.127, Rel. Min. Marco Aurélio, DJ 17/05/2006.
12. STJ, HC 325.658, Rel. Min. Sebastião Reis Júnior, DJ 23/09/2015.
13. STJ, REsp 1.648.174, Rel. Min. Sebastião Reis Júnior, DJ 28/03/2017.

2.8. Conflito Aparente de Leis Penais

Prerrogativa violada	Crime	Observação
inviolabilidade do escritório (art. 7º, II do EOAB)	art. 7º-B do Estatuto da OAB (Lei 8.906/94)	
inviolabilidade da comunicação escrita (art. 7º, II do EOAB)	art. 7º-B do Estatuto da OAB (Lei 8.906/94)	
inviolabilidade da comunicação telefônica (art. 7º, II do EOAB)	art. 28 da Lei 13.869/19 (Lei de Abuso de Autoridade)	divulgação de gravação telefônica (em interceptação decretada com autorização judicial)
inviolabilidade da comunicação telefônica (art. 7º, II do EOAB)	arts. 10 da Lei 9.296/96 (Lei de Interceptação Telefônica)	realização de interceptação telefônica sem autorização judicial
entrevista pessoal e reservada com cliente (art. 7º, III do EOAB)	art. 7º-B do Estatuto da OAB (Lei 8.906/94)	entrevista com cliente *solto* antes de audiência policial, ou qualquer outra comunicação com preso ou solto (como em penitenciária)
entrevista pessoal e reservada com cliente (art. 7º, III do EOAB)	art. 20 da Lei 13.869/19 (Lei de Abuso de Autoridade)	entrevista com cliente *preso* antes de audiência policial ou judicial, ou com cliente *solto* antes de audiência judicial
presença de representante da OAB quando preso em flagrante por motivo ligado à advocacia, ou comunicação à OAB nos demais casos (ar. 7º, IV do EOAB)	art. 7º-B do Estatuto da OAB (Lei 8.906/94)	
prisão cautelar em sala de Estado Maior (ar. 7º, V do EOAB)	art. 7º-B do Estatuto da OAB (Lei 8.906/94)	
direito de acompanhar interrogatório do cliente (art. 7º, XXI do EOAB)	art. 15, II da Lei 13.869/19 (Lei de Abuso de Autoridade)	
direito de acessar autos de investigação (art. 7º, XIV do EOAB)	art. 32 da Lei 13.869/19 (Lei de Abuso de Autoridade)	

2.9. Elemento Subjetivo (Tipo Subjetivo)

O elemento subjetivo geral é o dolo. Não há punição na modalidade culposa. Não há previsão de qualquer elemento subjetivo especial.

2.10. Consumação e Tentativa

Consuma o crime com o ato de:

a) violar o escritório ou local de trabalho, instrumentos de trabalho, correspondência escrita, eletrônica, telefônica ou telemática.

b) impedir a comunicação com seus clientes;

c) impossibilitar a presença de representante da OAB ou deixar de comunicar a OAB; ou

d) recolher preso em sala diversa de Estado Maior.

Admite-se a tentativa apenas nas modalidades comissivas.

2.11. Ação Penal, procedimento e competência

A ação penal é pública incondicionada, cabendo ação penal privada subsidiária da pública em caso de omissão do *parquet* (art. 3º), que deve ser manejada no prazo decadencial de 6 meses.

Trata-se de infração de menor potencial ofensivo (pena máxima de 1 ano), incidindo o procedimento sumaríssimo do Juizado Especial Criminal e todas as medidas despenalizadoras da Lei 9.099/95.

Não se admite o acordo de não persecução penal, porquanto cabível a transação penal (art. 28-A, § 2º, I do CPP). Considerando que a pena mínima é de 3 meses, admite-se a suspensão condicional do processo (art. 89 da Lei 9.099/95).

A competência para o processo e julgamento é do Juizado Especial Criminal Estadual, a menos que esteja presente alguma das hipóteses do art. 109 da CF, quando a competência será do Juizado Especial Criminal Federal. Havendo conexão ou continência entre crime estadual e federal, prevalece a Justiça Federal.[14]

---

14. Súmula 122 do STJ: Compete à Justiça Federal o processo e julgamento unificado dos crimes conexos de competência federal e estadual, não se aplicando a regra do art. 78, II, a, do Código de Processo Penal.

2.12. Modelos de Peças Policiais

AUTO DE CUMPRIMENTO DE MANDADO DE BUSCA E APREENSÃO EM ESCRITÓRIO DE ADVOCACIA

Às horário do dia data, em cumprimento ao mandado de busca e apreensão domiciliar expedido nos autos do processo número, os policiais nome e nome se dirigiram ao escritório de advocacia localizado em endereço. Foram testemunhas nome e nome.

Imediatamente antes do início da diligência, foi comunicada a seccional da OAB para indicar representante para acompanhar a medida, tendo comparecido o advogado nome / não tendo indicado advogado.

A diligência foi realizada com discrição de modo a molestar apenas o indispensável para o sucesso da medida.

Mostrado e lido o mandado ao advogado, identificados os policiais e esclarecido o motivo da diligência / ausente o advogado e intimado o vizinho, os policiais ingressaram no interior do estabelecimento para iniciar minuciosa busca e proceder às abordagens necessárias.

Foi necessário / não foi necessário arrombar a porta e forçar a entrada.

O advogado foi intimado a mostrar o objeto procurado, e indicou / não indicou o local.

Não foi necessária a utilização de força contra objetos / foi necessária a utilização da força contra objeto.

Foi realizada busca pessoal nos presentes.

Como resultado da diligência, não foram encontrados objetos / foram encontrados os objetos listados no auto de apreensão em anexo.

Não houve apreensão dos documentos, das mídias e dos objetos pertencentes a clientes do advogado averiguado, ou dos demais instrumentos de trabalho que contenham informações sobre clientes.

O advogado foi conduzido à Delegacia de Polícia / não houve necessidade de condução do advogado.

Não foi necessário o uso de algemas / foi necessário o uso de algemas em razão de fundado receio de fuga / resistência / perigo à integridade física própria ou alheia.

Demais fatos relevantes ocorridos na diligência.

Nada mais havendo, encerra-se este auto às horário.

nome | nome
Policial | Policial

nome | nome
Testemunha | Testemunha
nome | nome
Advogado | Representante da OAB

CERTIDÃO DE PERMISSÃO DE ENTREVISTA PESSOAL E RESERVADA

Certifico, no uso de minhas atribuições legais, que, às horário do dia data, na delegacia de polícia / estabelecimento penal de local, ao investigado / preso nome foi facultada a entrevista pessoal e reservada com seu defensor nome e OAB.

Nome

Policial

OFÍCIO DE COMUNICAÇÃO DE PRISÃO DE ADVOGADO À OAB

Ofício nº número Local, data

Exmo. Sr. Presidente da Seccional da OAB,

A Polícia Judiciária, por intermédio do delegado de polícia que ao final subscreve, nos termos do art. 7º, IV da Lei 8.096/94, comunica a prisão em flagrante delito do advogado nome, em razão do cometimento da infração penal de crime, sem motivo ligado ao exercício da advocacia, conforme auto de prisão em flagrante delito e nota de culpa ora encaminhados.

Quanto à fiança, não foi arbitrada por ser incabível / foi arbitrada e com seu pagamento o preso colocado em liberdade / foi arbitrada porém o autuado persiste preso em razão do não pagamento.

Atenciosamente,

Nome

Delegado de Polícia

CERTIDÃO DE COMUNICAÇÃO DE PRISÃO EM FLAGRANTE DE ADVOGADO À OAB

Certifico, no uso de minhas atribuições legais, que, às horário do dia data, na Delegacia de Polícia de local, em razão da prisão do advogado nome e OAB por motivo ligado ao exercício da advocacia. Razão pela qual foi comunicada a seccional da OAB por meio do telefone número, às horário, para que indicasse imediatamente representante para acompanhasse a lavratura do auto de prisão em flagrante, tendo comparecido o advogado nome / não tendo indicado advogado.

O referido é verdade e dou fé.

Nome

Escrivão de Polícia

OFÍCIO DE ENCAMINHAMENTO DE ADVOGADO PRESO A ESTABELECIMENTO MILITAR

Ofício nº número Local, data

Exmo. Sr. Comandante da unidade militar,

A Polícia Judiciária, por intermédio do delegado de polícia que ao final subscreve, nos termos do art. 7º, V do Estatuto da OAB, encaminha o advogado nome e OAB preso em flagrante delito por cometimento da infração penal de crime, conforme auto de prisão em flagrante delito e nota de culpa em anexo, para que seja recolhido em sala de Estado Maior ou similar.

Segundo o Supremo Tribunal Federal, "Estado-Maior se entende o grupo de oficiais que assessoram o Comandante de uma organização militar (Exército, Marinha, Aeronáutica, Corpo de Bombeiros e Polícia Militar); assim sendo, "sala de Estado-Maior" é o compartimento de qualquer unidade militar que, ainda que potencialmente, possa por eles ser utilizado para exercer suas funções. A distinção que se deve fazer é que, enquanto uma "cela" tem como finalidade típica o aprisionamento de alguém -e, por isso, de regra contém grades -, uma "sala" apenas ocasionalmente é destinada para esse fim." (STF, Rcl 4.535).

Encaixa-se nesse conceito não apenas a sala especificamente criada com essa finalidade, mas toda sala de estabelecimento castrense, desprovida de grades, em que possa ser desenvolvidas atividades de comando e planejamento. Ademais, a prerrogativa conferida aos advogados não tem o condão de desnaturar o caráter de medida de restrição à liberdade de locomoção, ainda que em condições diferenciadas dos demais presos (STF, Rcl 4.713).

Apesar da letra da lei, as instalações não precisam ser reconhecidas como condignas pela OAB, porquanto a administração de estabelecimentos prisionais constitui prerrogativa indelegável do Estado, tendo a Suprema Corte declarado inconstitucional a expressão "assim reconhecidas pela OAB" (STF, ADI 1.127).

Por fim, segundo a jurisprudência, "cumpre a mesma função da sala de estado-maior a dependência com instalações e comodidades condignas, com condições adequadas de higiene e segurança, sendo inclusive irrelevante a existência ou não de grades no local" (STJ, HC 325.658). "Estando o recorrido em cela especial, sem registro de eventual inobservância das condições mínimas de salubridade e dignidade humana, separado dos outros presos e sem o rigor e a insalubridade do cárcere comum, não há falar em ilegalidade" (STJ, REsp 1.648.174).

Atenciosamente,

Nome

Delegado de Polícia

PARTE FINAL

OUTRAS DISPOSIÇÕES

Capítulo 1

Prisão Temporária

Lei 7.960/89, art.2º, § 4º-A O mandado de prisão conterá necessariamente o período de duração da prisão temporária estabelecido no caput deste artigo, bem como o dia em que o preso deverá ser libertado.

§ 7º Decorrido o prazo contido no mandado de prisão, a autoridade responsável pela custódia deverá, independentemente de nova ordem da autoridade judicial, pôr imediatamente o preso em liberdade, salvo se já tiver sido comunicada da prorrogação da prisão temporária ou da decretação da prisão preventiva.

§ 8º Inclui-se o dia do cumprimento do mandado de prisão no cômputo do prazo de prisão temporária.

Requisitos do mandado

O mandado de prisão temporária deve conter período de duração da prisão temporária, bem como o dia em que o preso deverá ser libertado (art. 2º, §4º-A da Lei 7.960/89). A medida, ao conferir maior certeza e transparência acerca do prazo da prisão, busca evitar a manutenção indevida do encarceramento.

Prazo da prisão temporária		
Crimes comuns	5 dias (prorrogáveis por 5 dias)	art. 2º, *caput* da Lei 7.960/89
Crimes hediondos	30 dias (prorrogáveis por 30 dias)	art. 2º, §4º da Lei 8.072/90

Dispensa de alvará de soltura após superado o prazo do mandado

Sempre houve grande dúvida na doutrina sobre o fato de poder o responsável pela custódia (policial penal, por exemplo) liberar o preso temporário, sem a autorização expressa do juiz que a decretou. A Lei de Prisão Temporária agora afirma que decorrido o prazo contido no mandado de prisão, a autoridade responsável pela custódia deverá, independentemente de nova ordem da autoridade judicial, pôr imediatamente o preso em liberdade, salvo se já tiver sido comunicada da prorrogação da prisão temporária ou da decretação da prisão preventiva (art. 2º, §7º da Lei 7.960/89). A alteração legislativa foi importante, pois encerra definitivamente a controvérsia. Decorrido o prazo da prisão, a soltura deve ser feita sem necessidade de nova ordem judicial.

Quanto ao prazo para a liberação do custodiado, deve ser feita a mesma análise do crime de prolongamento injustificado de prisão, hospedado no art. 12, parágrafo único, IV da Lei 13.869/19.

Pratica esta figura típica quem prolonga a execução de prisão temporária (ou de pena privativa de liberdade, de prisão preventiva, de medida de segurança ou de internação), deixando, sem motivo justo e excepcionalíssimo, de promover a soltura do preso quando esgotado o prazo judicial ou legal (ou de executar o alvará de soltura imediatamente após recebido).

Conquanto o legislador tenha empregado a palavra *imediatamente*, é óbvio que o agente público responsável pela custódia poderá gastar algumas horas (em regra, até o limite de 24h) para essa finalidade.[1] Afinal, os atos da persecução penal são formais e os trâmites burocráticos mínimos devem ser cumpridos (registro no sistema de informação).

Além disso, o direito à liberdade só existe se não houver outra ordem de prisão em vigor, devendo ser realizada pesquisa e confirmação nesse sentido. Outra providência importante é a inspeção física do preso, para comprovar a ausência ou não de qualquer lesão à sua integridade física. Bem assim, a segurança deve ser sempre colocada em primeiro lugar (ex: único policial penal de plantão em determinada unidade penal não pode ser obrigado a agir sozinho na madrugada para colocar preso em liberdade, colocando em risco a integridade física própria e de terceiros). Por isso mesmo o art. 1º da Resolução 108/2010 do Conselho Nacional de Justiça estabelece o prazo de 24h para cumprimento do alvará de soltura.

Vale registrar que, para se evitar a soltura do preso temporário, basta que o policial penal tenha sido *comunicado* sobre a prorrogação da prisão,

1. Nesse sentido: GRECO, Rogério; CUNHA, Rogério Sanches. *Abuso de autoridade*. Salvador: Juspodivm, 2019, p. 114. Com entendimento diverso, porém admitindo hipóteses de não execução imediata do alvará: LIMA, Renato Brasileiro de. *Legislação criminal especial comentada*. Salvador: Juspodivm, 2020, p. 109.

e não necessariamente que o mandado tenha sido expedido e lhe tenha chegado às mãos. Essa é uma alteração que evita que o trâmite burocrático acarrete a indevida liberação do preso.

Natureza do prazo

O prazo da prisão temporária (assim como das demais modalidades de prisão) é penal, o que significa que no seu cômputo se inclui o dia do cumprimento do mandado de prisão no cômputo do prazo (art. 2º, §8º da Lei 7.960/89). Segue a lógica do Código Penal, segundo o qual o dia do começo inclui-se no cômputo do prazo, e contam-se os dias, os meses e os anos pelo calendário comum (art. 10 do CP).

Difere do prazo processual penal, em que não se computa o dia do começo, incluindo-se, porém, o do vencimento (art. 798, §1º do CPP).

Capítulo 2

Efeitos da condenação por crime do Estatuto da Criança e do Adolescente

> Lei 8.069/90, Art. 227-A Os efeitos da condenação de perda de cargo, função pública ou mandato eletivo (art. 92, I do CP), para os crimes previstos no ECA praticados por servidores públicos com abuso de autoridade, são condicionados à ocorrência de reincidência.

A Lei 8.069/90 agora prevê (art. 227-A do ECA) que os delitos praticados com abuso de autoridade (arts. 231, 232, 234 e 235) sujeitam os infratores ao efeito extrapenal específico e não automático estabelecidos no art. 92, I, do CP (perda do cargo, função ou mandato eletivo).

São 2 os requisitos para a aplicação desse efeito extrapenal, independentemente do *quantum* da pena imposta na sentença:

a) condenação definitiva; e

b) reincidência (não necessariamente específica).

Bibliografia

AGI, Samer. *Comentários à nova Lei de Abuso de Autoridade*. Brasília: CPluris, 2019.

ALMEIDA, Joaquim Canuto Mendes de. *Princípios fundamentais do processo penal*. São Paulo, Revista dos Tribunais, 1973.

ALMEIDA, José Raul Gavião de; FERNANDES, Antonio Scarance; MORAES, Maurício Zanoide de. *Sigilo no processo penal: eficiência e garantismo*. São Paulo: Revista dos Tribunais, 2008.

ANSELMO, Márcio; PONTES, Jorge. *Crime.gov: quando corrupção e governo se misturam*. Rio de Janeiro: Objetiva, 2019.

ASSIS TOLEDO, Francisco de. *Princípios básicos de direito penal*. São Paulo, Saraiva, 2000.

AVENA, Norberto Cláudio Pàncaro. *Processo penal esquematizado*. São Paulo: Método, 2014.

BARBOSA, Rui. *Novum Crimen: O Crime de Hermenêutica*. In: Obras Completa de Rui Barbosa, V. XXIII. 1896. Tomo III. Rio de Janeiro: Fundação Casa de Rui Barbosa, 1976.

CAPEZ, Fernando; ROBERT, Hans. *Lei de abuso: limite da liberdade jurisdicional para assegurar a individual*. Revista Consultor Jurídico, out 2019. Disponível em: https://www.conjur.com.br/2019-out-07/lei-abuso-limite-liberdade-jurisdicional--liberdade-individual. Acesso em: 29 nov. 2019.

CUNHA, Rogério Sanches; PINHO, Ronaldo Batist; SOUZA, Renee do Ó. *Leis penais especiais comentadas*. Salvador: Juspodivm, 2020.

FERNANDES, Antonio Scarance. *Processo penal constitucional*. São Paulo: RT, 1999.

FONTES, Eduardo; HOFFMANN, Henrique. *Criminologia*. 2. ed. Salvador: Juspodivm, 2019.

FONTES, Eduardo; HOFFMANN, Henrique (Org.). Temas Avançados de Polícia Judiciária. 3. ed. Salvador: Juspodivm, 2019.

FREITAS, Vladimir Passos de. *O princípio da obrigatoriedade da ação e os acordos na esfera penal*. Revista Consultor Jurídico, mai 2019. Disponível em: <https://www.conjur.com.br/2019-mai-19/principio-obrigatoriedade-acao-acordos-esfera--penal>. Acesso em: 25 nov. 2019.

GOMES FILHO, Antônio Magalhães. *O direito à prova no processo penal*. São Paulo: Revista dos Tribunais, 1997.

GRECO, Rogério; CUNHA, Rogério Sanches. *Abuso de autoridade*. Salvador: Juspodivm, 2019.

HASSEMER, Winfried. *Los elementos característicos del dolo*, Madrid: Centro de Publicaciones del Ministerio de Justicia, 1990.

HOFFMANN, Henrique. *Delegado pode presidir inquérito policial também de forma remota*. Revista Consultor Jurídico, ago. 2017. Disponível em: < http://www.conjur.com.br/2017-ago-08/academia-policia-delegado-presidir-inquerito-policial--tambem-forma-remota>. Acesso em: 19 dez. 2019.

HOFFMANN, Henrique. *Médico deve fornecer prontuário requisitado pela polícia judiciária*. Revista Consultor Jurídico, fev. 2016. Disponível em: <http://www.conjur.com.br/2016-mar-15/academia-policia-medico-fornecer-prontuario-requisitado--policia-judiciaria>. Acesso em: 19 dez. 2019.

HOFFMANN, Henrique. *Investigação e acusação não são regidas pelo in dubio pro societate*. Revista Consultor Jurídico, set. 2019. Disponível em: <https://www.conjur.com.br/2019-set-25/academia-policia-investigacao-acusacao-nao-sao-regidas--in-dubio-pro-societate>. Acesso em: 25 nov. 2019.

LENZA, Pedro. *Direito constitucional esquematizado*. São Paulo: Saraiva, 2014.

LESSA, Marcelo de Lima; MORAES, Rafael Francisco Marcondes de; GIUDICE, Benedito Ignácio. Nova Lei de Abuso de Autoridade (Lei 13.869/2019): diretrizes de atuação de Polícia Judiciária. São Paulo: Academia de Polícia "Dr. Coriolano Nogueira Cobra", 2020.

LIMA, Renato Brasileiro de. *Legislação criminal especial comentada*. Salvador: Juspodivm, 2020.

LIMA, Renato Brasileiro de. *Manual de processo penal*. Salvador: Juspodivm, 2019.

LINHARES, Marcello Jardim. *Legítima defesa*. São Paulo: Saraiva, 1994.

LOPES JR, Aury; BADARÓ, Gustavo Henrique. *Direito ao processo penal no prazo razoável*. Lumen Juris, 2009.

LOPES JR., Aury; GLOECKNER, Ricardo Jacobsen. *Investigação preliminar no processo penal*. São Paulo: Saraiva, 2013.

LUISI, Luís. *O tipo penal, a teoria finalista e a nova legislação penal*. Porto Alegre: Fabris, 1987.

MARMELSTEIN, George. Curso de Direitos Fundamentais. São Paulo: Atlas, 2008.

MEIRELLES, Hely Lopes. *Direito administrativo brasileiro*. São Paulo: Malheiros, 1998.

MELLO, Celso Antônio Bandeira de. *Curso de direito administrativo*. São Paulo: Malheiros, 2007.

MELLO FILHO, José Celso de. *Constituição Federal anotada*. São Paulo: Saraiva, 1986.

MENDES, Paulo de Souza. *Lições de direito processual penal*. Coimbra: Almedina, 2014.

MONTESQUIEU, Charles de Secondat, Baron de. *Do Espírito das leis*. São Paulo: Martin Claret, 2010.

MORAES, Alexandre de. *Direito constitucional*. São Paulo: Atlas, 2014.

NUCCI, Guilherme de Souza. *A nova lei de abuso de autoridade*. Migalhas, out 2019. Disponível em: <https://www.migalhas.com.br/depeso/312282/a-nova-lei-de-abuso-de-autoridade>. Acesso em: 03 out. 2019.

NUCCI, Guilherme de Souza. *Manual de processo penal e execução penal*. Rio de Janeiro: Forense, 2015.

PAGLIARO, Antonio; COSTA JÚNIOR, Paulo José da. *Dos crimes contra a administração pública*. São Paulo: Atlas, 2009.

PIEROT, Bodo; SCHLINK, Bernhard. *Direitos fundamentais*. Lisboa: Universidade Lusíada, 2008.

PINHEIRO, Igor Pereira; CAVALCANTE, André Clark Nunes; BRANCO, Emerson Castelo. *Nova lei do abuso de autoridade*. Leme: JH Mizuno, 2020.

PINTO, Ana Luísa. *Aspectos problemáticos do regime de buscas domiciliárias*. Revista Portuguesa de Ciência Criminal, n. 3, ano 15, jul.-set. 2005.

PITOMBO, Cleunice Bastos. *Da busca e apreensão no processo penal*. São Paulo: RT, 2005.

QUEIJO, Maria Elizabeth. *O direito de não produzir prova contra si mesmo*. São Paulo: Saraiva, 2003.

REALE, Miguel. *Abuso do poder de legislar*. Revista de Direito Público, São Paulo, Revista dos Tribunais, 1975, n. 39-40, p. 73.

SILVA, José Afonso da. *Curso de Direito Constitucional Positivo*. São Paulo: Malheiros, 2006.

SILVA NETO, Manoel Jorge. *Curso de Direito Constitucional*. Rio de Janeiro: Lumen Juris, 2006

TOURINHO FILHO, Fernando Costa. *Processo penal*. v. 3. São Paulo: Saraiva, 2010.

VIEIRA, Ana Lúcia Menezes. *Processo penal e mídia*. São Paulo: Revista dos Tribunais, 2003.

EDITORA
JusPODIVM
www.editorajuspodivm.com.br

Impresso por:

Docuprint
Dek Comércio e Serviços LTDA.
CNPJ 01.036.332/0001-99